Johann Stephan Pütter

Historische Entwickelung der heutigen Staatsverfassung des deutschen Reichs

Johann Stephan Pütter

Historische Entwickelung der heutigen Staatsverfassung des deutschen Reichs

ISBN/EAN: 9783743661912

Hergestellt in Europa, USA, Kanada, Australien, Japan

Cover: Foto ©ninafisch / pixelio.de

Weitere Bücher finden Sie auf **www.hansebooks.com**

Historische Entwickelung der heutigen Staatsverfassung des Teutschen Reichs

vom geheimen Justizrath Pütter zu Göttingen.

Dritter und letzter Theil
von 1740. bis 1786.

Göttingen,
im Verlage der Wittwe Vandenhoeck,
1787.

K. H. Rau.

An der

Königinn

Sophie Charlotte

von

Großbritannien

gebohrner

Herzoginn zu Mecklenburg

Königliche Majestät.

Allerdurchlauchtigste,
    Großmächtigste Königinn,
Allergnädigste Königinn und Frau.

Der huldreiche Beyfall, den Eure königliche Majestät über die beiden ersten Theile meiner historischen Entwickelung der heutigen Teutschen Reichsverfassung, selbst mit einer Aufforderung zur baldigen Fortsetzung derselben, in einem höchsteigenhändigen Schreiben mir zu erklären allergnädigst geruhet haben, hat es mir zur angenehmsten Pflicht gemacht, diesen dritten und letzten Theil, so bald es mir nur möglich gewesen, zu Stande zu bringen. Bey dessen Ueberlieferung bleibt mir nichts übrig, als zur fernern königlichen Huld in derjenigen tiefsten Ehrfurcht mich zu empfehlen, in welcher ich ersterbe

Eurer königlichen Majestät

Göttingen
den 16. Dec. 1786.

allerunterthänigster Diener
Johann Stephan Pütter.

Inhalt.

Eilftes Buch der neueren Zeiten achter Abschnitt von Carls des VI. Tode bis zum Aachner Frieden 1740 bis 1748. S. 1 bis 66.

I. Reichsvicariat nach Carls des VI. Tode 1740-1742. S. 1-6.

I. Mißliche Aussichten für diese Zwischenzeit, S. 1. — II. insonderheit unter andern wegen des Reichsvicariats. S. 2. — III. IV. Die Häuser Baiern und Pfalz hatten zwar inzwischen 1724. einen Hausunionsvertrag geschlossen, S. 3. — V. und darin auch des Vicariates halber sich auf eine gemeinschaftliche Verwaltung desselben verglichen. S. 4. — VI. Allein es fehlte dazu die Genehmigung des Reichs. S. 5. — VII. Am Cammergerichte fand deswegen die Verfertigung eines gemeinschaftlichen Vicariatssiegels Anstand. S. 5. — VIII. Und ein Rheinisches gemeinschaftliches Vicariatshofgericht zu Augsburg fand auch keinen Beyfall. — Also war ausser dem Chursächsischen Vicariatshofgerichte beynahe ein Stillstand im Reichsjustizwesen. S. 6.

II. Schicksale der pragmatischen Sanction bis zur Kaiserwahl Carls des VII. 1740-1742. S. 7-16.

I. Ansprüche des Hauses Baiern auf die Oesterreichische Erbfolge zur Entkräftung der pragmatischen Sanction. S. 7. — II. Deren Begründung von wegen der so genannten Regrebienterbschaft; S. 8. — III. die jedoch zum Nachtheile derer, die zum Letzten vom Mannsstamm in näherem Verhältnisse stehen, nicht statt findet. S. 9. — IV. V. Denn Recht und Ordnung der Erbfolge sind zweyerlei; S.

Inhalt.

S. 9. — VI. und eine Erbfolge, die einmal in eine Linie gekommen, bleibt in derselben, so lange sie währet. S. 11. — VII. Darum hatte Carls des VI. Tochter Maria Theresia vor allen entfernteren weiblichen Nachkommen der vorigen Herren des Hauses den Vorzug. S. 11. — VIII. Der bey den Verzichten der Töchter gewöhnliche Vorbehalt wirkt für ihre Nachkommen nur in so fern, als sie die Reihe trifft. S. 12. — IX. Die ins Haus Baiern vermählte Erzherzoginn Anna konnte sich also für ihre Nachkommen nur so viel vorbehalten, daß ihnen nach Abgang des Oesterreichischen Mannsstamms ihr Verzicht nicht mehr im Wege stehen sollte; nicht aber daß sie vor allen anderen weiblichen Nachkommen und selbst vor der Tochter des Letzten vom Mannsstamme den Vorzug haben sollten; S. 13. — X. obgleich verschiedene Rechtsgelehrte, aus übel angewandten Römischen Rechtsgrundsätzen von bedingten Verzichtleistungen, anderer Meynung waren. S. 13. — XI. Maria Theresia kam auch der pragmatischen Sanction gemäß zum Besitz, S. 14. — XII. und übertrug ihrem Gemahle, um ihn zur Kaiserwürde zu verhelfen, die Ausübung der Böhmischen Churstimme. S. 14. — XIII. Allein durch einen Einbruch, den der König von Preussen in Schlesien vornahm, um die Ansprüche seines Hauses auf Jägerndorf, Liegnitz, Brieg und Wohlau geltend zu machen, gaben der ganzen Sache eine andere Wendung. S. 14. — XIV. XV. Denn die Krone Frankreich bewirkte jetzt einen Bund zu Nymphenburg um sowohl die Oesterreichische Erbfolge als die Kaiserwürde dem Hause Baiern zuzuwenden. S. 15.

III. Wahlcapitulation Carls des VII. Neue Verordnungen derselben, insonderheit von Mißheirathen. Fürstentag zu Offenbach. Churfürstliche Collegialschreiben. 1742. S. 17:31.

I. Vermuthete Veränderungen in der Wahlcapitulation. S. 17. — II. Deswegen angestellter Fürstentag zu Offenbach. S. 18. — III. Churfürstliche Collegialschreiben. S. 19. — IV. Widerspruch der Fürsten gegen verschiedene neue Stellen in der Wahlcapitulation, S. 20. — V. insonderheit einige den Reichsvicarien zugestandene Vortheile betreffend. S. 21. — VI. Mit anderen Stellen waren jedoch

Inhalt.

doch die Fürsten einverstanden; — als namentlich mit einer neu eingerückten Stelle gegen Mißheirathen, S. 22. — VII. VIII. die zwar schon in älterem Herkommen gegründet war, — nicht nur in Ansehung morganatischer Ehen, da absichtlich die Unstandesmäßigkeit der Gemahlinn und Kinder bedungen wird, S. 22. — IX. sondern auch ohne solche Verabredung; — X. ohne daß auch Standeserhöhungen wider Willen der Stammsvettern dagegen etwas wirken können. S. 25. — XI. Nur die gemeinen Römischen und päbstlichen Rechte schienen hier andere Grundsätze aufzubringen. S. 26. — XII. Darüber gab eine Mißheirath des Herzog Anton Ulrichs von Sachsen-Meiningen Anlaß zu dieser neuen Stelle in der Wahlcapitulation, S. 27. — XIII. welche hernach selbst durch einen Reichsschluß bestätiget wurde. S. 27. — XIV. Nur eine nähere Bestimmung, was eigentlich Mißheirathen seyen? ward noch auf einen künftigen Reichsschluß ausgestellt; — insonderheit ob die Ehe eines Fürsten mit einer Adelichen eine Mißheirath sey; S. 28. — XV. wie allerdings der Teutschen Verfassung gemäß zu seyn scheint; S. 29. — XVI. da auch widrigenfalls bedenkliche Folgen zu erwarten seyn möchten; S. 29. — XVII. Auf dieses und mehr andere Collegialschreiben ist inzwischen noch keine Reichsberathschlagung erfolget. S. 30.

IV. **Merkwürdigkeiten der Regierung Kaiser Carls des VII. 1742. Jan. 24. — 1745. Jan. 20.** S. 31-37.

I. So kurz diese Regierung war, so fruchtbar war sie doch an wichtigen Begebenheiten. S. 31. — II. III. Insonderheit bekam die Preußische Macht einen beträchtlichen Zuwachs an Schlesien — und Ostfrießland; S. 31. — IV. Dem Hause Sachsen-Weimar fiel Eisenach zu, S. 32. — V. und dem Hause Nassau-Oranien Siegen, — wiewohl auf letzteres noch ein Prätendent Anspruch machte. S. 33. — VI. Das Haus Holstein-Gottorp bekam nahe Aussichten zur Thronfolge in Schweden und Rußland. S. 34. — VII. Das Haus Hessencassel erhielt einen günstigen Reichsschluß zu Befestigung seines Besitzes in der Grafschaft Hanau, — wie auch ein unbeschränktes Appellationsprivilegium. S. 35. — VIII. Durch kaiserliche Standeserhöhungen

Inhalt.

gen wurden verschiedene neue Fürsten gemacht. S. 36. —
IX. Manche Veränderungen, die sonst noch in der Reichs‑
verfassung zu erwarten gewesen seyn möchten, unterbrach
noch der Tod des Kaisers. S. 36.

V. Merkwürdigkeiten beym Antritt der Regierung Kaisers Franz des I. 1745. S. 37‑46.

I. Füßner Friede zwischen Oesterreich und Baiern. S. 37. — II. Kaiserwahl und Krönung Franz des I. S. 38. — III. Nunmehrige Zulaßung des Böhmischen Wahlbotschafters, ohne weitern Anstand, daß eine Dame die Churstimme führen könne. S. 38. — IV. Dresdner und Aachner Friedensschlüße. S. 38. — V. Beide ohne Theilnehmung des Reichs. S. 39. — VI. außer daß der Dresdner Friede vom Reiche garantirt wurde, — nur mit Vorbehalte der Rechte des Reichs in Ansehung Schlesiens. S. 40. — VII. Das Reich hatte dem Kaiser nur eine Geldhülfe bewilliget, und sich zur Vermittelung des Friedens erboten. S. 40. — VIII. Neue Frage und Verordnung über die Fortbauer der Association der vorliegenden Kreise. S. 41. — IX. Neue Einrichtung wegen Abwechslung des Rheinischen Reichsvicariates. S. 41. — X. Rückkehr des ehemaliger Verhältnisses zwischen der Kaiserwürde und dem Hause Oesterreich. S. 42. — XI. Damit gehobene Schwierigkeit wegen des kaiserlichen Reichshofarchives, S. 43. — XII. wie auch wegen Veränderung des Reichshofraths von einer kaiserlichen Regierung zur andern, S. 44. — XIII. ingleichen mit den Stellen des Reichsvicecanzlers und Reichsreferendarien. S. 44.

VI. Reichstagsverhandlungen über Recurse und Ceremonielstreitigkeiten 1745‑1748. S. 47‑66.

I. II. Von Reichsgerichts‑Erkenntnissen wurden jetzt immer häufiger Recurse an den Reichstag genommen. S. 47. — III. Doch war schwer zu bestimmen, in welchen Fällen es mit Recht geschehe? S. 49. — IV. V. Vier jetzt gegen das Cammergericht betriebene Recurse veranlaßten die Frage: ob nicht wenigstens erst Bericht vom Cammergerichte zu fordern sey? S. 50. — VI. Eine scheinbare Ausführung erschien dawider; S. 52. — VII. doch im
Grun‑

Inhalt.

Grunde war mehr für die Berichtsforderung. S. 54. — VIII. IX. Insonderheit diente ein Sachsen-Meinungischer Recurs in der Gleichischen Sache bald zum Beweise, daß selbst Thatsachen, wie sie in fürstlichen Schriften erzehlt werden, nicht immer ganz zuverläßig seyen. S. 55. — X. Ein Churpfälzischer Recurs erhielt zwar ein günstiges churfürstliches Conclusum; aber die Hoffnung zu einem gleichmäßigen fürstlichen Schlusse ward noch vereitelt. S. 57. — XI. Ueber einen andern Recurs des Herzog Anton Ulrichs von Sachsen-Meinungen wegen der Successionsfähigkeit seiner in einer Mißheirath erzeugten Söhne erfolgte ein widriger Reichsschluß. S. 58. — XII. XIII. Als der neue Principalcommissarius, Fürst von Taxis, das erstemal zur Tafel bitten ließ, erwachte der alte Rangstreit zwischen geistlichen und weltlichen Fürsten; S. 59. — XIV-XVIII. Worüber zehn Schriften vom Hessencasselischen, Hessendarmstädtischen, Bambergischen, Gräflichen, Holländischen und Bairischen Gesandten nach einander zum Vorscheine kamen; — deren Hauptinhalt hier bemerklich gemacht wird. S. 61.

Zwölftes Buch der neueren Zeiten neunter Abschnitt vom Aachner Frieden bis zur Römischen Königswahl Josephs des II. 1748-1764. S. 67-113.

I. Der Friedenszeit bis zum siebenjährigen Kriege erste Abtheilung 1748-1753. Insonderheit die in dieser Zeit vorgegangene Münzveränderung; Hohenlohische Religionsbeschwerden; und Recurs gegen die Reichsritterschaft. S. 67-78.

I. Veränderungen, so im bisherigen Systeme von Europa seit dem Aachner Frieden merklich geworden, — insonderheit das Vernehmen zwischen Oesterreich und Frankreich betreffend; S. 68. — II. Benutzung dieser Friedenszeit, besonders in den Preussischen Staaten. S. 69. — III. Münzveränderung, wegen unrichtigen Verhältnisses zwischen Gold und Silber, S. 69. — IV. so Graumann im Leip-

Inhalt.

Leipziger Fuße entdeckt. S. 70. — V. Dadurch veranlaßter Schriftwechsel, S. 71. — VI. und so genannter Conventionsfuß. S. 71. — VII. Hohenlohische Religionsbeschwerden, S. 72. — VIII. worüber das evangelische Corpus die im Westphälischen Frieden nachgelaßene Selbsthülfe verfüget, S. 73. — IX. am kaiserlichen Hofe aber und beym catholischen Religionstheile großes Aufsehen erwächst. S. 73. — X. XI. Wider die Reichsritterschaft wird von Würtenberg ein wichtiger Recurs betrieben; S. 74. — XII. insonderheit wegen fortgehender Besteurung ritterschaftlicher Güter, die in reichsständische Hände kommen; S. 75. — XIII. wie auch wegen des von der Reichsritterschaft behaupteten Näherrechts im Verkaufen ritterschaftlicher Güter; wegen gemeinsamer Vertretung ihrer einzelnen Glieder; wegen häufiger Aufnahme so genannter Personalisten ꝛc.; S. 76. — XIV. jedoch ohne daß der bewirkte Reichsschluß dem gewünschten Zwecke gemäß ausfällt. S. 77.

II. Der Friedenszeit bis zum siebenjährigen Kriege zweyte Abtheilung 1753 ‒ 1756. Neuer Stoff zu Irrungen zwischen den Höfen zu Wien und Berlin, und zwischen beiden Religionstheilen. S. 78 ‒ 86.

I. Neue Vorfälle, wo die Höfe zu Wien und Berlin, oder auch beide Religionstheile verschieden dachten. S. 78. — II. III Einführung der Taxischen Stimme im Reichsfürstenrathe gegen die Mehrheit der Stimmen auf der weltlichen Fürstenbank. S. 79. — IV. V. Religionsänderung des damaligen Erbprinzen von Hessencassel, und deshalb getroffene Versicherungsanstalten. S. 80. — VI. Transplantation der evangelischen Unterthanen in Kärnthen, Steiermark und Oberoesterreich nach Ungarn und Siebenbürgen. S. 83. — VII. Neuer Bau eines Capucinerklosters in der gräflich Wiedrunkfallischen Residenz zu Dierdorf. S. 84. — VIII. Geheime Nachricht, daß man zu Wien damit umgehe, den Religionssachen im Reiche ein anderes Ansehen zu geben, und Schlesien wieder zu erobern. S. 86.

Inhalt.

III. Ursachen des siebenjährigen Krieges, und was Kaiser und Reich dabey für eine Parthey ergriffen. 1756. 1757. S. 87-97.

I. Geheimer Vertrag, den die Höfe von Wien und Dresden am 18. May 1745. zu Leipzig geschlossen, um dem Könige in Preussen nicht nur Schlesien, sondern noch mehr Länder abzunöthigen. S. 87. — II. Geheimer Artikel eines vom Wiener Hofe mit dem zu Petersburg am 22. May 1746. geschlossenen Bündnisses. S. 88. — III. Noch hinzugekommene geheime Nachrichten, wegen deren der König in Preussen glaubte, sich im Fall einer Nothwehr und gerechten Prävention zu finden. S. 89. — IV. Der Reichshofrath nahm es hingegen auf den Fuß eines Landfriedensbruchs. S. 90. — V. Und am Reichstage ward ein Reichsexecutionskrieg gegen Churbrandenburg beschlossen. S. 91. — VI. Wegen Versagung der Dictatur, die einem dawider gerichteten Aufsatze des Berliner Hofes widerfuhr, ward bey dieser Gelegenheit eine bisher bestrittene Stelle der Wahlcapitulation in Gang gebracht. S. 94. — VII. VIII. Auch entstand ein Streit über die Art die Stimmen auf dem Reichstage abzulegen. S. 93. — IX. Inzwischen erfolgte eine Erklärung der Kronen Frankreich und Schweden wegen ihrer übernommenen Garantie des Westphälischen Friedens. S. 95. — X. Hingegen der Berliner Hof berief sich auf eine Stelle der Wahlcapitulation, vermöge deren keine fremde Kriegsvölker auf Teutschen Boden geführet werden sollten. S. 96. — XI. Nach einer vom Könige verlohrnen Schlacht und nach dem Vorgange Französischer, Russischer und Schwedischer Kriegsheere kam auch ein Reichsexecutionsheer ins Feld, ward aber bey Roßbach geschlagen. S. 96.

IV. Reichsexecutionskrieg 1757., und was dabey in Ansehung der Reichskriegsverfassung vorgekommen. S. 98-108.

I. Mängel der Reichskriegsverfassung, wie sie insonderheit bey der Schlacht bey Roßbach entdeckt worden; — besonders wegen der jedem Reichsstande überlaßenen Unterhaltung seines Contingents; S. 98. — II. wegen der deswegen erforderlichen vielen Beckereyen, S. 99. — III. we-

gen

Inhalt.

gen Verschiedenheit der Löhnung; S. 101. — IV. wegen Mangels vieler Kriegsbedürfnisse und ungleicher Calibre ꝛc. S. 101. — V. Reichsoperationscasse von bewilligten Römermonathen, — VI. und deren Berechnung. S. 102. — VII. VIII. Assignationen und Compensationen, so dabey vorzukommen pflegen. S. 103. — IX. Besteurung der Unterthanen zu den Römermonathen; — deren Vervielfältigung für nicht bewaffnete Stände. S. 105. — X. Reichsgeneralität, S. 105. — XI. die jetzt auch in Friedenszeit unterhalten wird, S. 106. — XII. aber nur bey würklichen Feldzügen Vortheile zu genießen hat. S. 107. — XIII. Ueber die Befehlshabung des Reichskriegsheeres wird jedesmal besondere Verfügung getroffen. S. 107. — XIV. Ein Reichskriegsrath, der vermöge der Wahlcapitulation von beiden Religionstheilen bestellt werden sollte, ist würklich nicht in Uebung. S. 108.

V. Verhandlungen über das Vorhaben den König in Preussen in die Acht zu erklären, und über einen Friedenscongreß zu Augsburg. Endlich geschlossener Friede zu Hubertsburg. 1758=1763. S. 109=113.

I. Als es im Werk war unmittelbar in den drey Reichscollegien auf die Achtserklärung des Königs in Preussen anzutragen; beschloß das evangelische Corpus zur Aufrechthaltung der Wahlcapitulation in partes zu gehen. S. 109. — II. Diesen Schluß unternahm der Kaiser vergeblich für nichtig zu erklären. S. 110. — III. Zum Friedenscongresse, der zu Augsburg gehalten werden sollte, wollte das Reich sich aufdringen, S. 111. — IV. und auf Bestätigung der vorigen Friedensschlüsse, ohne den Ryßwickischen davon auszunehmen, bringen. — Darüber kam es wieder zur Trennung beider Religionstheile; — und aus dem Congresse wurde nichts. S. 111. — V. Dem Kriege wurde inzwischen durch anderweitige Friedensschlüsse, insonderheit zu Paris und zu Hubertsburg, ein Ende gemacht. S. 112.

Inhalt.

Dreyzehntes Buch der neueren Zeiten zehnter Abschnitt von Joseph dem II. 1764-1786. S. 114-214.

I. Römische Königswahl Josephs des II. 1764. S. 114-120.

I. Churfürstlicher Collegialtag und Wahlconvent zu Frankfurt. S. 114. — II. Wahlcapitulation und churfürstliche Collegialschreiben an den Kaiser. S. 115. — III. Zwey kaiserliche Commissarien bey dieser churfürstlichen Versammlung. S. 116. — IV. Irrung über die Zahl der Canonenschüsse bey der Ankunft der kaiserlichen Commissarien und der Churfürsten. S. 116. — V. Abänderung in Ansehung der ehemaligen persönlichen Anwesenheit des neu gewehlten Römischen Königs im Conclave. S. 117. — VI. und in Ansehung der sonst demselben persönlich ertheilten väterlichen Einwilligung. S. 117. — VII. Vollziehung dieser Römischen Königswahl ohne vorgängige Einwilligung des Reichstages. S. 118. — VIII. Diesmal waren das erstemal alle neun churfürstliche Stimmen bey der Wahl im Gange. S. 119. — IX. Neue Beschwörung der Churverein. — Besondere Bemerkung über die Abwechselung im Range zwischen Churtrier und Churcölln. S. 119. — X. Genehmigter Vergleich der Höfe zu München und Manheim über die Abwechselung des Rheinischen Reichsvicariates. — Noch ein Vergleich der Vicariatshöfe über die Gränzen des Rheinischen und Sächsischen Vicariates ward zur reichstägigen Berathschlagung und Genehmigung empfohlen. S. 120.

II. Cammergerichts-Visitation 1767-1776. S. 121-151.

I. Preiswürdiger Justitzeifer Josephs des II., S. 122. — II. wie er sich durch eine eigne Verordnung an den Reichshofrath an den Tag legte, S. 122. — III. und von einer vorzunehmenden Visitation des Cammergerichts das beste hoffen ließ. S. 123. — IV. Darüber ward schon eine wichtige Reichstagsberathschlagung in Gang gebracht. S. 124. — V. Aber aus einer Schrift unter dem Titel: Betrachtungen über das Visitationswesen, ergaben sich ganz neue

Inhalt.

neue Grundsätze, — als ob die Visitation nur ein Gericht sey; S. 124. — VI. und nicht vom Reichstage abhange, S. 125. — VII. sondern vermöge eines R. A. vom Jahre 1543. nur vom kaiserlichen Hofe; S. 126. — VIII. der also in Gefolg der schon vorhandenen Reichsgesetze alles übrige für sich bestimmen könne. S. 127. — IX. Diese Grundsätze fieng man zu Wien an zu befolgen. S. 128. — X. Die Visitation ward im May 1767. eröffnet. S. 129. — XI. Nun ereignete sich gleich anfangs eine Schwierigkeit wegen Abtheilung der eigentlichen Visitation und der Revisionen; S. 130. — XII. und wegen einer Churmainzischen Behauptung in jedem Revisionssenate einen Subdelegirten zu haben; S. 131. — XIII. welches eine von den Veranlaßungen war, worüber die Visitation zuletzt scheiterte. S. 132. — XIV. Dazu kam eine sehr weitläuftige Behandlung des Geschäffts mit jedesmaligen 24. grundausführlichen gelehrten Abstimmungen; S. 133. — XV. ohne daß der Vorschlag Subdeputationen zu veranstalten ins Werk gerichtet werden konnte. S. 134. — XVI. Eine unerwartete Entdeckung, daß ein Jude mit Sollicitaturen ein Gewerbe getrieben, und drey Assessoren sich bestechen laßen, gab Stoff zu einer weitläuftigen Untersuchung. S. 134. — XVII. Nach Verlauf eines Jahres entstand Streit über die Ablösung der ersten Classe, wozu es doch erst im Nov. 1774. kam. S. 135. — XVIII. Noch entstand ein Streit, ob die kaiserliche Commission einen durch Mehrheit der Stimmen gefaßten Schluß durch Versagung ihrer Genehmigung entkräften könne? S. 137. — XIX. Ein Bericht an Kaiser und Reich veranlaßte endlich einen Reichsschluß über verschiedene bey der Visitation vorgekommene Gegenstände. S. 137. — XX. Zur Berichtigung des Concepts der C. G. O. hatte die Visitation vorläufig einiger Assessoren Gutachten bewirket, aber selbst noch nicht Hand angelegt. S. 138. — XXI. Hingegen viele Beschwerden einzelner Reichsstände in ihren Rechtssachen hatten die Visitation über die Gebühr beschäfftiget. S. 139. — XXII. Endlich kam noch ein Streit über die Art der gräflichen Theilnehmung an der Visitation hinzu, — die nicht einzelnen Grafen sondern nur den vier Grafencollegien zugestanden werden konnte, S. 140. — XXIII-XXV. wovon das Fränkische und Westphälische sowohl als das Wetterauische bisher für pur evangelisch gerechnet waren. S. 141. — XXVI. So hatte auch
noch

Inhalt.

noch 1766. der ganze Reichstag die Sache genommen. S. 143. — XXVII. XXVIII. Jetzt sollten aber auf einmal die Westphälischen und Fränkischen Grafen nach einander auf der catholischen Seite berufen werden, — wie bey der zweyten Classe ein catholischer Bevollmächtigter des Grafen von Metternich von wegen der Westphälischen Grafen erschien. S. 144. — XXIX. XXX. Darüber erfolgten zu Regensburg von beiden Religionstheilen einander entgegengesetzte Schlüsse, — und zu Wetzlar eine unglückliche Trennung der ganzen Visitation. S. 146. — XXXI. XXXII. Auch erschienen von beiden Seiten Schriften, — deren Werth erst die Nachwelt unpartheyisch zu beurtheilen vermögend seyn wird. S. 147. — XXXIII. Der Vorwurf, daß ein von Carlsruh erlaßenes Schreiben auf das ganze Geschäfft widrigen Einfluß gehabt haben sollte, war zuverlässig ungegründet. S. 149.

III. Ueberbleibsel der Cammergerichtsvisitation. Streit über die Religionseigenschaft der Fränkisch und Westphälisch gräflichen Stimmen. Befolgung des Reichsschlusses 1775. S. 152–169.

I. Erfolg des Streits über die Religionseigenschaft der Fränkisch und Westphälisch gräflichen Stimmen. — Fünfjährige völlige Unthätigkeit des Reichstages. S. 152. — II. Vermehrung der Anzahl der Cammergerichtsbeysitzer bis auf 25. — erst seit dem 1. Jun. 1782. S. 155. — III–VII. Befolgung des Reichsschlusses 1775. in Ansehung der Senate am C. G. — mit merklichen Mißdeutungen und noch immer übrig gelaßenen Anständen. S. 156. — VIII. Andere Verfügungen des Reichsschlusses, um allerley nachtheilige Directorialwillkühren einzuschränken. S. 161. — IX. Verschiedene Gegenstände, worüber erst die Visitation berichten sollte, — die aber inzwischen abgebrochen ist, und also erst wieder hergestellt werden müßte. S. 162. — X. XI. Vorzüglich wünschenswerth wäre eine nähere gesetzliche Bestimmung der Fälle, wann Mandate ohne Clausel von Reichsgerichten sollen erkannt werden können; S. 162. — XII. ingleichen der so genannten Ordinationen, die erst in neueren Zeiten am Cammergerichte häufig in Gang gekommen sind; S. 164. — XIII. und wie bey den Collisionen, die

Inhalt.

sich oft zwischen beiden Reichsgerichten ereignen, abzuhelfen sey; S. 166. — XIV. da unter andern der Reichshofrath in Sachen, welche kaiserliche Reservatrechte und die Aufrechthaltung der päbstlichen Concordate betreffen, dem Cammergerichte keine concurrirende Gerichtbarkeit zugestehen will. S. 167. — XV. Worüber wegen einer von Seiten des kaiserlichen Hofes einseitig geschehenen Abforderung der Cammergerichts-Acten und Berathschlagungs-Protocolle noch erst 1786. neue Irrungen entstanden sind. S. 168. — XVI. Biedermännischer Wunsch, daß allen solchen Irrungen durch Befolgung gleichförmig richtiger Grundsätze abgeholfen werden möchte. S. 169.

IV. Neue Aussichten für die Religionsbeschwerden. S. 170:174.

I. II. Zu Abhelfung der Religionsbeschwerden war seit 1742. eine neue Stelle in die Wahlcapitulation eingerückt, S. 170. — III. und auf Veranlaßung eines churfürstlichen Collegialschreibens 1764. von Joseph dem II. eine preiswürdige Erklärung ertheilet. S. 171. — IV. Zu deren Befolgung und Benutzung ward 1770. eine besondere Deputation sechs evangelischer Reichsstände beschlossen und ins Werk gerichtet; wozu jedoch die zur Bestreitung der Unkosten nöthigen Geldbeyträge mit Ausgang des Jahres 1784. meist erschöpft sind. S. 173.

V. Veränderungen in der catholischen Kirchenverfassung; besonders mit Aufhebung der Jesuiten. S. 174:184.

I. Erneuerte Beschwerden der Teutschen catholischen Kirche über den Römischen Hof, S. 174. — II. insonderheit auf Veranlaßung eines Streits zwischen dem Bischofe und Domcapitel, und dem Dombechanten zu Speier, — den die päbstliche Rota zum Nachtheile der erzbischöflichen Instanz zu Mainz nach Rom ziehen wollte; S. 175. — III. da jedoch, auf ein churfürstliches Collegialschreiben an den Kaiser, der Pabst nachgab; — wiewohl der Inhalt dieses Collegialschreibens noch nicht ganz erschöpft ist. S. 175. — IV. Inzwischen erschien darüber in Druck eine vollständigere

Inhalt.

gere Ausgabe der Concordate, mit eingerückter Acceptation der Baselschen Concilienschlüsse, — und ein der päbstlichen Gewalt sehr nachtheiliges Buch unter dem Namen Justinus Febronius. S. 178. — V. Auch entwarfen die drey geistlichen Churfürsten von neuem ihre Beschwerden über den Römischen Hof; — wiewohl ohne noch die gehoffte Unterstützung vom Kaiser zu erlangen. S. 180. — VI. Die wichtigste Veränderung ereignete sich endlich mit Aufhebung der Jesuiten; S. 180. — VII. wovon sich schon mit mehr Aufklärung und toleranteren Gesinnungen beträchtliche Folgen zu zeigen anfiengen; S. 181. — VIII. zum Theil schon unter Maria Theresia, aber noch ungleich mehr unter Joseph dem II, in den Oesterreichischen Erbstaaten. S. 182. — IX. Doch blieben noch immer Exjesuiten in Teutschland wirksam gnug. S. 182. — X. Und unter Russischem Schutze fand der Orden noch Mittel von neuem sich fortzupflanzen. S. 183.

VI. Abgang des Hauses Baiern und darüber entstandener Krieg bis zum Teschner Frieden 1777: 1779. S. 185:202.

I. Nach Abgang des Hauses Baiern behauptete Churpfalz die Erbfolge in dessen Staaten. S. 186. — II. III. Allein Oesterreich machte jetzt Anspruch auf Niederbaiern, S. 186. — IV. und auf Lehnstücke, die dem Reiche und der Krone Böhmen eröffnet seyen. S. 188. — V. Der Churfürst von der Pfalz bequemte sich diese Ansprüche anzuerkennen. S. 188. — VI. Aber der Herzog von Zweybrücken widersprach, und wurde, nebst anderen Ansprüchen des Churhauses Sachsen und des Herzogs von Mecklenburg, vom Könige in Preussen unterstützt. S. 188. — VII-IX. Als es darüber zum Kriege kam, gab eine Erklärung des Russischen Hofes den grössten Nachdruck; S. 189. — X. so daß es unter Russischer und Französischer Vermittelung zu Teschen bald zum Frieden kam; — vermöge dessen bekam Oesterreich nur den Strich Landes zwischen der Donau, dem Inn und der Salze. S. 192. — XI. Chursachsen bekam für die Mobiliarverlassenschaft sechs Millionen Gulden. S. 193. — XII. Dem Hause Mecklenburg wurde zu einer unbeschränkten Befreyung von allen Appellatio-

Inhalt.

nen Hoffnung gemacht. S. 194. — XIII. Ein gelegentlich erhobener Anstand wegen künftiger Wiedervereinigung der Brandenburgischen Fürstenthümer in Franken mit der Chur Brandenburg wurde gänzlich gehoben. S. 196. — XIV. Ueber alles das enthielt der Teschner Friede nicht nur die Garantie von Frankreich und Rußland; — sondern es erfolgte auch die ausbedungene Einwilligung des Teutschen Reichs; — nur mit Vorbehalt eines jeden Dritten erweislicher Rechte, S. 196. — XV. wie namentlich theils schon zu Teschen, theils zu Regensburg verschiedene Reichsstände sich mit ihren Ansprüchen gemeldet hatten, — wovon z. B. die von Salzburg und wegen Donauwerth noch durch besondere Vergleiche gehoben sind. S. 197. — XVI. Wegen der erledigten Reichslehne erfolgte auch die erforderliche Einwilligung der beiden höheren Reichscollegien; — und über alles das die kaiserliche Genehmigung. S. 198. — XVII. Der ganze Friede war nicht nur Französisch abgefasset, sondern auch in dieser Sprache ohne beygefügte Uebersetzung dem Reichstage vorgelegt worden. S. 199.

VII. Neueste Vorfälle seit dem Teschner Frieden. Tod der Kaiserinn Maria Theresia. Fürstenbund 1785. Schluß des Zeitalters Friedrichs des II. S. 203-213.

I. Josephs des II. Regierungsantritt und große neue Veranstaltungen in seinen Erbländen. — Irrungen mit den vereinigten Niederlanden wegen Eröffnung der Schelde ꝛc. S. 203. — II. Besorgnisse wegen einiger bey der Gelegenheit geäußerten Grundsätze; S. 204. III. IV. wie auch wegen verschiedener Unternehmungen gegen das Hochstift Passau und das Erzstift Salzburg; S. 204. — V. ingleichen wegen verschiedener in Reichssachen von älteren Zeiten her von neuem hervorgesuchter kaiserlichen Vorrechte, S. 206. — VI. z. B. der so genannten Panisbriefe; S. 207. — VII. ferner wegen ein und andern Betragens der Oesterreichischen Directorialgesandtschaft zu Regensburg; S. 208. — VIII. und wegen einiger Unternehmungen gegen mindermächtige Nachbaren. S. 210. — IX. Endlich dem Herzoge von Zweybrücken zugemuthete Einwilligung, Baiern gegen die Oesterreichischen Niederlanden unter dem Titel

Inhalt.

Titel eines Königreichs Burgund vertauschen zu laßen; S. 210. — X. so zu Berlin dem Teschner Frieden zuwider gehalten wurde. S. 211. — XI. Darüber geschlossener Fürstenbund; — eine der letzten Thaten Friedrichs des II., dessen Zeitalter hiermit einen merkwürdigen Abschnitt in der Geschichte macht. — Hoffnung und Wunsch die bisher entwickelte Reichsverfassung bis auf die spätesten Zeiten dadurch befestiget zu sehen! S. 212.

Vierzehntes Buch. Einige allgemeine Bemerkungen über die Verfassung des Teutschen Reichs, wie sie jetzt würklich ist. S. 214.

I. Einige Bemerkungen über die drey Orte Wien, Regensburg und Wetzlar, wo die Reichsverfassung noch am meisten sichtbar ist. S. 214:233.

I. Noch immer fortwährende Einheit des Teutschen Reichs, wie sie besonders vorzüglich noch zu Wien, Regensburg und Wetzlar sichtbar ist. S. 214. — II. Zu Wien werden die Reichssachen nur sehr durch das größere Gewicht der kaiserlichen Erblande verdunkelt. S. 215. — III. Zur Geschäfftsbehandlung zwischen dem kaiserlichen Hofe und den Reichsständen dienen übrigens theils Reichshofrathsagenten oder reichsständische Gesandten zu Wien, theils kaiserliche Gesandten im Reiche. S. 218. — IV. Am feierlichsten zeigt sich zu Wien das Band zwischen Haupt und Gliedern in den Reichsbelehnungen; S. 219. — V. VI. insonderheit über Thronlehne. S. 220. — VII. Anstände die sich dabey wegen der Entschuldigung, nicht in Person zu erscheinen, ereignet; S. 222. — VIII. wie auch wegen Anfallsgelder und Laudemien. S. 223. — IX. Zu Regensburg fällt der Reichstag mehr in die Augen, hat aber doch an der Zahl der reichsständischen Gesandten merklich abgenommen. S. 229. — X. Auch in den Berathschlagungen ist nicht mehr so viele Thätigkeit, als ehedem. S. 230. — XI. Zu Wetzlar ist das Cammergericht in beständiger Thätigkeit, doch eigentlich nur in Rechtssachen; S. 232. — XII. auſſer wenn Fragen über die Ver-

Inhalt.

fassung des Cammergerichts selbst zur Sprache kommen. S. 232.

II. Ein Hauptzweck, der in der bisherigen Reichsverfassung zur allgemeinen Sicherheit und Wohlfahrt noch immer durch reichsgerichtliche Erkenntnisse erreicht wird. S. 234=244.

I. Ein wichtiger Vortheil der Reichsverfassung ist noch, daß gegen alle Mitglieder des Reichs richterliche Hülfe statt findet; S. 234. — II. III. selbst zum Vortheile der Unterthanen gegen ihre Landesherrschaften; S. 235. — IV. wie auch zum Vortheile der Gläubiger gegen verschuldete Reichsstände; — besonders in so genannten Debitcommissionen. S. 239. — V. Nur wegen der Recurse, die von Reichsständen gegen widrige reichsgerichtliche Erkenntnisse häufig an den Reichstag genommen werden, wäre eine genauere gesetzliche Bestimmung zu wünschen; S. 241. — VI. VII. die aber auch ihre Schwierigkeiten hat. S. 241. — VIII. Bis dahin beruhet der Ausgang eines jeden Recurses auf der Mehrheit der Stimmen in den drey Reichscollegien. S. 243.

III. Noch einige Bemerkungen von Wahlconventen, Kreisversammlungen und Trennung der beiden Religionstheile. S. 245=257.

I. II. Ausser den drey Orten Wien, Regensburg und Wetzlar, wo die Reichsverfassung noch immer fortwährend sichtbar ist, zeigt sich dieselbe von Zeit zu Zeit auch bey Kaiserwahlen oder Römischen Königswahlen; S. 245. — III. und bey Reichsdeputationen, insonderheit zur Visitation des Cammergerichts. S. 247. — IV. Auch können besondere collegialische Versammlungen angestellt werden, wie sonst häufiger von Churfürsten und Reichsstädten geschehen ist, S. 247. — V. besonders von altweltlichen Fürsten, Reichsprälaten und Reichsgrafen. S. 248. — VI. So stehen mit der Reichsverfassung auch noch die besonderen Kreisversammlungen in Verbindung, insonderheit in Schwaben, Franken, Baiern und den Rheinischen Kreisen; S.

Inhalt.

S. 249. — VII. wie auch die abgesonderten Berathschlagungen eines jeden Religionstheils; S. 249. — VIII. IX. wozu insonderheit das evangelische Corpus wegen der gegenseitigen Mehrheit der Stimmen und intoleranten Gesinnungen bisher die größte Ursache gehabt hat. S. 250. — X. XI. Wenn gleich aufgeklärte Catholiken anders denken, so sind doch die Quellen der Intoleranz noch nicht verstopft; S. 253. — XII. XIII. wovon die bisherigen Folgen und deren weitere Besorgnisse unvermeidlich sind. S. 254. — XIV. Doch muß man wünschen und hoffen, daß das Teutsche Reich noch zum Beyspiele dienen möge, wie verschiedene Religionsverwandten auch in einem Reiche friedlich und glücklich bey einander wohnen können. S. 256.

IV. Einige Bemerkungen, wie weit noch jetzt in Regierung der besonderen Teutschen Staaten Verfügungen des Reichstages oder des kaiserlichen Hofes erforderlich sind, und was davon abhängt. S. 258.

I. Jedes einzelne Teutsche Gebiet wird jetzt meist nur nach seiner eignen Convenienz, nicht etwa in Gleichförmigkeit des ganzen Reichs, regiert. — Höchstens zeigt sich noch etwa einige Rücksicht auf Nachbarschaft oder Kreisverfassung. S. 259. — II. Allgemeine Reichsschlüsse über Dinge, die in die innere Verfassung der besonderen Staaten einschlagen, werden immer seltener und schwieriger. S. 260. — III. Daraus erwächst nun eine immer größere Verschiedenheit in sothaner Verfassung jeder einzelnen Gebiete; S. 261. — IV. wovon zu ihrem Glücke ein vortheilhafter Gebrauch gemacht werden kann. — Doch gibt es noch einige kaiserliche Reservatrechte, die hier in Betrachtung kommen. S. 262. — V. So hat der Kaiser noch jetzt in ganz Teutschland das Recht Standeserhöhungen zu ertheilen, — ingleichen kaiserliche Hofpfalzgrafen und Notarien zu ernennen; S. 263. — VI. Zölle hat zwar der Kaiser selbst nicht mehr; es kann sie aber auch kein Reichsstand ohne kaiserliche Concession haben; — so auch das Recht der Münze; S. 264. — VII. und Universitäten. S. 265. — VIII. Einige Gegenstände sind streitig,

Inhalt.

oder doch einer genauern Bestimmung unterworfen, — als Jahrmärkte und Messen, S. 266. — IX. X. Stadtrecht und Zünfte; S. 268. — XI. XII. Moratorien. S. 269. — XIII. Bisweilen gilt noch eine Concurrenz gewisser kaiserlicher und landesherrlicher Hoheitsrechte, — als in Ergänzung der Volljährigkeit und Legitimation unehelicher Kinder. S. 271. — XIV. Kaiserliche Concessionen für ganz Teutschland können den Reichsständen in ihren Ländern nicht vorgreifen. S. 272. — XV. Auch mit Bücherprivilegien hat es eine ganz eigne Bewandtniß. S. 272. — XVI. So läßt sich ungefähr zwischen kaiserlichen Reservatrechten und landesherrlichen Rechten eine richtige Gränzlinie ziehen. S. 273. — XVII. Ausserdem werden unsere Reichsstände in ihren Regierungsrechten anderen Europäischen Mächten meist gleich gehalten; S. 274. — XVIII. selbst in Kriegen, Bündnissen, Repressalien, und allen Gattungen gegenseitiger Verträge. S. 275. — XIX. Ein Verzeichniß aller Europäischen Mächte darf deßwegen die Teutschen besonderen Staaten nicht außlaßen. S. 276. — XX. XXI. Nur gibt es unter ihnen auch noch Staatsdienstbarkeiten häufiger und aus anderen Quellen, als unter Europäischen Mächten. S. 277. — XXII. Selbst Reichsgesetze können gewisse Einschränkungen der Landeshoheit begründen. S. 279. — XXIII. Einige geistliche Länder haben noch besondere Ueberbleibsel von ehemaligen Vogteyen; S. 279. — XXIV. wie auch einige Reichsstädte. S. 280.

V. Einige besondere Quellen der großen Mannigfaltigkeit der besonderen Teutschen Staaten. S. 281 = 299.

I. Ungemein häufig sind mehrere Länder auf gar vielerley Art unter einen Herrn gekommen; S. 281. — II. welches sowohl auf die größere Macht einiger Häuser als auf die Verfassung der Länder Einfluß gehabt hat; S. 282. — III. besonders in Ländern, die ihre Landesherren nicht mehr bey sich haben. S. 284. — IV. Mehrere geistliche Länder sind oft bloß zufälliger Weise und nur auf Lebenszeit unter einem Herrn vereiniget. S. 284. — V. In weltlichen Ländern kann sich zu Zeiten etwas ähnliches mit Vormundschaften und Debitcommissionen zutragen; — So können auch apanagirte Herren und Wittwen oder Erbtöchter dazu kom=

Inhalt.

kommen, Regierungen zu führen. S. 286. — VI. Hinwiederum hat oft ein Land mehrere Herren, von denen es gemeinschaftlich regiert wird; S. 288. — VII. oder mit abwechselnden Regierungen. S. 289. — VIII. Noch gibt es besondere Verfassungen in Ländern, welche in einigen Häusern jüngere Linien in gewisser Abhängigkeit von der ältern regierenden Linie besitzen. S. 290. — IX. X. Eine andere Art von Abhängigkeit kann sich in einzelnen reichsritterschaftlichen Gebieten von den Cantons oder Kreisen der Reichsritterschaft äußern; — wie auch in reichsständischen Ländern von Collegialverfügungen oder Kreisschlüssen. S. 291. — XI. XII. Hin und wieder gibt es Streitigkeiten über den Zustand der Unmittelbarkeit und Reichsfreyheit einzelner Glieder des Reichs, — oder so genannte Exemtionsstreitigkeiten; — wodurch manche, die sich für unmittelbar gehalten, in mittelbare Reichsmitglieder verwandelt worden. S. 292. — XIII. Bey einigen sind durch Vergleiche noch besondere Verhältnisse eingeschränkter Freyheiten oder Unterwürfigkeiten entstanden. S. 293. — XIV. XV. In einer so großen Verschiedenheit der vielerley besonderen Teutschen Staaten gibt es auch natürlich eine große Mannigfaltigkeit mehr oder minder glücklicher Länder. S. 295. — XVI. Eben das gilt auch von reichsritterschaftlichen Gebieten, S. 298. — XVII. und von Reichsstädten. S. 298. — XVIII. Im Ganzen behält die Staatsverfassung des Teutschen Reichs noch immer unverkennbare Vorzüge, — die jeden Teutschen zu frohen Aussichten in die fernere Zukunft beleben können. S. 299.

Eilftes

Eilftes Buch.
Der neueren Zeiten achter Abschnitt
von
Carls des VI. Tode
bis
zum Aachner Frieden
1740 — 1748.

I.
Reichsvicariat nach Carls des VI. Tode
1740 : 1742.

I. Mißliche Aussichten für diese Zwischenzeit, — II. Insonderheit unter andern wegen des Reichsvicariats. — III. IV. Die Häuser Baiern und Pfalz hatten zwar inzwischen 1724. einen Hausunionsvertrag geschlossen, — V. und darin auch des Vicariates halber sich auf eine gemeinschaftliche Verwaltung desselben verglichen. — VI. Allein es fehlte dazu die Genehmigung des Reichs. — VII. Am Cammergerichte fand deswegen die Verfertigung eines gemeinschaftlichen Vicariatssiegels Anstand. — VIII. Und ein

P. Entw. d. Staatsverf. Th. III.   A   Rhei-

Rheinisches gemeinschaftliches Vicariatshofgericht zu Augsburg fand auch keinen Beyfall. — Also war auſſer dem Churſächſiſchen Vicariatshofgerichte beynahe ein Stillſtand im Reichsjuſtizweſen.

I. Der Tod Carls des VI. machte ſchon deswegen einen Hauptabſchnitt in der Teutſchen Reichsgeſchichte, weil damit die Reihe der Kaiſer aus dem Hauſe Oeſterreich, die jetzt volle drey Jahrhunderte hindurch ununterbrochen geblieben war, nunmehr auf einmal ein Ende nahm. Man hoffte zwar anfangs zu Wien, daß Carls Tochtermann, Franz von Lothringen, nunmehriger Großherzog von Toscana, Kaiſer werden, und alſo Wien doch nach wie vor der Sitz des kaiſerlichen Hofes bleiben würde. Allein dieſe Hoffnung ſchlug bald fehl, und deſto mehrere Umſtände ſchienen ſich von allen Seiten her zu vereinigen, um für die Verfaſſung des Teutſchen Reichs, wo nicht einen völligen Umſturz, doch viele wichtige Hauptveränderungen erwarten zu können. Gleich das Zwiſchenreich, ehe eine neue Kaiſerwahl zu Stande kam, war voller Merkwürdigkeiten.

II. Schon wegen des Reichsvicariates hatte man Urſache beſorgt zu ſeyn, wenn man ſich erinnerte, was nach Ferdinands des III. Tode zwiſchen den beiden Häuſern Baiern und Pfalz für ein Streit darüber geweſen war (a). Bey dem letzten Zwiſchenreiche nach Joſephs des I. Tode hatte dieſer Streit nur darum geruhet, weil der Churfürſt von Baiern damals in der Acht war, alſo Churpfalz das Vicariat damals ohne Widerſpruch führen konn-

(a) Oben Th. 2. S. 256.

konnte. Als das Publicum jetzt voller Erwartung war, wie diesmal die Sache ablaufen würde; erfuhr man auf einmal, daß schon zum voraus im Jahre 1724. nicht nur dieser Streit zwischen beiden Häusern verglichen, sondern noch über mehrere wichtige Puncte ein allgemeiner Hausunionstractat von denselben geschlossen sey.

III. Unstreitig hatte in das bisherige Verhältniß dieser beiden Häuser ihre ehemalige Religionsverschiedenheit, so lange die reformirte Pfalzsimmerische Churlinie blühete, nicht geringen Einfluß gehabt. Da nunmehr das catholische Haus Pfalzneuburg in Besitz der Chur Pfalz war, hatte es weit weniger Schwierigkeit, daß nach der im Badischen Frieden erfolgten Herstellung des Hauses Baiern von der damaligen Acht sich beide Häuser näher zusammensetzen konnten. Das geschah nun endlich in vorgedachtem Unionstractate, den beide Churhäuser am 15. May 1724. ganz in der Stille mit einander schlossen. Weil der damalige Churfürst Franz Ludewig von Trier ein Bruder des Churfürsten von der Pfalz, und der Churfürst Clemens August von Cölln ein Sohn des Churfürsten von Baiern war; so wurden auch diese zwey geistliche Churfürsten in die Hausunion mit eingeschlossen.

IV. Dieser in vielem Betrachte für die Reichsverfassung wichtige Hausvertrag erneuerte erstlich einige ältere Verträge von den Jahren 1490. 1529. und 1674., sofern sie dem Westphälischen Frieden nicht zuwider wären. Hernach verbanden sich beide Häuser, einander ihre Länder und Gerechtsame zu schützen, und zu dem Ende bey allen reichsständischen Versammlungen einerley Maßregeln zu befolgen, auch in Unterhandlungen am kaiserlichen oder an anderen Höfen sich für einander zu verwenden, oder, wo etwa besondere Absichten oder Verträge das verhinderten, wenigstens mit Vermeidung aller Widerstrebung sich aus der Sache zu halten. Im Fall eines Angriffs versprachen sie einander nach allen Kräften beyzustehen, zu welchem Ende ein jedes Churhaus in einer beständigen Verfassung von 8000. Mann, 2000. zu Pferde, 6000. zu Fuß, seyn sollte. Auch sollten alle von dem gesammten Hause Baiern und Pfalz abstammende Herren, die zu geistlichen Churfürstenthümern oder Fürstenthümern gelangten, diesem Tractate von selbsten mit einverleibet seyn. Vermöge einiger abgesonderten Artikel sollte die gemeinschaftliche Hülfe vornehmlich auch darauf gehen, wenn einer der catholischen Religion halber bedrängt würde. Desgleichen sollte zu Vermählungen und bischöflichen Wahlen oder Coadjutorien ein Haus des andern Vortheil befördern helfen. Hingegen sollte man von Seiten beider Häuser in das Begehren der Fürsten in Ansehung der beständigen Wahlcapitulation und der Gleichstellung mit den Churfürsten niemals eingehen, auch jeder Einführung neuer Fürsten sich aufs kräftigste widersetzen (b).

v. Wegen des Rheinischen Reichsvicariates war der Vergleich so gefasset, daß beide Häuser

(b) Fabers Staatscanzley Th. 80. S. 690., Geschichte des interregni nach Carls des VI. Tode Th. 1. S. 322.

1) Reichsvicariat 1740-1742.

Baiern und Pfalz dasselbe künftig gemeinschaftlich führen, und in solcher Absicht bey jeder Erledigung des kaiserlichen Thrones ein gemeinschaftliches Reichsvicariatshofgericht zu Augsburg errichten sollten.

Das alles ward nun auch gleich nach Carls des VI. Tode so ins Werk gerichtet. Aber jetzt entstand die Frage: ob die beiden Höfe zu München und Manheim bloß für sich eine solche Veränderung mit dem Rheinischen Vicariate hätten vornehmen können, ohne von Kaiser und Reich erst die Einwilligung dazu zu erwarten. Viele hielten es für eine Abweichung von der goldenen Bulle, daß an statt der darin verordneten zwey Reichsverweser, Pfalz und Sachsen, deren künftig drey seyn sollten; auch für Abweichung vom bisherigen Herkommen, daß ein Vicariatshofgericht, das in die Stelle des Reichshofraths trete, nicht an dem Vicariatshofe selbst, sondern in einer dritten Reichsstadt gehalten werden sollte.

VI.

Der Chursächsische Hof nahm seines Orts an dieser Veränderung keinen Antheil. Man konnte sich deswegen auch nicht über ein gemeinschaftliches Siegel vereinigen, wie sonst gewöhnlich war für jedes Interregnum dem Cammergerichte zuzufertigen. Zu Wetzlar konnte daher, so lange dieses Interregnum währte, nichts zur förmlichen Ausfertigung gelangen; (worüber unter andern die dortigen Canzleypersonen in große Verlegenheit kamen, weil deren Besoldungen auf die Taxen angewiesen sind, die nur bey förmlichen Ausfertigungen bezahlet werden.)

VII.

VIII. Jenes Vicariatshofgericht zu Augsburg wurde nun auch von den meisten Reichsständen nicht anerkannt. Also entstand außer dem Gebiete des Sächsischen Vicariates beynahe ein Stillstand im Reichsjustitzwesen. Und das alles ließ sich so wenig heben, daß vielmehr die Vicariatshöfe selbst darauf Bedacht nehmen mußten, über eine andere Einrichtung sich zu vereinbaren. In der Wahlcapitulation 1742. hieß es nur: Weil wegen der verglichenen Gemeinschaft des Rheinischen Reichsvicariates die bekannten Umstände sich ereignet hätten; sollte die Sache bey der Reichsversammlung vorgenommen werden. Bis dahin mußte selbst die sonst gewöhnliche kaiserliche Genehmigung der Rheinischen Vicariatshandlungen auf sich beruhend gelaßen, und diesmal nur auf die Sächsischen Vicariatssachen eingeschränket werden (c).

(c) Wahlcap. Carls des VII. Art. 3. §. 18. 19.

II.

II.
Schicksale der pragmatischen Sanction bis zur Kaiserwahl Carls des VII. 1740-1742.

I. Ansprüche des Hauses Baiern auf die Oesterreichische Erbfolge zur Entkräftung der pragmatischen Sanction. — II. Deren Begründung von wegen der so genannten Regredienterbschaft; — III. die jedoch zum Nachtheile derer, die zum Letzten vom Mannsstamm in näherem Verhältnisse stehen, nicht statt findet. — IV. V. Denn Recht und Ordnung der Erbfolge sind zweyerley; — VI. und eine Erbfolge, die einmal in eine Linie gekommen, bleibt in derselben, so lange sie währet. — VII. Darum hatte Carls des VI. Tochter Maria Theresia vor allen entfernteren weiblichen Nachkommen der vorigen Herren des Hauses den Vorzug. — VIII. Der bey den Verzichten der Töchter gewöhnliche Vorbehalt wirkt für ihre Nachkommen nur in so fern, als sie die Reihe trifft. — IX. Die ins Haus Baiern vermählte Erzherzoginn Anna konnte sich also für ihre Nachkommen nur so viel vorbehalten, daß ihnen nach Abgang des Oesterreichischen Mannsstamms ihr Verzicht nicht mehr im Wege stehen sollte; nicht aber daß sie vor allen anderen weiblichen Nachkommen und selbst vor der Tochter des Letzten vom Mannsstamme den Vorzug haben sollten; — X. obgleich verschiedene Rechtsgelehrte, aus übel angewandten Römischen Rechtsgrundsätzen von bedingten Verzichtleistungen, anderer Meynung waren. — XI. Maria Theresia kam auch der pragmatischen Sanction gemäß zum Besitz, — XII. und übertrug ihrem Gemahle, um ihn zur Kaiserwürde zu verhelfen, die Ausübung der Böhmischen Churstimme. — XIII. Allein durch einen Einbruch, den der König von Preussen in Schlesien vornahm, um die Ansprüche seines Hauses auf Jägerndorf, Liegnitz, Brieg und Wohlau geltend zu machen, gaben der ganzen Sache eine andere Wendung. — XIV. XV. Denn die Krone Frankreich bewirkte jetzt einen Bund zu Nymphenburg um sowohl die Oesterreichische Erbfolge als die Kaiserwürde dem Hause Baiern zuzuwenden.

Die Hauptsache, worauf gleich nach Carls des VI. Tode aller Augen gerichtet waren, und wovon fast alle übrige Staatsangelegenheiten abhiengen, kam jetzt darauf an: ob es bey der pragmatischen Sanction, deren Befestigung der verstorbene Kaiser sich so sehr hatte angelegen seyn laßen, nunmehr bleiben würde, oder nicht? Soviel man wußte, war nur noch der einzige Hof zu München, dessen Widerspruch gegen die pragmatische Sanction noch nicht gehoben war. Diesen Widerspruch gründete aber der Churfürst von Baiern jetzt nicht sowohl auf die Gerechtsame seiner Gemahlinn, als einer Tochter des Kaiser Josephs, als vielmehr von wegen seiner eignen Person, weil seine väterliche Urururgroßmutter, weiland Herzogs Albrechts des V. von Baiern Gemahlinn Anna, eine Tochter Kaiser Ferdinands des I. gewesen war, die zwar bey ihrer Vermählung zum Besten ihrer Brüder und deren männlichen Nachkommen den gewöhnlichen Verzicht geleistet, jedoch auf den Fall des Abganges des Oesterreichischen Mannsstamms sich und ihren Nachkommen ihre Rechte vorbehalten hatte.

II. Diese Art Ansprüche, die man mit dem Namen einer Regredienterbschaft zu belegen pfleget, hat in so weit ihren guten Grund, daß einer fürstlichen Tochter und ihren Nachkommen, wenn sie den Abgang des Mannsstamms erleben, gegen den sie in der Erbfolge ihres Hauses zurückstehen müßen, ihre bisherige Ausschließung und Verzichtleistung nicht mehr zum Nachtheile gereichen kann. Denn sofern nicht etwa von solchen Lehngütern die Rede ist, worin gar keine weibliche Erbfolge statt findet, so können nach den in Teutschland hergebrachten Successionsrechten fürstlicher Häuser nach gänzlich erloschenem Mannsstamme auch

auch Töchter und weibliche Nachkommen des Hauses zur Succession gelangen, weil nun der Vorzug des bisherigen Mannsstamms ihnen nicht mehr im Wege stehet. In so weit konnte der Churfürst von Baiern mit Recht sagen, daß ihm als einem weiblichen Abkömmlinge von Ferdinand dem I. der ausschließliche Vorzug, den dessen männliche Nachkommen bisher in der Erbfolge des Hauses Oesterreich genossen hatten, und die darauf sich beziehende Verzichtleistung der Ferdinandischen Tochter, von welcher der Churfürst abstammte, nunmehr nach erloschenem Oesterreichischen Mannsstamme nicht weiter im Wege stand. Vielmehr war jetzt auf einmal unstreitig das Recht der Erbfolge allen weiblichen Nachkommen des Hauses Oesterreich in so weit eröffnet, daß jetzt keinem derselben das bisherige Vorrecht des Mannsstamms mehr entgegengesetzt werden konnte.

Aber nun ist noch eine andere Frage, worauf iii. hier alles ankömmt: Soll dann jetzt auch die Reihe der Erbfolge auf einmal an alle weibliche Nachkommen zugleich kommen? oder soll eine gewisse Ordnung der Erbfolge auch hier die Wirkung haben, daß nur eine Linie nach der andern zum würklichen Genusse ihres Erbfolgrechts gelangen kann? Soll also nicht auch hier der entferntere gegen den näheren zurückstehen müßen? und nach welchem Verhältnisse soll allenfalls diese Nähe oder Entfernung bestimmt werden?

Hier bringt sowohl die Natur der Sache als iv. die in Teutschland hergebrachte Successionsart unserer reichsständischen Häuser mit sich, daß unter dem Rechte der Erbfolge und der Ordnung derselben noch ein großer Unterschied obwaltet. Auch im Mannsstamme eines fürstlichen Hauses geht das Recht der Erbfolge unmittelbar vom ersten Erwerber auf alle seine Nachkommen, deren keinem es benommen oder an Fremde zu seinem Nachtheile es übertragen werden kann. Aber deswegen müssen doch nachgebohrne Herren in Häusern, wo die Erstgeburt gilt, oder entferntere Linien, so lange noch nähere da sind, in der Ordnung zurückstehen, bis auch darin die Reihe an sie kömmt; oder, wenn sie das nicht erleben, ist das eine Sache des Schicksals, wenn sie die Reihe nicht trifft. Eben so kann es gar wohl mit einander bestehen, daß mit Erlöschung eines Mannsstamms das Recht der Erbfolge allen weiblichen Nachkommen eröffnet wird, d. i. daß keinem derselben mehr ihre bisherige Unfähigkeit der Erbfolge, die nur auf dem Vorzuge des Mannsstamms beruhete, entgegengesetzt werden kann. Aber sollen sie deswegen nun alle auf einmal auch in der Ordnung der Erbfolge einander gleich seyn? Das ist keine Folge. Sollten nach Carls des VI. Tode alle Nachkommen ehemaliger Oesterreichischer Prinzessinnen ohne Unterschied auf einmal zur Succession gelangen können? Das wird wohl niemand behaupten.

v. Allein nach welchem Verhältnisse sollte nun die Ordnung der Erbfolge ihre richtige Bestimmung erhalten? — Da ist wieder eine ausgemachte Sache, daß zwar das Recht der Erbfolge jedesmal ohne Unterschied immer vom ersten Erwerber herzuleiten ist, weil keiner der nachherigen Besitzer eben dieses Recht den übrigen Nachkommen des ersten

2) Erfolg d. pragm. Sanct. 1740-1742.

ersten Erwerbers nehmen kann. In so weit ist allerdings dieses Teutsche Successionsrecht nicht so, wie das Römische, dem jedesmaligen Letztverstorbenen zu verdanken. Aber was die **Ordnung der Erbfolge** betrifft, da bleibt nach allen Successionsrechten, sie mögen Namen haben, wie sie wollen, nichts übrig, als daß ein jeder erst auf des andern Tod wartet, und also nach dem Verhältnisse in die Reihe kömmt, wie er dem Letztverstorbenen näher ist, als andere.

Ob diese Nähe bloß nach der im Römischen VI. Rechte angenommenen Berechnung der Grade zu bestimmen sey, oder nach dem Vorzuge der Erstgebuhrt und anderen Grundsätzen, braucht hier nicht erörtert zu werden. Gnug, wo nicht bloß vom Successionsrechte, sondern von der Successionsordnung die Frage ist, da kömmt alles auf das nähere Verhältniß zum Letztverstorbenen an. Und da tritt noch ein anderer wichtiger Grundsatz des Teutschen Successionsrechts hinzu, daß eine Erbfolge, die einmal in eine Linie gekommen ist, so lange dieselbe währet, ihren Fortgang darin behält.

Das alles auf die Oesterreichische pragmatische VII. Sanction angewandt, war es dem unter unsern fürstlichen Häusern von uralten Zeiten hergebrachten Successionssysteme völlig gemäß, daß mit Carls des VI. Tode zwar allen weiblichen Nachkommen des Hauses Oesterreich das Recht der Erbfolge offen stand, ohne daß irgend ein ehemals geleisteter Verzicht dagegen mehr angeführt werden konnte. Aber in der Ordnung der Erbfolge

gien-

giengen jetzt des Letztverstorbenen Töchter des vorher verstorbenen Bruders Töchtern, und so allen entfernteren weiblichen Nachkommen ehemaliger Herren des Hauses vor.

VIII. Vergeblich beriefen sich jetzt die Bairischen Schriftsteller, wie überhaupt alle Vertheidiger der Regredienterbschaft, darauf, daß die verzichtleistende Tochter bey dem Verzichte sich zugleich ausdrücklich den Vorbehalt der künftigen Erbfolge im Fall des erloschenen Mannsstamms ausbedungen habe; daß also der Verzicht nur unter einer Resolutivbedingung geschehen sey, mit deren Eintretung der Verzicht von selbsten aufhören, und das bis dahin vergebene Recht sogleich wieder aufleben müße. — Diese Folgerungen würden ganz richtig seyn, wenn die Verzichtleistungen fürstlicher Töchter von der Art wären, wie man sich eines Rechts, dessen Genuß man sonst gleich gehabt hätte, bis auf einen gewissen Fall begibt. So verhält sich aber hier die Sache nicht. Von ältesten Zeiten her hat ohnedem eine Prinzessinn, die Brüder hatte, kein Erbfolgsrecht gehabt, so lange die Brüder oder männliche Nachkommen derselben vorhanden waren (d). Nur Besorgnisse, die man sich wegen übel angebrachter Anwendung Römischer Rechtsgrundsätze machte, gaben Anlaß, daß erst seit dem XIII. Jahrhunderte Verzichte der Töchter eingeführet wurden; nicht als ob man geglaubt hätte, daß eine Tochter, wenn sie nicht Verzicht gethan hätte, zu succediren berechtiget wäre; sondern nur zur Vorsorge, damit eine solche Dame oder ihre Nachkommenschaft desto weniger gereizt

(d) Oben Th. 1. S. 14.

gereizt werden möchte, Ansprüche zu machen, die ihr nicht gebührten. In den meisten Häusern wurde durch ausdrückliche Hausverträge ausgemacht, daß auch ohne Verzichtleistung Töchter und weibliche Nachkommen gegen den Mannsstamm zurückstehen müßten.

Wenn also die Erzherzoginn Anna, wie sie an den Herzog Albrecht den V. von Baiern vermählt ward, keinen Verzicht geleistet hätte, würde ihr doch kein Recht zur Erbfolge zugestanden haben, solange von einem ihrer Brüder noch Mannsstamm übrig war. Sie mochte immer nur bis auf Abgang des Mannsstamms Verzicht thun; darum ließ sich doch nicht behaupten, daß mit dem Eintritt dieses Falls ein Recht, das schon zur Zeit der Verzichtleistung hätte ausgeübt werden können, wieder aufleben müßte; oder daß nunmehr die Nachkommen dieser Erzherzoginn Anna vor allen übrigen weiblichen Nachkommen, selbst vor den Töchtern des letzten vom Mannsstamme, den Vorzug haben müßten.

Kurz, nach ächten Grundsätzen des Teutschen Fürstenrechts waren die Ansprüche des Hauses Baiern nicht so beschaffen, daß sie den Rechtsbestand der pragmatischen Sanction zu entkräften vermocht hätten; wiewohl damals noch viele Rechtsgelehrte, von übel angewandten Römischen Rechtssätzen eingenommen, überhaupt die Lehre von der Regredienterbschaft für gegründet hielten. Inzwischen kam es jetzt auf ganz andere Entscheidungsgründe an, als die bloß aus Gesetzen oder Rechtsbüchern herzunehmen wären.

Ein-

XI. Einmal, gestützt auf die von so vielen Mächten garantirte pragmatische Sanction, nahm Maria Theresia unmittelbar nach ihres Vaters Tode von allen dessen hinterlaßenen Staaten und Ländern Besitz. Sie schmeichelte sich auch, daß ihr Gemahl, der Großherzog von Toscana, die Mehrheit der Stimmen bey der Kaiserwahl davon tragen würde. Auf die Stimmen von Mainz, Trier, Sachsen, Hannover schien man zu Wien nicht ohne Wahrscheinlichkeit rechnen zu können. Die eigene Stimme von Böhmen dazu gerechnet, war die Mehrheit der Stimmen da.

XII. Nur wegen Böhmen schien sich eine Schwierigkeit in den Weg zu legen: ob auch eine Dame eine Churstimme bey der Kaiserwahl führen könne? Es war wenigstens der erste Fall in seiner Art, daß Maria Theresia jetzt als Königinn von Böhmen einer Kaiserwahl beywohnen sollte. Um allen Zweifeln hierüber zuvorzukommen, erklärte sie sich (1740. Nov. 21.) ihren Gemahl zum Mitregenten anzunehmen, und demselben die Führung der Böhmischen Stimme zu übertragen. Doch eben damit wurde die Schwierigkeit hernach noch mehr vergrößert, da inzwischen ein unerwarteter Auftritt der ganzen Sache eine andere Wendung gab.

XIII. Den Vertrag, wodurch der Churfürst Friedrich Wilhelm von Brandenburg der Ansprüche seines Hauses auf die vier Schlesischen Fürstenthümer Jägerndorf, und Liegnitz, Brieg und Wohlau sich begeben hatte (e), wiederrief der in eben diesem Jahre (1740. May 31.) zur Regierung

(e) Oben Th. 2. S. 322.

2) Erfolg d. pragm. Sanct. 1740-1742.

rung gekommene König Friedrich der II., weil er ihn an sich für widerrechtlich geschlossen, und für die künftigen Nachfolger des Hauses nicht für verbindlich hielt. Sein Recht auf diese Fürstenthümer geltend zu machen, rückte er schon im Dec. 1740. mit einem Kriegsheere in Schlesien ein; bot zwar noch, wenn man ihm ein Stück von Schlesien abtreten wollte, seine Churstimme zur Kaiserwahl und seinen Beystand zur Unterstützung der pragmatischen Sanction an; fuhr aber, als man zu Wien diese durch den Grafen von Gotter daselbst vorgebrachten Anträge verwarf, auf dem angefangenen Wege fort; und erfocht schon am 10. Apr. 1741. einen ziemlich entscheidenden Sieg bey Molwitz.

Nun gelang es dem von der Krone Frankreich XIV. an die Teutschen Churhöfe und zum Wahlconvente abgesandten Marschall von Bellisle, daß der Churfürst von Baiern sich bewegen ließ, als Competent zur Kaiserwürde aufzutreten, und daß, sowohl darin als in seinen Ansprüchen gegen die pragmatische Sanction ihn zu unterstützen, zu Nymphenburg im May 1741. erst zwischen Frankreich, Spanien und Baiern, hernach mit Churcölln, Churpfalz, Neapel, und Preussen noch mehrere Bündnisse geschlossen wurden. Hingegen von allen Mächten, deren Gewehrleistung der pragmatischen Sanction jetzt Maria Theresia aufforderte, war der König Georg der II. von Großbritannien der einzige, der durch einen neuen Tractat zu Hannover sich nun noch zur würklichen Hülfe bereit finden ließ.

XV. In dieser Lage gewann es sowohl mit der Aufrechthaltung der pragmatischen Sanction, als mit der Kaiserwahl ein ganz anderes Ansehen. Die Bairischen Ansprüche wurden jetzt mit mächtigen Französischen Hülfsheeren unterstützt. Im October 1741. nahm der Churfürst von Baiern schon von Oberoesterreich Besitz; Am 19. Dec. wurde ihm schon als Könige in Böhmen gehuldiget. Selbst Chursachsen trat am 19. Sept. 1741. dem Französisch-Bairischen Bunde bey. Auf dem Wahlconvente zu Frankfurt wurde nunmehr die Böhmische Wahlstimme für diesesmal suspendiret. Die übrigen Stimmen fielen jetzt sämmtlich auf Carl den VII., bisherigen Churfürsten von Baiern. Seine Wahl erfolgte am 24. Jan. 1742., die Krönung am 12. Febr. Für die Reichsverfassung war inzwischen das wichtigste, was in die kaiserliche Wahlcapitulation diesmal für erhebliche neue Zusätze kamen.

III.

III.

Wahlcapitulation Carls des VII. Neue Verordnungen derselben, insonderheit von Mißheirathen. Fürstentag zu Offenbach. Churfürstliche Collegialschreiben. 1742.

I. Vermuthete Veränderungen in der Wahlcapitulation. — II. Deswegen angestellter Fürstentag zu Offenbach. — III. Churfürstliche Collegialschreiben. — IV. Widerspruch der Fürsten gegen verschiedene neue Stellen in der Wahlcapitulation. — V. insonderheit einige den Reichsvicarien zugestandene Vortheile betreffend. — VI. Mit anderen Stellen waren jedoch die Fürsten einverstanden; — als namentlich mit einer neu eingerückten Stelle gegen Mißheirathen, — VII. VIII. die zwar schon in älterem Herkommen gegründet war, — nicht nur in Ansehung morganatischer Ehen, da absichtlich die Anstandesmäßigkeit der Gemahlinn und Kinder bedungen wird, — IX. sondern auch ohne solche Verabredung; — X. ohne daß auch Standeserhöhungen wider Willen der Stammsvettern dagegen etwas wirken können. — XI. Nur die gemeinen Römischen und päbstlichen Rechte schienen hier andere Grundsätze aufzubringen. — XII. Darüber gab eine Mißheirath des Herzog Anton Ulrichs von Sachsen-Meinungen Anlaß zu dieser neuen Stelle in der Wahlcapitulation, — XIII. welche hernach selbst durch einen Reichsschluß bestätiget wurde. — XIV. Nur eine nähere Bestimmung, was eigentlich Mißheirathen seyen? ward noch auf einen künftigen Reichsschluß ausgestellt; — insonderheit ob die Ehe eines Fürsten mit einer Adelichen eine Mißheirath sey? — XV. wie allerdings der Teutschen Verfassung gemäß zu seyn scheint; — XVI. da auch widrigenfalls bedenkliche Folgen zu erwarten seyn möchten. — XVII. Auf dieses und mehr andere Collegialschreiben ist inzwischen noch keine Reichsberathschlagung erfolget.

Bey einer so wichtigen Veränderung, da nach I. einem so langen Zeitraume die Kaiserwürde einmal an ein anderes Haus kam, und bey vielerley Beobachtungen, die man unter der letzten beynahe dreyßigjährigen Regierung hatte machen können, konnte es an Stoff zu neuen Zusätzen und anderen Veränderungen in der Wahlcapitulation nicht fehlen. Der Entwurf einer beständigen Wahlcapitulation, worüber man sich im Jahre 1711. vereinbaret hatte, konnte auch nicht hindern, daß nicht von Zeit zu Zeit nöthig gefunden werden sollte, nach Veranlaßung der Zeitläufte manche neue Stellen einzurücken. Sofern darüber die Churfürsten nicht nur mit dem neu zu erwehlenden Kaiser sich vereinigen konnten, sondern auch mit Beyfall der übrigen Reichsstände zu Werke giengen; war überall dabey nichts zu erinnern. Aber einige neue Zusätze in der Wahlcapitulation Carls des VI. hatten schon Widersprüche von Seiten der Fürsten und anderer Stände erfahren.

K. Diesmal schien der Fürstenstand noch aufmerksamer zu seyn, da, noch ehe die Wahlcapitulation selbst in die Arbeit kam, ein eigner Fürstentag, in der Nähe bey Frankfurt, zu Offenbach gehalten wurde. (Die meisten churfürstlichen Comitialgesandten waren damals als zweyte oder dritte Wahlbotschafter von Regensburg nach Frankfurt abgegangen. Ob und wie der Reichstag im Zwischenreiche fortgesetzt werden könne, war ohnedem noch nicht ausgemacht. Also geriethen die noch übrigen Gesandten zu Regensburg in ziemliche Unthätigkeit. Um aus solcher sich herauszureissen mochten wohl einige der fürstlichen Herren Gesandten ihren Höfen den Vorschlag gethan haben, einen Fürstentag anzustellen, um näher beym Wahlconvente ein wachsames Auge darauf

auf haben zu können, damit zum Nachtheile der Fürsten nichts vorgehen möge. Es waren also meist lauter Comitialgesandten folgender altfürstlichen Häuser, Sachsen-Gotha, Sachsen-Meinungen, Brandenburg-Anspach und Bayreuth, Braunschweig-Wolfenbüttel, Hessen-Cassel, Hessen-Darmstadt, Schwedisch-Vorpommern, Würtenberg, Baden-Durlach, Holstein-Glückstadt und Anhalt. Der Hessencasselische Gesandte, Rudolf Anton von Heringen, hatte persönlich vielleicht den größten Antheil an der Sache.) Weil es nicht sowohl eine collegialische Versammlung als eine Conferenz von wegen mehrerer einzelnen Höfe war, so wurden die Versammlungen wechselsweise in den verschiedenen Wohnungen eines jeden Gesandten gehalten. Der Anfang der Conferenzen war zu Offenbach den 25. Apr. 1741. In einem Schreiben vom 16. Oct. 1741. wurden die Erinnerungen der altfürstlichen Häuser über die Wahlcapitulation Carls des VI. an Churmainz geschickt. Im November 1741. wurde der Fürstentag selbst nach Frankfurt verlegt.

III. Diese Umstände hatten vielleicht einigen Einfluß darauf, daß die Churfürsten bey Abfassung der Wahlcapitulation in Ansehung mancher Gegenstände diesmal einen anderen Weg einschlugen, den sie schon mehr mit Nutzen gebraucht hatten, aber diesmal noch häufiger benutzten. Nehmlich, an statt gewisse Dinge in der Wahlcapitulation selbst zu bestimmen, faßten sie in ihrem gesammten Namen eigne Collegialschreiben an den neu erwehlten Kaiser ab, worin sie ihn ersuchten, die darin enthaltenen Gegenstände an das ganze Reich zu Abfassung eines allgemeinen Reichsschlusses gelangen zu laßen. Hiermit hatte das gesammte Reich Ursache sehr zufrieden zu seyn. Nur das gefiel den Fürsten doch nicht, daß in der Wahlcapitulation selbst jetzt zugleich eine Stelle eingerückt wurde, die den Kaiser verbindlich machte, die in diesen Collegialschreiben enthaltenen churfürstlichen Gutachten zur würklichen Vollziehung zu bringen (f). Die wahre Meynung gieng nur dahin, damit die dem Kaiser empfohlnen Sachen nicht unerörtert liegen bleiben möchten. Die Fürsten besorgten aber, durch diese Stelle könnte, wenn sie ferner in jeder Capitulation bliebe, ein Kaiser künftig einmal schon zum voraus zu Dingen, die anderen unbekannt wären, verbindlich gemacht werden. Sie legten deswegen auch hiergegen ihren Widerspruch ein, um sich deshalb wenigstens für die Zukunft zu verwahren.

IV. Das war aber nicht der einzige Widerspruch, den die Fürsten gegen diese Wahlcapitulation einlegten. Denn die Churfürsten hatten nicht nur die vorhin schon von den Fürsten widersprochenen Stellen aus der Wahlcapitulation Carls des VI. beybehalten, sondern auch verschiedentlich noch neue Stellen hinzugefügt, die den Fürsten eben so wenig gefielen. Dahin gehörten insonderheit diejenigen Stellen, vermöge deren in gewissen Fällen allenfalls wenigstens nur der Churfürsten Einwilligung erforderlich seyn sollte, wenn auch nicht eine vollständige Reichstagsberathschlagung abgewartet werden könnte. (Sofern das solche Fälle betraf, wo sonst der Kaiser schuldig war, die Einwilli-

(f) Wahlcap. (1742.) Art. 30. §. 3.

willigung des gesammten Reichs erst zu begehren, wie z. B. in Beschließung eines Reichskrieges oder Reichsfriedensschlusses; so schien dieser Widerspruch nicht ganz ohne Grund zu seyn. Betraf es aber solche Gegenstände, wo der Kaiser sonst niemands Einwilligung nöthig gehabt hatte; so war es doch besser, daß wenigstens die Churfürsten ihre Einwilligung geben sollten, als daß bloß der kaiserlichen Willkühr solche Gegenstände überlaßen wurden. Oder wenn es auch nur um eine Art der Vorberathschlagung galt, so ließ sich solche doch füglicher nur mit den Churfürsten, als auf einmal schon mit der gesammten Reichsversammlung anstellen, z. B. wenn die Frage: ob ein Reichstag zu halten sey? einmal von neuem zur Sprache käme, oder wenn gestritten würde, ob eine Schrift zur Dictatur kommen sollte, oder nicht? u. s. w.)

Auch gefiel den Fürsten nicht, was zum Vortheile der Reichsvicarien neu geordnet ward, als z. B. daß sie berechtiget seyn sollten, Reichstag zu halten, es möchte nun von dessen Fortsetzung oder neuer Ausschreibung die Rede seyn. (Ueberhaupt waren diesmal für die Reichsvicarien ungemein günstige Umstände, da außer den drey Vicariatshöfen, Churbaiern, Chursachsen und Churpfalz, auch der Churfürst von Cölln ein Bairischer Prinz, und Churbrandenburg ein Bairischer Bundesgenosse war. Doch hat auch in der Folge noch nicht alles zur würklichen Vollziehung gebracht werden können, was damals zum Vortheile der Reichsvicarien neu verordnet wurde.)

VI. Manche neue Stellen dieser Wahlcapitulation hatten aber auch den völligen Beyfall der Fürsten, und waren zum Theil selbst mit auf ihre Veranlaßung darein gekommen. Von dieser Art war insonderheit eine Stelle von Mißheirathen, die noch vorzüglich verdient hier etwas näher ins Licht gesetzt zu werden.

VII. Es war nehmlich schon vom mittlern Zeitalter her ein unwidersprechliches Herkommen, daß, wenn ein Fürst eine Person von geringerem Stande, d. i. die nicht vom Herrenstande war, zur Ehe nahm, weder diese Person für eine Fürstinn geachtet, noch den in einer solchen Ehe erzeugten Kindern die fürstliche Würde und Successionsfähigkeit in den väterlichen Landen zugestanden wurde. Wenn ein Fürst aus einer standesmäßigen Ehe bereits Söhne hatte, und dann Wittwer wurde, oder auch aus anderen Gründen sich bewogen fand, sich nicht standesmäßig zu vermählen; so geschah es oft absichtlich, daß unter solchen Umständen ein Fürst sich eine Person geringern Standes zur linken Hand antrauen ließ, um der Familie mit Wittbum und Versorgung mehrerer nachgebohrnen Kinder nicht übermäßige Last zuzuziehen. Dann wurde gemeiniglich gleich beym Anfange der Ehe vertragsmäßig festgesetzt, wie eine solche Ehegattinn (etwa nach dem Vornamen des Fürsten z. B. Madame Rudolphine, Madame Ernestine, oder auch nach einem für sie gekauften Gute Frau von N. N. ꝛc.) genannt, und was sowohl ihr, als ihren Kindern zur Versorgung angewiesen, wie auch was den Kindern für ein Name beygelegt werden sollte.

So erzehlt eine alte Hessische Chronik von ei- VIA. nem Landgrafen Otto (aus dem XIV. Jahrhunderte): "Dieser Landgraf Otto regierte wohl, bat seine Söhne, sie wollten die Unterthanen gnädig hören, und das Land nicht theilen. Und wenn ihm seine Gemahlinn (gebohrne Gräfinn von Ravensberg) stürbe, wenn er dann seinen Wittwerstand nicht keusch halten könnte; wollte er doch in keinem sündigen Leben gefunden werden vor Gott, aber auch keines Fürsten, Herrn noch Grafen Tochter nehmen, damit durch zweyerley Kinder das Land nicht zertheilt würde; sondern wollte eine fromme Jungfrau von Adel zur Ehe nehmen, und die Kinder mit Geld und Lehnschaft und anderen Gütern wohl versorgen, daß das Fürstenthum bey einander bleiben sollte" (g). So hatte der Churfürst Friedrich der Siegreiche von der Pfalz zum Vortheile seines ältern Bruders Sohnes sich anheischig gemacht, keine standesmäßige Gemahlinn zu nehmen, und deswegen nur eine gewiße Clara Dettinn sich antrauen laßen, deren Nachkommen aber mit der Grafschaft Löwenstein versorgt und als Grafen von Löwenstein erzogen wurden. Ein Herzog von Zweybrücken, Friedrich Ludwig, ließ sich auf solche Art mit einer gewissen Heppinn trauen, und deren Söhne als Herren von Fürstenwärter erziehen; Herzog Rudolf August von Braunschweig-Wolfenbüttel nahm in zweyter Ehe eine gewisse Menthinn unter dem Namen Madame Rudolphine; Landgraf Ernst von Hessen-Rheinfels eine Dürniczel unter dem Namen Madame Erne-

(g) HERT *de special. rebusp.* sect. 2. §. 6. not.
II. *opusc.* vol. I. tom. 2. p. 75.

Ernestine u. s. w. Solcher vertragsmäßig ungleicher Ehen thut auch das Longobardische Lehnrecht Meldung, unter dem Namen morganatischer Ehen, welcher Name selbst unstreitig Teutschen Ursprungs ist (h).

IX. Wenn aber auch kein Vertrag zum voraus darüber gemacht war, so verstand sichs doch von selbsten, daß eine Person, die nicht selbst vom Herrenstande war, wenn sie gleich ein Fürst zur Gemahlinn nahm, weder Fürstinn wurde, noch fürstliche und successionsfähige Kinder erzielen konnte. Das war der Fall des Marggrafen Henrichs des Erlauchten von Meissen mit Elisabeth von Maltitz, des Erzherzogs Ferdinands von Oesterreich-Tyrol mit Philippine Welserinn, des Prinzen Ferdinands von Baiern mit Marie Pettenbeck, des Fürsten Georg Ariberts von Anhalt-Dessau mit einer von Krosigk u. s. w. Nur alsdann konnte davon eine Ausnahme statt finden, wenn mit Bewilligung der Stammsvettern Söhnen, die aus solchen Mißheirathen erzeuget waren, ein Successionsrecht zugestanden wurde; wie z. B. im Hause Braunschweig 1546. Otto dem jüngern von Haarburg geschah, den sein Vater gleiches Namens mit Metta von Campen erzeugt hatte;

(h) Die Benennung morganatischer Ehen hat man bisher gemeiniglich davon hergeleitet, weil solche Frauen sich mit der Morgengabe begnügen mußten. Treffender scheint die Ableitung zu seyn, die Möser (in der Berlinischen Monathsschrift vom May 1784.) angegeben hat, weil die Kinder aus solchen Ehen nur der Mutter folgen; das heißt nach der Niederteutschen Mundart na der Moder gan, oder zusammengezogen na der Mor gan.

hatte; desgleichen im Hause Badenburlach dem Marggrafen Carl, dessen Mutter Ursula von Rosenfeld war; und im Hause Anhaltdessau der Nachkommenschaft aus der Ehe des Fürsten Leopolds mit Anne Louise Fösen, u. s. w.

In diesem letztern Falle ward auch eine kaiserliche Standeserhöhung zu Hülfe genommen, welche die Gemahlinn des Fürsten aus dem bürgerlichen Stande in den Fürstenstand erhöhte, und auch ihre Kinder für fürstlich erklärte. Sofern die Stammsvettern des Hauses, die allenfalls alleine ein Recht zu widersprechen gehabt hätten, damit zufrieden waren; ließ sich freylich nichts dawider einwenden. Sonst aber, wenn die Stammsvettern widersprachen, so konnten dieselben ihr Successionsrecht auf den Fall, sobald keine nähere standesmäßige und successionsfähige Nachkommenschaft mehr im Wege stand, als ein so gegründetes Recht (ius quaesitum) behaupten, das ihnen unter keinerley Vorwand, auch nicht durch eine kaiserliche Standeserhöhung wider ihren Willen benommen werden konnte. Das waren ungefähr die Grundsätze, wie sie bisher in Ansehung der Mißheirathen nach einem übereinstimmenden Gebrauche unserer reichsständischen fürstlichen Häuser obgewaltet hatten, ohne daß übrigens noch zur Zeit ein allgemeines Reichsgesetz darüber vorhanden war. Eben deswegen hätte aber auch bald dieses althergebrachte fürstliche Gewohnheitsrecht Noth gelitten, da es theils mit Römischen und päbstlichen Rechtsgrundsätzen in Widerspruch stand, theils das Interesse des kaiserlichen Hofes zu erfordern schien, auch diese Gelegenheit nicht außer

Acht zu laßen, um dem kaiserlichen Reservatrechte der Standeserhöhungen eben dadurch noch einen größeren Werth beyzulegen.

XI. Dem Systeme der beiden Gesetzbücher des Römischen und päbstlichen Rechts schien es freylich gemäßer zu seyn, daß eine richtig vollzogene Ehe sowohl der Ehegenossinn die Theilnehmung der Würde des Mannes, als den Kindern nicht nur den väterlichen Stand sondern auch die Erbfähigkeit in den väterlichen Gütern zuwege brächte. In der letztern Absicht bezog man sich sogar auf den Ausspruch der Bibel: Sind wir dann Kinder, so sind wir auch Erben. Man bedachte aber nicht, daß, ohne der Religion Abbruch zu thun, jede Nation und jeder Stand noch eigene Bestimmungen haben könne, um erst alle rechtliche Eigenschaften einer Ehe angedeihen zu laßen; und daß jene beide Gesetzbücher nur gemeines Recht enthielten, das zurückstehen müße, sobald ein besonderes Land, eine Stadt, eine Familie, oder auch ein besonderer Stand, wie hier der Fürstenstand, sein eignes Recht hat. War aber einmal auf solche Art den Stammsvettern eines Hauses in Ansehung einer vorgegangenen Mißheirath ein gewisses gegründetes Recht erwachsen; so konnte ihnen wider ihren Willen das durch keine kaiserliche Standeserhöhung benommen werden, so wenig auch sonst dagegen zu sagen war, wenn der kaiserliche Hof das Recht der Standeserhöhungen als ein Reservatrecht behauptete, sofern nur von Titel und Würden, aber nicht von eignen Familiengerechtsamen die Rede war.

Nun

3) Wahlcap. Carls VII. 1742.

Nun fügte sich der besondere Fall, daß der XII. Herzog Anton Ulrich von Sachsen-Meinungen mit eines Hessischen Hauptmanns Tochter zwey Söhne erzeuget hatte, und vom Kaiser Carl dem VI. eine Standeserhöhung bewirkte, vermöge deren nicht nur jene als seine Gemahlinn in den Fürstenstand erhoben, sondern auch die mit derselben erzeugten Söhne zu gebohrnen Herzogen von Sachsen, und zugleich völlig successionsfähig erkläret wurden. Hierwider erhoben gleich damals alle Stammsvettern des Hauses Sachsen lauten Widerspruch; und, ehe noch dieser einzelne Rechtsfall durch Urtheil und Recht entschieden ward, nahmen die Churfürsten davon Anlaß, in die Wahlcapitulation folgende Stelle einzurücken: daß der Kaiser "den aus unstreitig notorischer Mißheirath erzeugten Kindern eines Standes des Reichs oder aus solchem Hause entsprossenen Herrn, zu Verkleinerung des Hauses die väterlichen Titel, Ehre und Würde nicht beylegen, vielweniger dieselben zum Nachtheile der wahren Erbfolger und ohne deren besondere Einwilligung für ebenbürtig und successionsfähig erklären, auch, wo dergleichen vorhin bereits geschehen, solches für null und nichtig ansehen und achten solle."

Wäre dieses eine ganz neue Verfügung eines XIII. erst jetzt einzuführenden neuen Rechts gewesen; so hätte es ohne Unbilligkeit auf den vorher bereits im Gange gewesenen Sachsenmeinungischen Rechtsfall nicht zurückgezogen werden können. Allein es war hier schon ein längst gegründetes Recht, das nur bisher auf bloßem Herkommen beruhet hatte, und jetzt erst zu mehrerer Sicherheit in ein ausdrückdrückliches Gesetz verwandelt wurde. Also konnte ohne alles Bedenken auch in der Meinungischen Sache schon nach eben den Grundsätzen gesprochen werden, wie im Jahre 1744. das Endurtheil des Reichshofraths auch dahin ausfiel. Dagegen nahm zwar der Herzog Anton Ulrich noch seine Zuflucht zur allgemeinen Reichsversammlung. Aber auch da erfolgte ein Reichsschluß, der es nicht nur bey dem Urtheile des Reichshofraths ließ, und dem Herzoge ein ewiges Stillschweigen auflegte; sondern auch eben damit jener Stelle der Wahlcapitulation zur neuen reichsgrundgesetzlichen Befestigung diente.

XIV. Nur einen Umstand hatten die Churfürsten bey Abfassung dieser Stelle der Wahlcapitulation noch einer näheren Bestimmung übrig gelaßen, die sie lieber durch ein Collegialschreiben dem Kaiser zur reichstäglichen Erörterung empfehlen, als selbst entscheiden wollten; — nehmlich welche Ehen eigentlich für Mißheirathen zu halten seyen, da eine oder andere Gattung derselben etwa noch zweifelhaft scheinen möchte? In der Wahlcapitulation selbst hatte man sich wohlbedächtlich des Ausdrucks: unstreitig notorischer Mißheirathen, bedienet; womit man ohne Zweifel so viel zu erkennen gab, daß man die Ehe eines Fürsten mit einer Person von bürgerlichem Stande, wie die des Herzog Anton Ulrichs war, welche zu dieser Stelle den nächsten Anlaß gegeben hatte, für eine unstreitig notorische Mißheirath hielt. Als zweifelhaft sah man vielleicht noch an, ob die Ehe eines Fürsten mit einer Person von altem Adel, oder auch mit einer neugräflichen, ingleichen mit einer

land-

landsässig oder ausländisch neufürstlichen, und ob auch die Ehe eines Reichsgrafen mit einer adelichen Person für eine Mißheirath zu halten sey? Ueber das alles wäre nun ein Regulativ zu erwarten, indem das churfürstliche Collegialschreiben den Kaiser ersuchte, darüber ein fordersamstes Reichsgutachten zu erfordern, und diese Sache, die als eine Nothwendigkeit angesehen ward, zu einem allgemeinen Reichsschlusse zu befördern. Bis jetzt ist inzwischen bey der Reichsversammlung noch nichts weiter davon vorgekommen.

Von der wahren Beschaffenheit der Sache XV. läßt sich aus obigen Beyspielen schon von selbsten manches abnehmen. Insonderheit laßen sich, was den in Teutschland bis auf den heutigen Tag ur-althergebrachten Unterschied zwischen dem hohen und niedern Adel anbetrifft, ziemlich sichere Gränzlinien in Ansehung der Vermählungen ziehen, wenn man nur auf die zwey Umstände Rücksicht nimmt, daß eine Prinzessinn, wenn sie an einen Reichsgrafen vermählt wird, ihren Fürstenstand nicht verliehrt, wohl aber, wenn sie nur mit einem von Adel sich in die Ehe begibt, und daß morganatische Ehen Teutscher Reichsfürsten wohl mit adelichen Personen eben so gut, wie mit bürgerlichen, statt finden, nicht aber mit Prinzessinnen und Gräfinnen von gleichem Herrenstande. Allemal würden wenigstens für den Teutschen Fürstenstand äußerst bedenkliche Folgen zu erwarten seyn, wenn das bisherige Herkommen eine Aenderung leiden sollte.

Wenn das erst ausgemacht wäre, daß die XVI. Ehe eines Fürsten mit einer Person von altem Adel keine

keine Mißheirath sey; so möchte es wohl nicht lange währen, daß Fürsten häufiger adeliche Personen, als gebohrne Prinzeſſinnen, zu Gemahlinnen nehmen würden. Unter jenen würde wenigstens die Wahl ungleich größer seyn. Und wie manche Prinzeſſinn würde dann nicht unvermählt bleiben? Ob aber dann auch der bisherige Vorzug des Teutschen Fürstenstandes, daß Monarchen Teutsche Prinzeſſinnen zu Gemahlinnen wehlen, noch lange währen würde, wenn sie dadurch Gefahr liefen mit adelichen Geschlechtern in Verwandtschaft zu kommen, das möchte wohl eine andere Frage seyn. Hingegen nachgebohrne Herren fürstlicher Häuser, die jetzt selten ebenbürtige Gemahlinnen nehmen können, würden freylich ungleich häufiger mit adelichen Damen sich vermählen. Und wenn deren Töchter dann wieder der Fräuleinsteuer, wie solche in den meisten Ländern, doch bisher durchgängig nur für Töchter aus ebenbürtigen Ehen, hergebracht ist, sich zu erfreuen hätten, so möchten sich die Teutschen Landschaften nur auf öftere Fräuleinsteuern gefaßt halten; — vieler anderen Folgen von Nepotismus u. d. gl., die einem jeden bey einigem Nachdenken leicht von selbsten einleuchten werden, nicht zu gedenken.

XVII. Die Materie von Mißheirathen ist inzwischen nicht die einzige, die von den damals an Carl den VII. erlaßenen churfürstlichen Collegialschreiben noch nicht erlediget worden. Auch mit mehreren Stellen der Wahlcapitulation hat es noch jetzt eben die Bewandtniß, wie zu der Zeit, da sie zuerst eingerückt wurden. Diejenigen, die seitdem zur Sprache gekommen sind, werden sich füglich sich bey einer jeden Gelegenheit, da das geschehen ist, nachholen laßen.

IV.

Merkwürdigkeiten der Regierung Kaiser Carls des VII. 1742. Jan. 24. — 1745. Jan. 20.

I. So kurz diese Regierung war, so fruchtbar war sie doch an wichtigen Begebenheiten. — II. III. Insonderheit bekam die Preussische Macht einen beträchtlichen Zuwachs an Schlesien — und Ostfriesland; — IV. Dem Hause Sachsen-Weimar fiel Eisenach zu, — V. und dem Hause Nassau-Oranien Siegen, — wiewohl auf letzteres noch ein Prätendent Anspruch machte. — VI. Das Haus Holstein-Gottorp bekam nahe Aussichten zur Thronfolge in Schweden und Rußland. — VII. Das Haus Hessencassel erhielt einen günstigen Reichsschluß zu Befestigung seines Besitzes in der Graffschaft Hanau, — wie auch ein unbeschränktes Appellations-Privilegium. — VIII. Durch kaiserliche Standeserhöhungen wurden verschiedene neue Fürsten gemacht. — IX. Manche Veränderungen, die sonst noch in der Reichsverfassung zu erwarten gewesen seyn möchten, unterbrach noch der Tod des Kaisers.

Die kaiserliche Regierung Carls des VII. währte kaum drey Jahre; war aber doch voll merkwürdiger Begebenheiten, die selbst auf die Verfassung des Teutschen Reichs im Ganzen nicht geringen Einfluß hatten.

Das Schicksal der pragmatischen Sanction ward zwar noch nicht ganz entschieden. Doch schien das Glück der Waffen der Hoffnung, die sich das Haus Baiern von der Unterstützung so

zahl-

zahlreicher und mächtiger Bundesgenossen hatte machen können, diese ganze Zeit über gar nicht zu entsprechen. Der König in Preussen war bisher der einzige, dem Maria Theresia sich bequemen mußte, im Breslauer Frieden von ganz Niederschlesien und einem beträchtlichen Theile von Oberschlesien nebst der Grafschaft Glatz ein Opfer zu machen. Darauf konnte sie aber auch ihre ganze Macht gegen ihre übrigen Widersacher vereinigen. Und als auch darin der neue Preussische Einbruch in Böhmen einen Querstrich machte, so stand es noch dahin, ob es auch von dieser Seite noch beym Breslauer Frieden bleiben würde, der übrigens das Haus Brandenburg beynahe um die Hälfte seiner Macht verstärkte, und es also einem in Teutschland selbst gegen das Haus Oesterreich zu haltenden Gleichgewichte um so viel näher brachte.

III. Noch bekam die Macht des Hauses Brandenburg unter dieser Regierung einen neuen Zuwachs mit dem Fürstenthume Ostfriesland, das der König nach Abgang des letzten Fürsten († 1744. May 25.) vermöge einer kaiserlichen Anwartschaft vom 10. Dec. 1694. in Besitz nehmen ließ; wiewohl Churbraunschweig vermöge einer ältern Erbverbrüderung vom 20. März 1691. ebenfalls Anspruch darauf machte.

IV. Zwey andere fürstliche Häuser, oder doch zwey regierende Stämme anderer Häuser waren schon vorher ausgestorben, und halfen also ebenfalls die Zahl der bisherigen regierenden Reichsfürsten vermindern. Einer derselben war der Herzog Wilhelm

helm Henrich von Sachsen-Eisenach, der am 29. Jul. 1741. als der letzte seines Stammes gestorben war; worauf dieser Eisenachische Landesantheil nebst der darauf haftenden Stimme im Reichsfürstenrathe mit dem Hause Sachsen-Weimar vereiniget wurde. Nur die Grafschaft Altenkirchen, welche des letzten Herzogs Großvater Johann Georg durch seine Vermählung mit einer Gräfinn von Sain an sein Haus gebracht hatte, fiel dem Marggrafen von Anspach zu, weil dessen Großvater, der Marggraf Johann Friedrich, eine Tochter des Herzogs Johann Georgs von Eisenach zur Gemahlinn gehabt hatte. (Eine Tochter des Marggrafen Johann Friedrichs von Anspach war die Gemahlinn Königs Georgs des II. Darum wird nach Abgang des Hauses Anspach dereinst Altenkirchen an das Haus Hannover fallen.)

Der andere Fürst, der seinen Stamm beschloß, war Wilhelm Hyacinth von Nassau-Siegen († 1743. Febr. 18.), dessen Landesantheil nebst der fürstlichen Stimme von Nassau-Hadamar darauf dem Hause Nassau-Oranien zufiel. (Wilhelm Hyacinths Vater Johann Franz hatte zwar noch einen Sohn, Immanuel Ignatz, gehabt; aber aus einer ungleichen Ehe mit Isabelle Clare Eugenie de la Serre, in deren Eheberedung vom 9. Febr. 1669. es ausbedungen war, daß ihre Kinder nur den Adelstand führen sollten. Nichts desto weniger nahm dieser Immanuel Ignatz, jedoch mit Widerspruche der Nassauischen Stammvettern, den Titel: Prinz von Nassau-Siegen, an; vermählte sich auch im May 1711. mit Catharine Charlotte, einer Tochter Ludewigs von

Mailly, Marquis von Nesle. Diese verließ aber ihren Gemahl 1715., gebahr jedoch am 23. Nov. 1722. noch einen Sohn Maximilian Wilhelm Adolf, und behauptete, ihr Gemahl habe sich im Jahre 1722. noch mit ihr ausgesöhnt und sie auf kurze Zeit zu Paris besucht gehabt. Eben der Maximilian Wilhelm Adolf erschien hernach als Prätendent von Nassau=Siegen mit einer Klage gegen Nassau=Oranien am Reichshofrathe; wo jedoch am 5. Aug. 1746. ein entscheidendes End= urtheil wider ihn erfolgte. Ein Ausspruch des Parlaments zu Paris ergieng hingegen im Jahre 1756. zu seinem Vortheile. Vermöge dessen wird auch ein noch lebender Sohn, Carl Hen= rich Nicolaus Otto, den Max Wilhelm Adolf am 9. Jan. 1745. mit Maria Magdalena Amalia, einer Tochter Nicolas von Monchy, Marquis von Senarpont, erzeuget hat, in Frankreich als ein gebohrner Prinz von Nassau=Siegen aner= kannt. Derselbe hat sich theils durch seine Be= gleitung des Herrn von Bougainville auf der See= reise um die Welt in den Jahren 1766. bis 1769., theils durch einen mißlungenen Angriff auf Jer= sey 1779. bekannt gemacht, und endlich am 22. Sept. 1780. mit einer Tochter Bernhards von Godzky, des Fürsten Janus von Sanguszko ge= schiedener Gemahlinn, in Polen sich vermählet.)

VI. Ein anderer doppelter mächtiger Zuwachs ward um diese Zeit dem Hause Holstein=Got= torp für die Zukunft ausgemacht, da zwey Prin= zen dieses Hauses zu Thronfolgern in zwey nordi= schen Reichen bestimmt wurden; Carl Peter Ul= rich, oder nach angenommener Griechischen Reli=
gion

gion Peter Feodorowitz (1742. Nov. 18.), als Großfürst und Thronfolger von Rußland; und Adolf Friedrich (1743. Jul. 4.) als Thronfolger in Schweden.

Noch gehörte endlich zu den Häusern, welche die Zeit her einen beträchtlichen Zuwachs erhalten hatten, das Haus Hessen-Cassel. Schon in den letzteren Jahren der vorigen kaiserlichen Regierung hatte nach dem Tode des letzten Grafen von Hanau († 1736. März 28.) der Prinz Wilhelm von Hessen-Cassel, dem sein älterer Bruder, damaliger König in Schweden, sein Recht überlaßen hatte, Hanau in Besitz genommen, weil sein Haus von der Gräfinn Amalia Elisabeth von Hanau-Münzenberg abstammte, und überdas nicht nur eine im Jahre 1643. zwischen Hessen-Cassel und Hanau errichtete Erbvereinigung für sich hatte, sondern auch durch einen im Jahre 1728. mit Chursachsen errichteten und vom Kaiser bestätigten Vertrag die Churfächsischen Rechte auf die Hanau-Münzenbergischen Reichslehne, als Churfächsische Afterlehne, an sich gebracht hatte. Hiergegen machte der damalige Erbprinz von Hessen-Darmstadt, der eine Tochter des letzten Grafen zur Gemahlinn hatte, Anspruch auf die gräfliche Mobiliarverlaßenschaft und auf das Amt Babenhausen. Desgleichen behauptete Churmainz das bisher mit Hanau gemeinschaftlich beseßene Freygericht bey Alzenau vor dem Berge Welmitzheim nunmehr sich alleine zueignen zu können. Beyde Sachen waren am Cammergerichte anhängig gemacht, wo jedoch Hessen-Cassel sich auf das Recht der Austrägalinstanz berief. Als

hier-

hierauf das Cammergericht keine Rücksicht nehmen wollte; wandte Hessen-Cassel sich an den Reichstag, und bewirkte im Jun. und Jul. 1743. einen Reichsschluß: daß diese streitige Hanauische Successionssache an die fürstlich Hessischen Stamms-austräge zu verweisen sey. — Noch erhielt das Haus Hessen-Cassel von Carl dem VII. am 7. Dec. 1742. ein unbeschränktes kaiserliches Privilegium gegen alle Appellationen an die Reichsgerichte, in Gefolg dessen am 26. Nov. 1743. ein neues Oberappellationsgericht zu Cassel errichtet wurde.

VIII. Endlich entstanden durch kaiserliche Standeserhöhungen unter dieser kurzen Regierung verschiedene neue Fürsten von Stolberg-Gedern, Solms-Braunfels, Hohenlohe-Schillingsfürst, Hohenlohe-Bartenstein, Hohenlohe-Pfädelbach, und Isenburg-Birstein; doch ohne daß weder auf dem Reichstage, noch in den Kreisen und gräflichen Collegien damit eine Aenderung vorgieng.

IX. Wenn diese Regierung noch länger gewähret hätte, möchten wohl noch mehrere Veränderungen in manchen Fächern zu erwarten gewesen seyn. Schwerlich würden auch selbst Wiener Schriftsteller alsdann der kaiserlichen Gewalt so viel eingeräumt haben, als wohl vor- und nachher geschehen ist. Insonderheit dürfte die Verbindung zwischen Teutschland und Italien schwerlich lange auf den bisherigen Fuß geblieben seyn, da das Haus Baiern selbst keinen festen Fuß in Italien hatte, und also den kaiserlichen Verfügungen in selbigen Gegenden keinen Nachdruck geben konnte.

3) Regierungsantritt Franz d. I. 1745.

Jedoch mit dem frühzeitigen Tode des Kaisers bekam alles wieder eine ganz veränderte Gestalt.

V.

Merkwürdigkeiten beym Antritt der Regierung Kaisers Franz des I. 1745.

I. Füßner Friede zwischen Oesterreich und Baiern. — II. Kaiserwahl und Krönung Franz des I. — III. Nunmehrige Zulaßung des Böhmischen Wahlbotschafters, ohne weitern Anstand, daß eine Dame die Churstimme führen könne. — IV. Dresdner und Aachner Friedensschlüsse. — V. Beide ohne Theilnehmung des Reichs, — VI. außer daß der Dresdner Friede vom Reiche garantirt wurde, nur mit Vorbehalte der Rechte des Reichs in Ansehung Schlesiens. — VII. Das Reich hatte dem Kaiser nur eine Geldhülfe bewilliget, und sich zur Vermittelung des Friedens erboten. — VIII. Neue Frage und Verordnung über die Fortdauer der Association der vorliegenden Kreise. — IX. Neue Einrichtung wegen Abwechselung des Rheinischen Reichsvicariates. — X. Rückkehr des ehemaligen Verhältnisses zwischen der Kaiserwürde und dem Hause Oesterreich. — XI. Damit gehobene Schwierigkeit wegen des kaiserlichen Reichshofarchives, — XII. wie auch wegen Veränderung des Reichshofraths von einer kaiserlichen Regierung zur andern, — XIII. ingleichen mit den Stellen des Reichsvicecanzlers und Reichsreferendarien.

Carl der VII. hatte seinen Sohn, Max Joseph, I. dem nur noch wenige Monathe an der bey den Churfürsten mit dem achtzehnten Jahre eintretenden Volljährigkeit abgiengen, noch kurz vor seinem Tode für volljährig erkläret. Derselbe fand sich aber bald bewogen, dem bisherigen Kriege seines Orts ein Ende zu machen. In einem Frieden, den er am 22. Apr. 1745. zu Fueßen zeichnen ließ, begnügte er sich, sein väterliches Land zurückzubekommen, und begab sich hingegen aller der pragmatischen Sanction zuwiderlaufenden Ansprüche; versprach auch nicht nur die Böhmische Wahlstimme anzuerkennen, sondern auch mit seiner Stimme den Großherzog von Toscana zur Kaiserwürde befördern zu helfen.

II. Auf solche Art blieb zwar Maria Theresia noch mit Preussen in Böhmen und Schlesien, mit Frankreich in den Niederlanden, und mit Frankreich, Spanien und Neapel in Italien, in Krieg verwickelt. Aber in Ansehung der Kaiserwahl lenkten sich jetzt bald alle Umstände zum Vortheile ihres Gemahls. Ohne diesmal große Aenderungen in der Wahlcapitulation zu machen, wurde die Wahl schon den 13. Sept. 1745. vollzogen, und am 4. Oct. wurde Kaiser Franz gekrönet. (Seine Gemahlinn fand sich zwar ebenfalls zu Frankfurt ein, ward aber nicht selbst gekrönet, weil sie eben guter Hoffnung war. Des vorigen Kaisers Carls des VII. Gemahlinn war noch am 8. März 1742. gekrönet worden.)

III. Einer der merkwürdigsten Umstände bey dieser Kaiserwahl war dieser, daß nunmehr ohne Anstand die Böhmischen Wahlbotschafter mit Vollmachten von Maria Theresia als Königinn in Böhmen zugelaßen wurden. Eben damit hat also nunmehr der Satz: daß auch eine Dame der Churstimme nicht unfähig sey, seine völlige Erledigung erhalten.

IV. Die beiden Gesandten von Churbrandenburg und Churpfalz giengen zwar vor Vollziehung der Wahl

5) **Regierungsantritt Franz d. I. 1745.**

Wahl mit Widerſpruch von Frankfurt weg. Sie konnten aber der goldenen Bulle zufolge die übrigen an Vollziehung der Wahl nicht hindern. Da es auch bald hernach mit dem Könige in Preuſſen zum Frieden kam, der am 25. Dec. 1745. zu Dresden meiſt völlig auf den Fuß des Breslauer Friedens geſchloſſen ward; ſo ließen beide Höfe, vermöge eines beſondern Artikels dieſes Friedens, von ihrem Widerſpruche nach. Allen übrigen Kriegsläuften machte hernach im Jahre 1748. der Friede zu Aachen ein Ende, wo die Präliminarien von den Geſandten von Großbritannien, Frankreich und den vereinigten Niederlanden ſchon am 30. Apr. gezeichnet wurden. Der völlige Friedensſchluß mit Beytritt des Wiener Hofes kam erſt in den letzten Tagen des Octobers zu Stande. Vermöge deſſen blieb es nun am Ende doch völlig bey der pragmatiſchen Sanction, bis auf den einzigen Punct, daß Don Philipp, ein jüngerer Sohn des inzwiſchen verſtorbenen Königs Philipps des V. von Spanien, die Herzogthümer Parma, Piacenza und Guaſtalla bekam.

Das Teutſche Reich hatte an allen den Kriegen keinen Theil genommen, konnte alſo auch bey den Friedensſchlüſſen nicht als mitſchließender Theil in Betrachtung kommen. Doch ſchien darin einiger Widerſpruch zu liegen, daß man im Jahre 1720. nöthig gefunden hatte, die in der damaligen Quadrupelalianz beliebte Verfügung über Toſcana, Parma und Piacenza dem Reichstage zur Genehmigung vorzulegen; jetzt aber an eine reichstägliche Genehmigung der im Aachner Frieden enthaltenen neuen Verfügung über Parma, Placenza und Guastalla nicht gedacht wurde. (Meines Wissens ist auch seitdem keine kaiserliche Belehnung über diese Länder geschehen.)

VI. Beym Dresdner Frieden bedang sich der König in Preussen, daß man von Seiten des Teutschen Reichs eine Garantie desselben zuwege zu bringen suchen sollte. Diese ist hernach in einem Reichsgutachten vom 14. May 1751. geschehen, jedoch mit Einrückung der Clausel: "mit Vor- und Beybehaltung der iurium imperii." (Weil ehedem Schlesien der Krone Böhmen einverleibt gewesen war, diese aber zum Teutschen Reiche gehörte; so hat vielleicht der Anstand erwachsen können, ob diese ehemalige Einverleibung ohne Beytritt des Reichs habe aufgehoben werden können, wie solches schon vom Kaiser Carl dem VII. als Könige in Böhmen, und hernach im Breslauer Frieden geschehen war. Damit deshalb dem Reiche an seinem Rechte nichts vergeben würde, war wohl die Absicht jener Clausel. Der König in Preussen nahm inzwischen gleich nach dem Breslauer Frieden den Titel: Souverainer Herzog von Schlesien, und souverainer Graf von Glatz, an; der ihm auch aus der Reichshofcanzley nicht versagt worden ist.)

VII. Das einzige war von Reichs wegen geschehen, daß auf ein Commissionsdecret vom 28. May 1742., worin Carl der VII. wegen des damaligen Zustandes seiner Erblande auf eine Geldhülfe antrug, im Oct. 1742. ihm 50. Römermonathe bewilliget wurden. Uebrigens erklärte sich das Reich in einem Reichsgutachten vom 10. May 1743.

5) Regierungsantritt Franz d. I. 1745.

1743. geneigt, mit Zutritt der Seemächte eine Vermittelung zwischen den damals im Kriege begriffenen Theilen zu übernehmen; wiewohl es auch dazu hernach nicht gekommen ist.

Am eifrigsten bemühten sich beide Theile eine vm. Association der Kreise zu Stande zu bringen; der Wiener Hof, weil bisher die vorderen Kreise sich immer zum Vortheile des Wiener Hofes gegen den Französischen associirt hatten; der Münchner Hof, weil gewöhnlich bisher nur der Kaiser die Association auf seiner Seite gehabt habe. Wie dieser letzte Grund unter dem Kaiser Franz wiederum dem Wiener Hofe zu statten kam, ward die Sache von neuem in Bewegung gebracht, und zuletzt über die Frage: ob die Association der Kreise auch in Friedenszeit allenfalls ihren Fortgang behalte? zwar ein bejahender Schluß gefasset; jedoch auf weitere Berathschlagung ausgesetzt, was das nun für Wirkung haben solle, und wie solche zu bewerkstelligen sey? (Wobey es seitdem bisher geblieben ist; zumal da seit dem Aachner Frieden das Verhältniß zwischen Oesterreich und Frankreich sich merklich geändert hat; so daß, so lange es dabey bleibet, kein Krieg zwischen diesen beiden Mächten zu besorgen ist, und also die ehemalige Hauptursache dieser Association damit aufgehöret hat. Sollte sich aber hierin über kurz oder lang wieder eine Aenderung ereignen; so wird wahrscheinlich auch diese Association der Kreise von neuem in Bewegung kommen.)

Mit dem Rheinischen Reichsvicariate wurde bald nach Carls des VII. Tode eine andere Einrichrichtung getroffen. An statt der im Jahre 1724. beliebten Gemeinschaft verglichen sich die beiden Höfe zu München und Manheim auf eine künftige Abwechselung desselben, womit diesmal zu München der Anfang gemacht wurde. Das churfürstliche Collegium bezeigte schon in der Wahlcapitulation Franz des I. seine Zufriedenheit darüber, und empfahl den Vergleich zur Genehmigung des gesammten Reichs, die hernach durch ein Reichsgutachten vom 7. Aug. 1752., und dessen kaiserliche Genehmigung vom 21. Aug. 1752. erfolget ist. (Doch haben sich die Umstände seitdem wieder geändert, da nach dem Abgange des Hauses Baiern jetzt ohnedem wieder nur ein Rheinischer Vicariatshof seyn kann.)

x. Uebrigens kam mit dem Regierungsantritt Kaiser Franz des I. nunmehr in Ansehung des kaiserlichen Hofes meist alles wieder auf den Fuß, wie es unter Carl dem VI. gewesen war. Ein wesentlicher Unterschied zeigte sich zwar darin, daß die Regierung der Erbstaaten des Hauses Oesterreich mit der kaiserlichen Regierung diesmal nicht, wie ehedem, in einer Person verbunden war. Jedoch das genaue Verhältniß, worin Franz und Maria Theresia als Gemahl und Gemahlinn gegen einander standen, ließ jenen Unterschied kaum merklich werden. Wenigstens war nun doch für die Zukunft der Weg von neuem gebahnt, dereinst in der Nachkommenschaft dieses erhabenen Paares beide Regierungen wieder in einer Person vereiniget zu sehen. Von nun an schien also kaiserlich und Oesterreichisches Staatsinteresse wieder ziemlich in einander zu fließen. (Von dieser Zeit an

5) Regierungsantritt Franz d. I. 1745.

an konnten also auch Oesterreichische Schriftsteller wieder solche Grundsätze annehmen, die sie schwerlich mit eben dem Eifer aufgestellt und vertheidiget haben möchten, wenn die Kaiserwürde länger zu München ihren Sitz behalten hätte.)

Eine Schwierigkeit, die unter Carl dem VII. xi. nicht ganz hatte gehoben werden können, (und die in ähnlichen Umständen wahrscheinlich noch immer wieder eintreten würde,) verlohr sich jetzt von selbsten, sobald das kaiserliche Hoflager wieder zu Wien seinen Sitz hatte. Man war in den Registraturen und Archiven in vorigen Zeiten nicht immer so sorgsam gewesen, die Geschäffte der kaiserlichen und Oesterreichischen Regierung so genau von einander abzusondern, wie man es jetzt gewohnt ist. Als daher mit Verlegung des kaiserlichen Hoflagers von Wien nach München auch natürlich in Frage kam, das kaiserliche Reichshofarchiv nunmehr von Wien nach München herüberzubringen; so machte der Wiener Hof nicht nur darum Schwierigkeit, weil derselbe Carl den VII. nicht als Kaiser erkennen wollte, sondern auch vorzüglich deswegen, weil erst eine Absonderung der Oesterreichischen Briefschaften von den Reichssachen geschehen müßte. Inzwischen ward auf ein am 13. May 1742. an das Reich erlaßenes Commissionsdecret im Oct. 1742. zu Wien zwar ein Anfang gemacht, jene Absonderung zu bewerkstelligen. Allein nun kamen noch andere Schwierigkeiten hinzu, unter andern selbst wegen der Kosten des Transports einer so ungeheuren Actenmasse nur einen Fond zu verschaffen, u. s. w. Das alles erledigte sich aber

aber von selbsten, da nunmehr die Sachen zu Wien bleiben konnten, wie sie waren.

XII. Eine andere bisher ungewöhnliche Veränderung ereignete sich bey den diesmaligen abwechselnden Regierungen in Ansehung des Reichshofraths. Derselbe nimmt zwar mit jedem Todesfalle eines Kaisers ein Ende. So lange aber die Kaiserwürde unverrückt beym Hause Oesterreich geblieben war, wurde auch der Reichshofrath bey jeder neuen Regierung wieder mit den vorigen Mitgliedern besetzt. Carl der VII. sah sich hingegen genöthiget, den ganzen Reichshofrath mit neuen Personen zu besetzen, weil diejenigen, die vorher zu Wien im Reichshofrathe gesessen hatten, theils vom Bairischen Hofe nicht begehret, theils vom Oesterreichischen nicht entlaßen wurden. So gieng es hernach auch unter dem Kaiser Franz, da diejenigen, die unter Carl dem VII. gedient hatten, nicht wieder ankamen, wohl aber einige, die noch von Carl dem VI. her lebten, in ihre vorige Stellen zurückkehrten. Dieses letztere traf unter andern selbst den Reichshofrathspräsidenten Grafen von Wurmbrand, der über ein halbes Jahrhundert im Reichshofrathe gesessen hat.

XIII. Eben so gieng es mit der sehr einträglichen Reichsvicecanzlers-Stelle, die zwar vom Churfürsten von Mainz vergeben wird, aber doch mit jedem Kaiser aufhöret. Diese Stelle hatte schon in den letzten Jahren Carls des VI. der Graf Rudolf von Colloredo bekleidet; unter Carl dem VII. bekam sie ein Graf von Königsfeld, unter
Fran-

Franzen wieder Colloredo, der 1764. in Fürstenstand erhoben wurde, und noch immer in diesem
Posten stehet. (Eigentlich ist der Reichsvicecanzler der einzige wahre Staatsminister, den der
Kaiser als Kaiser hat. Er allein hat nach Vorschrift der Wahlcapitulation in Reichssachen dem
Kaiser alle Vorträge zu thun. Und was der Kaiser als Kaiser zu unterschreiben hat, muß immer
erst vom Reichsvicecanzler contrasignirt seyn. Desto sonderbarer ist es, daß hierin der Kaiser nicht
einmal freye Hände hat, seinen eignen Minister zu
ernennen. Der Churfürst von Mainz wird zwar
nicht leicht dem Kaiser wider seinen Willen einen
Mann in diesem Posten aufdringen. Doch soll
nach ausdrücklicher Vorschrift der Wahlcapitulation der Kaiser dem Churfürsten von Mainz in der
ihm alleine diesfalls zustehenden Disposition keinen Eingriff thun, noch sonst darin Ziel und
Maaß setzen (i). Unter Leopolden geschah es
doch, daß im Jahre 1705. der damalige Churfürst
von Mainz seines Bruders Sohn, Friedrich Carl
Grafen von Schönborn, der kaum 20. Jahre alt
war, gegen die Neigung des kaiserlichen Hofes
zu dieser Stelle beförderte. Die Stelle ist sehr
einträglich, weil von allen Taxen und Sporteln
der beträchtlichste Theil immer dem Reichsvicecanzler zufällt. Bey den letzteren Veränderungen
soll einer dem andern eine beträchtliche Summe
Geldes, die beym Antritte der Stelle bezahlt werden müssen, wieder vergütet haben. — Nächst
dem Reichsvicecanzler ist die Stelle des Reichsreferendarien, der ihm von Mainz aus noch an
die

(i) Wahlcap. Art. 25. §. 1.

die Seite gesetzt wird, eine der erheblichsten. Derselbe hat eigentlich die Ausfertigungen, die außer dem Reichshofrathe am kaiserlichen Hofe zu machen sind, zu concipiren, und noch vor dem Reichsvicecanzler zu contrasigniren, auch in Conferenzen in Reichssachen mündliche Vorträge zu thun. Seit 1765. bekleidet diese Stelle Herr Franz Georg von Leikam, der vorher Cammergerichtsassessor zu Wetzlar war.)

VI.

VI.

Reichstagsverhandlungen über Recurse und Ceremonielstreitigkeiten 1745-1748.

I. II. Von Reichsgerichts-Erkenntnissen wurden jetzt immer häufiger Recurse an den Reichstag genommen. — III. Doch war schwer zu bestimmen, in welchen Fällen es mit Recht geschehe? — IV. V. Vier jetzt gegen das Cammergericht betriebene Recurse veranlaßten die Frage: ob nicht wenigstens erst Bericht vom Cammergerichte zu fordern sey? — VI. Eine scheinbare Ausführung erschien darwider; — VII. doch im Grunde war mehr für die Berichtsforderung. — VIII. IX. Insonderheit diente ein Sachsen-Meinungischer Recurs in der Gleichischen Sache bald zum Beweise, daß selbst Thatsachen, wie sie in fürstlichen Schriften erzählt werden, nicht immer ganz zuverläßig seyen. — X. Ein Churpfälzischer Recurs erhielt zwar ein günstiges churfürstliches Conclusum; aber die Hoffnung zu einem gleichmäßigen fürstlichen Schlusse ward noch vereitelt. — XI. Ueber einen andern Recurs des Herzog Anton Ulrichs von Sachsen-Meinungen wegen der Successionsfähigkeit seiner in einer Mißheirath erzeugten Söhne erfolgte ein widriger Reichsschluß. — XII. XIII. Als der neue Principalcommissarius, Fürst von Taris, das erstemal zur Tafel bitten ließ, erwachte der alte Rangstreit zwischen geistlichen und weltlichen Fürsten; — XIV. XVIII. Worüber zehn Schriften vom Hessencasselischen, Hessendarmstädtischen, Bambergischen, Grßlichen, Holländischen und Bairischen Gesandten nach einander zum Vorscheine kamen; — deren Hauptinhalt hier bemerklich gemacht wird.

Von dem, was in Reichssachen in den ersten L. Jahren der Regierung Kaisers Franz des I. vorgieng, war das wichtigste, was wegen der Recurse an den Reichstag sowohl bey der Reichsversammlung als bey den Höfen in dieser Zeit verhandelt wurde. Es schien unvermerkt zu ei-

einem allgemeinen Herkommen zu werden, daß ein Reichsstand, wider den am Reichshofrathe oder Cammergerichte ein unangenehmes Erkenntniß ergieng, dawider seine Zuflucht an den Reichstag nahm, um wo möglich ein Reichsgutachten zu bewirken, vermöge dessen der Kaiser ersucht werden möchte, das reichsgerichtliche Erkenntniß aufzuheben oder abzuändern.

11. Wenn Kaiser und Reich eine Sache so beschaffen finden, daß ein Reichsgericht die Gränzen seiner Gewalt offenbar überschritten hat; so ist freylich nichts dabey zu erinnern, wenn von wegen der höchsten Gewalt ein solcher Schritt geschieht, der auch einem Gerichte, das sonst in der höchsten und letzten Instanz zu sprechen hat, zur Belehrung dienen kann, daß es von der gesetzgebenden Gewalt und höchsten Oberaufsicht nicht ganz unabhängig sey. Nach der besonderen Verfassung unsers Reichsjustizwesens scheint das doppelt erheblich zu seyn, da dasjenige Rechtsmittel, das sonst die Erkenntnisse des Cammergerichts noch einer Revision ganz anderer Richter unterwirft, jetzt seit 200. Jahren nicht zum Ausgange gebracht werden können, und da am Reichshofrathe gar kein Mittel ist, eine Sache zu Erörterung einer Beschwerde in andere Hände zu bringen. In solchen Rücksichten konnte es also wohl geschehen, daß zu Zeiten für Partheyen, die gegen das eine oder das andere Reichsgericht ihre Beschwerden beym Reichstage angebracht hatten, ein günstiges Reichsgutachten ergieng. Dergleichen waren insonderheit in den ersten Jahren des jetzigen Jahr-

hunderts verschiedene ergangen (k), wiewohl ohne daß sie sich einer kaiserlichen Genehmigung zu erfreuen hatten. Hauptsächlich aber war das ein wichtiges Beyspiel, als das Haus Hessencassel unter der vorigen Regierung selbst ein vom Kaiser genehmigtes Reichsgutachten und also einen förmlichen Reichsschluß in seiner Recurssache erhalten hatte (l).

Inzwischen ließ sich aus allen diesen Beyspielen doch nicht folgern, daß ein jeder, der sich von einem Reichsgerichte beschwert hielte, ohne Unterschied noch ein Recht behaupten könne, die Erörterung seiner Beschwerde von der allgemeinen Reichsversammlung zu begehren; wenn man anders den Reichstag nicht in einen förmlichen Gerichtshof verwandeln, und den höchsten Reichsgerichten ihr bisheriges Recht der höchsten und letzten Instanz benehmen, oder, welches einerley ist, die

(k) Nehmlich folgende Reichsgutachten: 1704. Apr. 18. für Würzburg gegen den Cammergerichtsassessor Wigand; 1704. Jun. 4. für den Herzog von Würtenberg und die Grafen von Castell gegen die Reichsritterschaft; 1705. Apr. 7. für Hessencassel wegen der Grafschaft Rittberg; 1706. Jul. 14. für die marggräflich Brandenburgischen Häuser wegen der vom Reichshofrathe angenommenen Rechtssachen währenden Stillstandes des Cammergerichts; 1709. Jun. 14. für Nassau-Ottweiler gegen Nassau-Idstein; 1709. Oct. 7. für die Gräfinnen von Püttingen und Kirchberg; 1714. May 8. für den Bischof von Augsburg wegen eines vom Reichshofrathe gegen gewisse Gebrüder Lottich angestellten Criminalprocesses.

(l) Oben S. 35. 36.

die Gränzen der höchsten Gewalt und der höchsten Gerichtsstelle mit einander vermengen wollte. Insonderheit mußte es einem jeden, wer darüber nachdachte, mißlich vorkommen, was aus der Reichsjustizpflege herauskommen würde, wenn nun mehrere Reichsstände zu gleicher Zeit Recurse in ihren Angelegenheiten zu betreiben hätten, und einander gegenseitig mit ihren Stimmen zu statten kämen, um dadurch die Mehrheit der Stimmen in den höheren Reichscollegien zu bewirken (m). Ueberhaupt ist wenigstens der Reichstag an sich eigentlich nicht dazu bestimmt, um Rechtssachen zu erörtern, da die Comitialgesandten nicht, wie es Gerichtspersonen gebühret, nach eigner geprüfter Einsicht, sondern nach Vorschrift ihrer Höfe ihre Stimmen ablegen, jeder Hof aber die Anweisungen seiner Comitialgesandtschaft nach seiner Convenienz zu ertheilen pfleget.

IV. Man hatte deswegen wohlbedächtlich schon in der Wahlcapitulation Carls des VII. einfließen laßen,

(m) So erschien z. B. im Jahre 1750. folgender Auszug eines fürstlichen Rescriptes: "Ansonsten haben Wir für gut befunden, unsern geheimen Rath — an des Herrn Churfürsten zu Cölln Liebden nach Mergentheim abzuschicken, und unsere — Angelegenheiten bestens recommendiren zu laßen; Welche sich dann — ganz favorabel gegen Uns erkläret, dagegen aber vicissim die Unterstützung in Dero Recursachen ausgebeten haben; Weswegen Wir unterm heutigen Dato unserem geheimen Rathe und Comitialgesandten gemessen aufgegeben haben, daß er alle Churcöllnische Recursachen ohne Ausnahme nachdrücklich zu secundiren sich angelegen seyn laßen solle" ꝛc. Mosers Staatsarchiv 1751. Th. I. S. 157.

laßen, daß "den in letzteren Zeiten bey Ermangelung der Revision an den Reichstag genommenen Recursen Ziel und Maaß zu setzen" sey (n). Da aber statt dessen selbst unter Carl dem VII. das neue Beyspiel des Hessencasselischen Recurses vielmehr neuen Muth machte; so nahm seitdem die Zahl der Recurse noch immer zusehends zu. Gleich in dem ersten Regierungsjahre Franz des I. wurden insonderheit vier Recurse, welche von Churpfalz, Sachsenweimar, Anhaltcöthen und Salm schon unter der vorigen Regierung wider das Cammergericht am Reichstage angebracht waren, sehr lebhaft betrieben.

V. Bey dieser Gelegenheit entstand eine neue Frage: ob nicht wenigstens vom Cammergerichte erst Bericht zu fordern sey, ehe man am Reichstage in diesen Sachen selbst etwas entscheiden könne? Nun war wohl nichts billiger, als daß der ganz allgemeine Grundsatz, niemanden ungehört zu verurtheilen, auch einem so hohen Gerichte zu gute kommen müße, damit dasselbe nicht, ohne erst mit seinen Gründen gehöret zu seyn, unrecht erkannt zu haben verurtheilt werden möchte. Das war auch der Analogie gemäß, da kein Appellationsrichter leicht eines Unterrichters Erkenntniß abändern wird, ohne erst seine Entscheidungsgründe und seinen Bericht über die wider ihn angebrachten Beschwerden vernommen zu haben. Selbst die nächste Analogie von der Revision am Cammergerichte stimmt damit überein, da selbst der Beysitzer, der am Cammergerichte Referent

gewe-

(n) Wahlcap. (1742.) Art. 17. §. 3.

gewesen, beym Revisionssenate zu Vertheidigung seines Urtheils zugelaßen, oder doch die am Cammergerichte abgelegte Relation nebst den darauf im Senate erfolgten Stimmen, von den Revisoren eingesehen werden soll. Auch war schon in mehreren Recursen erst Bericht von den Reichsgerichten gefordert worden; oder, wo es nicht geschehen war, hatte man den Recurs gleich als unstatthaft verworfen, oder doch unerörtert liegen laßen. Nur in dem letztern Hessencasselischen Recurse, da zwar das reichsstädtische Collegium auch darauf angetragen hatte, war die Berichtsforderung nach den besonderen Umständen dieses Falles, und mit der ausdrücklichen Erklärung, daß das in anderen Fällen nicht zur Consequenz gezogen werden sollte, unterlaßen worden.

VI. Nun mochten diejenigen, die in obigen vier Recursen die Feder geführt hatten, wohl nicht gerne sehen, wenn erst das Cammergericht mit seinen Berichten gehört werden sollte, die vielleicht manches in ein ander Licht gestellt haben möchten, als worin bisher diese Angelegenheiten in den einseitigen Recursschriften vorgestellt worden waren. Also ergriff einer der damaligen Comitialgesandten, der sich vorzüglich als ein eifriger und gelehrter Vertheidiger der Recurse hervorthat (o), die Feder,

(o) Rudolf Anton von Heringen, Gesandter von Sachsen-Weimar und Eisenach, wie auch von Brandenburg-Culmbach und Onolzbach; vertrat zugleich die Stimmen von Holstein-Gottorp, Lübeck, Baden-Durlach und Hochberg, Henneberg und Ostfriesland. Ueberdies war er Hessencasselischer geheimer Rath, und hatte dieses Hofes,

der, um zu beweisen, daß keine Berichtsforderung in Recurssachen nöthig sey. (p). Seinen Haupt-

fes Stimme beym Fürstentage zu Offenbach geführt. Oben S. 19. Meine Litteratur des Staatsrechts Th. 2. S. 145.

(p) Die Schrift erschien unter dem Titel: Erörterung der Frage, ob in den Recursen vom Cammergerichte Bericht zu fordern sey? (1746. Fol.). Sie zeichnete sich zugleich durch eine sehr allgemeine Begründung aller Recurse aus, womit sie in folgendem Tone anfieng: "Wer sich in den Teutschen Geschichten umgesehen, der wird wissen, daß in ältern Zeiten und vor Errichtung des Cammergerichts, obschon die jedesmaligen Kaiser eine Art von einem Hofgerichte, an dessen Platz der jetzige Reichshofrath getreten, an ihrem Hoflager gehabt, dennoch von der Jurisdiction dieses Gerichts, so allein auf Personen niedern Standes gegangen, Fürsten und Stände mit ihren Rechtshändeln ganz und gar ausgenommen gewesen, und davon nirgend anders, als auf öffentlichen Reichstagen vor Fürsten und Ständen gehandelt werden können." — Zum Beweise beruft sich der Herr Verfasser auf Verordnungen der Kaiser, Friedrichs d. II. von 1236., Rudolfs des I. von 1291., Albrechts des I. von 1438., und Sigismunds von 1446., dann auf eine beständige Praxin, die darauf erfolgt sey. Und vom Cammergerichte behauptet er, es sey nur auf den Fall, wenn kein Reichstag vorhanden sey, errichtet worden; die Stände hätten sich aber vorbehalten, die Assessoren als ihre Repräsentanten zu ernennen. — Hernach fährt er fort: "Aus dieser kurzen in notorietate facti beruhenden Erzehlung ergibt sich von selbsten, daß die Gewalt und Gerichtbarkeit des Cammergerichts eine delegirte Gewalt und Gerichtbarkeit sey, die der Direction und Oberaufsicht des in seinem Oberhaupte und gesammten Ständen versammelten Reichs

Hauptgrund setzte er im Herkommen, zu dessen Begründung er sich auf den Hessencasselischen Recurs und auf diejenigen, die ohne Bericht zu fordern verworfen waren, berief. Dem zufolge vermeynte er demjenigen Trotz bieten zu können, der in den vier Recursen von diesen vier Höfen jetzt erst den Anfang machen wollte, eine Berichtsforderung für nöthig zu halten; zumal da doch ein Fürstenwort mehr gelten müßte, als die Glaubwürdigkeit eines Cammergerichtsbeysitzers, aus dessen Feder man einen Bericht zu erwarten hätte.

VII. Doch dem angeblichen Herkommen wurden bald obige Fälle, die vielmehr ein gegentheiliges Herkommen begründeten, und durch einen einzigen Fall, der nicht zur Consequenz gereichen sollte, nicht entkräftet ward, mit gutem Grunde entgegengesetzt. Und, was den anderen Grund betraf, ergab sich von selbsten, daß zwischen einem recurrirenden Reichsstande und dem Cammergerichte immer das Verhältniß blieb, wie zwischen Parthey und Richter, wo doch der letztere jedesmal mehr Vermuthung für sich hat, als erstere. Die Achtung aber, die ein jeder Fürst persönlich für sein Ehrenwort erwarten kann, durfte hier wohl

---

Reichs dergestalt unterworfen ist, daß sie nach dessen Gutfinden gemehret oder geminderet, vor allen Dingen aber sich bey selbigem als constituente et delegante ordinisque praescripti custode von einem conconstituente und condelegante beschwert, und gegen das aus seinen Gränzen schreitende Gericht die ordnungsmäßige Remedur gesucht werden könne." ꝛc. Die ganze Schrift ist in Königs selectis iuris publ. nouiss. Th. 15. S. 4-28. eingedruckt.

wohl nicht in Anschlag kommen, da Recursschrifften nicht von Fürsten selbst, sondern von ihren Räthen gemacht zu werden pflegen. Es währte nicht lange, so ereignete sich ein ganz besonderer Fall, der dieses alles noch in ein helleres Licht setzte.

VIII. Der Herzog Anton Ulrich von Sachsen-Meinungen hatte eine Gräfinn von Hohensolms, die einen Secretär geheirathet hatte, in seinen Schutz genommen, ihren Mann zum Regierungsrath ernannt, und ihr als einer gebohrnen Reichsgräfinn den Rang vor anderen Damen an seinem Hofe beygelegt. Eine Frau von Gleichen, welche sich dieser Rangordnung nicht fügen wollte, und einige Briefe ohne Unterschrift, die jene Dame betrafen, ihren Freunden mitgetheilt hatte, war deswegen zu Meinungen gefänglich eingezogen worden, da der Herzog peinlich wider sie verfahren ließ, weil sie sich des Verbrechens eines Pasquills und eines Vergehens gegen das Sächsische Duellmandat schuldig gemacht habe. Auf eine darauf im Namen der Frau von Gleichen erhobene Klage hatte das Cammergericht dem Herzoge von Gotha aufgetragen, die Frau von Gleichen zu sequestriren, um einsweilen ihre Person in Sicherheit zu setzen. Ein Herr von Diemar, der diese Sache am Cammergerichte betrieben hatte, und darüber vom Herzoge geschimpft worden war, hatte nun auch für sich eine Injurienklage gegen den Herzog angestellt, worauf das Cammergericht nach dem gewöhnlichen Formulare eine Ladung an den Herzog erkannt hatte.

IX. In dieser Sache ließ der Herzog eine kurze Recursschrift drucken, worin er dem Reichstage vortrug:

trug: Das Cammergericht habe ihm, ohne daß er darüber gehöret sey, eine Sentenz zugeschickt, wodurch er verurtheilt werde, dem von Diemar Abbitte zu thun, und noch eine Strafe von zehntausend Rthlr. zu erlegen. Es ergab sich aber bald, daß der Herzog eine bloße Ladung für eine Sentenz angesehen habe. Also hielt wenigstens diesmal die Vermuthung, die sonst für Fürstenworte streitet, in dieser Recurssache nicht die Probe. Eine reellere Widerlegung hätte gegen obige Behauptung der Unnöthigkeit einer Berichtsforderung nicht eintreten können! Ein Umstand, der überhaupt für das System von Recursen, das viele Teutsche Höfe um diese Zeit zu begünstigen schienen, nicht sehr vortheilhaft war (q).

In

(q) Aus der Feder des Herrn von Heringen erschienen deswegen gleich damals eigne "Consi-"derationen über den Sachsen-Meinungischen "Recurs in der Gleichischen Sache" (1748. fol.), die gleich so anfiengen: "Wenn man diese Sache in ihrer wahren Gestalt betrachtet, so haben alle, die damit melirt sind, gefehlt. Der Frau von Gleichen Conduite über einen Damenrang — zuerst in solche vernunftslose Heftigkeit auszubrechen, und hernach — beym Cammergerichte passus einzuleiten, die gerade gegen die Sächsische uralte Haus- und Landesverfassungen streiten, — wird niemand loben können. Serenissimi Meinungensis Verfahren, diesen Fall, der nimmermehr unter das Duellmandat gezogen werden kann, — so hart zu ahnden, wird ebenfalls niemand gut heissen, noch vielweniger aber die Art und Weise approbiren, wie der eingeleitete Recurs geführet wird, daß nehmlich die angebrachten gravamina mit nichts bescheiniget, noch ein begreiflicher status causae dargelegt wird, daß Facta avancirt wer-

6) **Recurse u. Cerem. 1745=1748.**

In einem Recurse, den Churpfalz wegen ei- x.
ner Commission zur Güte, die vom Reichshofrath
auf eine Klage der Reichsritterschaft wegen der
Herrschaft Zwingenberg erkannt war, ergriffen
hatte, faßte zwar das churfürstliche Collegium am
5. Jun.

werden, die aperte falsch sind, und zurückgenommen werden müssen, damit auch selbst die Reichsversammlung nicht verschonet wird, und ihr prae-
matura conclusa beygelegt werden, die nicht exi-
stiren, — und daß endlich in der Schreibart gar
keine Maße gehalten, sondern zu solchen Unziem-
lichkeiten geschritten wird, die kein Exempel vor
sich haben, und denen keine Nachfolge zu gestatten ist. Wendet man sich von Sr. Durchlaucht
zu Sachsen-Meinungen zum Cammergerichte; so
ist daselbst procedirt, als ob keine Ordnung und
Recht im Reiche wäre. Der Reichsabschied von
1600. verbietet ausdrücklich, gegen der Stände
Diener und Räthe keine Klagen in Sachen anzunehmen, die sie vi officii auf Befehl des Herrn
thun müssen, worüber dieser sie zu vertreten hat.
Dem ungeachtet aber wird die Regierung zu Meinungen über Befolgung der Befehle ihres Herrn
verklaget und citirt. Der Reichsabschied 1570.
und der von 1600. verbieten ausdrücklich Nullitätsklagen in denjenigen Fällen anzunehmen, wo
nicht erlaubt ist zu appelliren. — Dem ungeachtet nimmt die Cammer — eine Nullitätsklage
an. — Man wird lachen, wenn man siehet, daß
in einer Sache, die am Reichstage für einen oder
den anderen Theil entschieden werden soll, alle
Interessenten Unrecht haben sollen, — auch folglich fragen, was dann zu thun sey? Es ist aber
leicht darauf zu antworten. — Das cammerge-
richtliche Verfahren sollte man simpliciter cassiren,
und zwar unter dem Vorbehalte, daß, wenn dergleichen wieder vorkomme, es gebührend geahndet, und dem Cammergerichte die Kosten ex pro-
priis zu ersetzen auferleget werden sollte." ꝛc.

D 5

5. Jun. 1747. mit Mehrheit der Stimmen einen Schluß zum Vortheile dieses Churpfälzischen Recurses. Als aber die churfürstlichen Gesandten in der Erwartung waren, daß sie nach geendigter churfürstlichen Berathschlagung an eben dem Tage auch noch die fürstlichen Stimmen ihrer Höfe würden ablegen können; hatte der Oesterreichische Directorialgesandte indessen eine Verabredung früher anzufangender Ferien veranlaßet. Darüber gab es zwar nachher einige Contestation, ob das mit Recht geschehen sey, oder ob die fürstlichen Gesandten erst die Rückkunft der churfürstlichen hätten erwarten sollen? Allein das fürstliche Directorium erwiederte, daß den fürstlichen Gesandten nicht zuzumuthen sey, ihre Berathschlagungen deswegen aufzuschieben, weil einige fürstliche Stimmen zugleich churfürstlichen Gesandten aufgetragen seyen, da ein jeder Hof für jedes Collegium billig einen eignen Gesandten halten sollte, wie das von den Höfen zu Wien und München zu geschehen pflegt. Die Sache selbst kam hernach im Reichsfürstenrathe nicht zur Sprache. Der Recurs gelangte also nicht zu seinem Ziele.

XI. Ein anderer Recurs, den der Herzog Anton Ulrich von Meinungen um diese Zeit gegen das Reichshofrathsurtheil betrieb, das am 25. Sept. 1744. gegen die Successionsfähigkeit seiner Söhne ergangen war, kam zwar zur Sprache. Allein es erfolgte am 24. Jul. 1747. gegen ihn ein widriges Reichsgutachten, dem der Kaiser am 4. Sept. 1747. durch seine Genehmigung die völlige Kraft eines Reichsschlusses gab. Dadurch bekam vollends obige Stelle der Wahlcapitulation gegen
noto-

notorische Mißheirathen ihre vollkommene Befestigung (r). Um jedoch seinen Stammsvettern den davon gehofften Vortheil zu benehmen, vermählte sich der Herzog hernach (1750.) noch mit einer standesmäßigen Gemahlinn, die ihm noch Söhne und Töchter gebahr.

Außer den Recursſachen gab ein besonderer XII. Vorfall Anlaß, daß auf einmal viele Rangstreitigkeiten und Ceremoniel=Irrungen zu Regensburg wach wurden, und selbst in eine sonderbare Art von Schriftwechsel ausbrachen. Nachdem der bisherige Principalcommissarius, ein Fürst von Fürstenberg, seine Stelle niedergelegt hatte, und der Fürst von Taris an dessen Stelle gekommen war; gedachte dieser den sonst gewöhnlichen Ceremonielstreitigkeiten dadurch auszuweichen, daß er sich eine Zeitlang auf dem Lande nicht weit von der Stadt aufhielt, und da die Herren Gesandten, ohne sich so genau an den Rang zu binden, nach und nach zur Tafel einladen ließ. Dieses geschah den 4. Jun. 1748. das erstemal so, daß der damalige Concommissarius, und die Gesandten von Churmainz, Churcölln, Churböhmen, Oesterreich und Würtenberg, alle mit ihren Gemahlinnen, nebst einem geistlichen Herrn, von Stingelheim, der die Stimmen der Bischöfe von Regensburg, Freisingen und Lüttich führte, eingeladen waren. Da die Reihe den Böhmischen Gesandten, Grafen von Sternberg, getroffen hätte, die Frau von Buchenberg (des Oesterreichischen Gesandten) zur Tafel zu führen, derselbe aber

r) Oben S. 27.

aber nicht gleich bey der Hand war; kam der Würtenbergische Gesandte, Herr von Wallbrunn, dem Herrn von Stingelheim zuvor, diese Dame zu führen, und an der Tafel den Platz über ihn zu nehmen. Hierüber wachte der ganze Rangstreit zwischen dem geistlichen und weltlichen Fürstenstande auf. Eine förmliche Protestation, die der Herr von Stingelheim gleich den folgenden Tag dem Herrn von Wallbrunn zufertigen ließ, mußte vors erst dazu dienen, die Gerechtsame der geistlichen Fürsten wider diesen Vorgang aufrecht zu erhalten. Eine Art von Gnugthuung schien es vollends zu seyn, die der Fürst von Taxis den geistlichen Fürsten widerfahren ließ, als er hernach am 16. Jun. alle Gesandten der geistlichen Fürsten, und darauf erst auf den 20. Jun. sieben weltlich fürstliche Gesandten einladen ließ.

XIII. Hier äußerte sich vorerst ein neuer Anstoß, da der Bambergische Gesandte von Bibra, als der erste von den geistlich fürstlichen, bey der Tafel am 16. Jun. nicht erschien, weil der Herr von Stingelheim, der erst nach ihm im Range folgte, schon vor ihm zur Tafel gezogen war. Hauptsächlich aber verbaten jetzt die weltlichfürstlichen die Einladung, damit jener Vorzug der geistlich fürstlichen Gesandten nicht als ein von ihnen anerkannter Besitz zum Nachtheile des von den weltlichen Fürsten behaupteten Ranges angesehen werden möchte. Nur einer von den gebetenen weltlich fürstlichen Gesandten (Herr von Schwarzenau von Hessendarmstadt) erschien doch. An der übrigen Stelle wurden der Holländische und die gräflichen Gesandten gebeten.

Ueber

6) Recurſe u. Cerem. 1745,1748.

Ueber dieſe Geſchichte kamen nach einander XIV. zehn Staatsſchriften ins Publicum (s). Die erſte aus der Feder des Herrn von Heringen, als eines der weltlichfürſtlichen Geſandten, endigte ſich mit den Worten: "So leicht es iſt, auf dem Reichstage etwas ins Trübe zu bringen, ſo ſchwer iſt es, ſolches wieder ins Helle zu ſetzen. Und wird alſo zweifelsohne auch dieſe Sache ohne fernere beſchwerliche Weiterung nicht abgehen; noch deren Ende ſo leicht ſeyn, als der Anfang geweſen." — In der zweyten Schrift, worin der Herr von Schwarzenau Anmerkungen über die erſte machte, wurde gleich anfangs geäußert: "Es habe am Reichstage ſchon ſeit geraumer Zeit her nie an Männern gefehlt, welche unter dem Deckmantel der verhaßten und bey den Höfen ſowohl als auswärts lächerlich gewordenen Recurſe und Ceremonielhändel weitſchichtige und auf Unordnung und Mißverſtändniß gerichtete Abſichten zu verbergen, im Trüben zu fiſchen, oft aus einer Mücke Elephanten zu machen, unter dem Scheine einer, wiewohl ſchwachen Seulen ſchwerlich anzuvertrauenden, Unterſtützung und Aufrechthaltung der altfürſtlichen Vorzüge ſolche in chimäriſche Rangſtreitigkeiten zu verwickeln, und dann den Kopf aus der Schlinge zu ziehen, andern aber das Odium zuzuweiſen, und ſich nur gewiſſer Orten neceſſär zu machen ſuchten. ꝛc." — "Es ſey ohnſchwer zu ermeſ-

---

(s) Sie finden ſich in Fabers Staatscanzley Th. 97. S. 94=133., Th. 98. S. 187=211., Th. 99. S. 107=124. Einige Hauptſtellen, woraus ſich ungefähr der Geiſt dieſer Schriften abnehmen läßt, finde ich doch der Mühe werth hier bemerklich zu machen.

ermeſſen, daß Churfürſten, Fürſten und Stände in Dingen, welche die Leibesnahrung und Nothdurft betreffen, ſchwerlich eine Würde und ein Vorrecht ſuchen, wohl aber auf das Solide ſehen, und am rechten Orte in den Seſſionen ihren Rang zu behaupten wiſſen würden." ꝛc. — Gelegentlich wurde übrigens auch noch der Einladung des Holländiſchen Geſandten und der gräflichen Abgeordneten gedacht.

XV. In einer hierdurch veranlaßten dritten Schrift äußerte der Bambergiſche Geſandte, Herr von Bibra: Er habe darum Bedenken getragen, die zweyte Einladung zur Tafel anzunehmen, "weil einem Geſandten die Aufrechthaltung ſeiner Principalen Zuſtändigkeit nicht gleichgültig ſeyn, noch der wohllüſtigen Leibesnahrung oder einer Leidenſchaft zum Spiele nachſtehen dürfe." — Eine vierte Schrift vom gräflichen Comitialgeſandten von Piſtorius unter der Aufſchrift: Incidentanmerkungen, enthielt folgendes: "Die höhniſche Art, womit der Verfaſſer der zweyten Schrift der gräflichen Comitialgeſandtſchaft, die er gar wohl hätte vorbeyſegeln können, Erwehnung gethan habe, zeige deutlich, daß er ſelbſt unter die Liebhaber der von ihm verhaßt und lächerlich beſchriebenen Ceremonielhändel gehöre, daß er ſelbſt im Trüben zu fiſchen, aus Mücken Elephanten zu machen, und ſich zum Rangdirector auf dem Reichstage aufzuwerfen ſuche. So ſorgfältig er ſich befleiſſige die reichsgräflichen Comitialminiſter unter dem Worte Abgeordneten von anderen zu unterſcheiden; ſo wolle man zwar den eigentlichen Character eines Abgeordneten nicht unterſuchen, noch in die Zeiten zurückgehen, da selbst churfürstliche und fürstliche noch im vorigen Jahrhunderte so genannt worden. Zu seiner Belehrung diene aber nur zur Nachricht, daß Kaiser Carl der VII. den Reichsgrafen die gesandtschaftlichen Rechte und den gräflichen Ministern den Titel: Gesandte, zulegen laßen, welche kaiserliche Verfügung hier gnug Ziel und Maß gebe. Es stehe auch dahin, ob nicht selbst den altfürstlichen Gesandten nach den bekannten Widersprüchen, welche ihnen von auswärtigen Republiken gemacht würden, es zum Nachtheile gereichen müßte, wenn die Reichsgrafen, die mit den Fürsten ein Collegium ausmachten, und gleicher Gebuhrt seyen, Auswärtigen so zu reden Preis gegeben würden (t).„

XVI. Der Herr von Schwarzenau erwiederte in einer fünften Schrift: "Des weltlichen Fürstenstandes Gesandtschaften würden, weil sie doch die so genannte Leibesnahrung oder Leidenschaft zum Spiele nach dem jetzigen Weltlaufe und civilisirter Lebensart zu accommodiren wüßten, den anderen statt dessen das Breviarium zu ihrer Gemüthsberuhigung nach Belieben gerne überläßen. In Ansehung der gräflichen Bevollmächtigten könne eine von dem vorigen kaiserlichen Hofe vielleicht durch Geld erkaufte, von der jetzigen Churbairischen Gesandtschaft bey Notification ihrer legitimation aber nicht beobachtete papierne Erhebung oder angebliche Parification der gräflichen Deputir-

(t) Das bezog sich darauf, weil der Herr von Schwarzenau den Holländischen Gesandten vor den gräflichen genannt hatte.

tirten eben so wenig zu Verkleinerung großer Churfürsten und Fürsten oder deren Minister gereichen, als die von den Thorschreibern und Zeitungsschreibern bisweilen ausgeträumte hochgräfliche Gesandtschafts-Excellenz, mit welchem Prädicate ihre hohe Herren Committenten selbst vor lieb nähmen, eine Würklichkeit geben möge."

XVII. Eine sechste Schrift erschien vom Herrn von Pistorius mit dem Motto aus dem Juvenal: Praelia quanta illo dispensatore videbis armigero! und zum Schlusse aus dem Phädrus: Hoc scriptum est tibi, qui, magna quum minaris, extricas nihil. Der Inhalt gieng aber dahin: "Es scheine, der Herr von Schwarzenau habe Lust einen ganzen Federkrieg anzuheben. Wenigstens werde er gute Gelegenheit haben, die bevorstehenden Comitialferien in mühsamer, aber unnöthiger Arbeit zuzubringen. Die Stelle von Gelderkaufungen, die ganz namentlich auf Kaiser Carl den VII. gehe, bleibe billig höchster Orten zu weiterer Ahndung heimgestellt. Die Beziehung auf die Churbairische Gesandtschaft würde wenigstens übel ausfallen." — Herr von Schwarzenau antwortete in einer siebenten Schrift: "Der abgehetzte Incidentanmerker habe die Schwäche rangsüchtiger Erhebungsgrillen unter dem Schulstaube zu verbergen gesucht. Er sey aber nicht gemeynt, mit den Diis minorum gentium in einen so schmutzigen Schriftwechsel sich einzulaßen." ꝛc.

XVIII Noch erschien eine achte Schrift vom Herrn von Bibra: "Unter den geistlich fürstlichen Gesandtsandten ließen sich sonder Zweifel auch solche antreffen, welche die civilisirte Lebensart nicht erst zu Regensburg lernen dürften. Das mit den Haaren herbeygezogene Breviarium hätte aber wohl verschont bleiben können, um nicht mit der Leibesnahrung und Neigung zum Spiele vergesellschaftet zu werden." ꝛc. — Auch erklärte sich der Holländische Gesandte in einer neunten Schrift: "Er sey zwar bey den Comitialrangstreitigkeiten gleichgültig, und gedenke weder mit dieser oder jener Distinction oder Federschmeicheley Beute zu machen, noch sonst mit lächerlichen Rangdisputen sich abzugeben. Weil er aber in obigen Schriften nahmentlich genannt sey, so stelle er dahin, ob der Verfasser der Incidentanmerkungen Ursache gehabt habe eines Theils so sonderbar zu doliren, daß die gräflichen Comitialgesandtschaften Auswärtigen gleichsam Preis gegeben würden, und andern Theils mit dem, was bey der Tafel selbst unverfänglich vorgegangen sey, sich selbst groß zu machen." ꝛc. — Endlich erschien noch die zehnte Schrift (des Bairischen Gesandten von Schneid): "Es sey pöbelhaft, in Dingen, womit nur Leute von der geringsten Sorte ihr albernes Religionsgespötte zu treiben pflegten, einem niederträchtigen scoptischen Witze die Zügel schießen zu laßen. Der verstellte Verfasser scheine zwar nicht im Breviarium, wohl aber in abgeschmackten Romanen seine Gemüthsberuhigung zu finden. Am allermeisten sey es eine unüberlegte Vermessenheit von verkauften allerhöchsten kaiserlichen Decreten etwas zu erwehnen." ꝛc. — Doch gnug mit dieser Probe eines Comitialschriftwechsels von der

Mitte des XVIII. Jahrhunderts! — Die Sache selbst blieb inzwischen, wie sie war; konnte also, insonderheit was den Rangstreit zwischen geistlichen und weltlichen Fürsten betrifft, bey jeder Gelegenheit von neuem zur Sprache kommen. Doch damals gab es bald ernstlichere Gegenstände zur Beschäfftigung der Herren Comitialgesandten.

Zwölftes Buch.

Der neueren Zeiten neunter Abschnitt

vom Aachner Frieden

bis zur

Römisch. Königswahl Josephs d. II.
1748 — 1764.

I.

Der Friedenszeit bis zum siebenjährigen Kriege erste Abtheilung 1748–1753. Insonderheit die in dieser Zeit vorgegangene Münzveränderung; Hohenlohische Religionsbeschwerden; und Recurs gegen die Reichsritterschaft.

I. Veränderungen, so im bisherigen Systeme von Europa seit dem Aachner Frieden merklich geworden, — insonderheit das Vernehmen zwischen Oesterreich und Frankreich betreffend; — II. Benutzung dieser Friedenszeit, besonders in den Preußischen Staaten. — III. Münzveränderung, wegen unrichtigen Verhältnisses zwischen Gold und Silber, — IV. so Graumann im Leipziger Fuße entdeckt. — V. Dadurch veranlaßter Schriftwechsel, — VI. und so genannter Conventionsfuß. — VII. Hohenlohische Religionsbeschwerden, — VIII. worüber das evangelische Corpus die im Westphälischen Frieden nachgelaßene Selbsthülfe verfüget, — IX. am kaiserlichen Hofe aber und beym catholischen Religionstheile großes Aufsehen erwächst. — X. XI. Wider die Reichsritterschaft wird von Würtenberg ein wichtiger Recurs betrieben; — XII. insonderheit wegen fortgehender Besteurung ritterschaftlicher Güter, die in reichsständische Hände kommen; — XIII. wie auch wegen des

des von der Reichsritterschaft behaupteten Näherrechts im Verkaufen ritterschaftlicher Güter; wegen gemeinsamer Vertretung ihrer einzelnen Glieder; wegen häufiger Aufnahme so genannter Personalisten ꝛc.; — XIV. jedoch ohne daß der bewirkte Reichsschluß dem gewünschten Zwecke gemäß ausfällt.

1. Nach dem Aachner Frieden vergiengen wenige Jahre, als es sich auf der einen Seite schon zu neuen weitaussehenden Irrungen zwischen den Kronen Großbritannien und Frankreich über die Gränzen von Canada anließ, und auf der andern Seite der König in Preussen aus gewissen geheimen Nachrichten wahrzunehmen glaubte, daß ein Angriff mehrerer verbundenen Mächte gegen ihn im Werke sey. Soviel hat allemal der Erfolg bewiesen, daß nach dem Aachner Frieden das bisherige System von Europa eine andere Wendung genommen hat, da die Mißhelligkeit, welche beynahe drey Jahrhunderte hindurch zwischen dem Hause Oesterreich und der Krone Frankreich obgewaltet hatte, sich auf einmal in eine gewisse Harmonie zu verwandeln schien; insonderheit seitdem der Graf Wenzel Anton von Kaunitz-Rittberg, der als Oesterreichischer Gesandter den Aachner Frieden gezeichnet hatte, unmittelbar darauf als Gesandter des Wiener Hofes am Französischen Hofe, und im May 1753. selbst als Hof- und Staatscanzler zu Wien angesetzt wurde; (welche Stelle er, nachdem er 1764. in Fürstenstand erhoben worden, seitdem in unverrückter Thätigkeit — gewiß ein seltenes Beyspiel, in manchem Betrachte vielleicht einzig in seiner Art, — noch 1786. bekleidet.)

Kaum

1) Friedenszeit 1748-1753.

Kaum hatte Teutschland, nach dem Aachner II. Frieden acht Jahre, (oder vom Dresdner Frieden anzurechnen elf Jahre) Friedenszeit zu genießen. Aber eben dieser Zeitraum war in mehreren Rücksichten für die Teutsche Verfassung von großer Wichtigkeit. — Gleich thätig, im Frieden seine Staaten in mehrere Aufnahme zu bringen, als im Kriege seine Heere selbst anzuführen, erschien Friedrich in dieser Zeit als ein weiser Gesetzgeber, als Verbesserer des Justizwesens; als Beförderer der Schifffahrt und Handlung; und sein Beyspiel ermunterte mehr andere große Höfe zur Nachahmung gleicher landesväterlicher Thätigkeit. Doch die Früchte, die davon einzuerndten oder doch zu hoffen waren, betrafen mehr die Verfassung einzelner besonderer Teutschen Staaten als des Teutschen Reichs im Ganzen. Nur eine Veränderung von dieser Art breitete bald ihre Folgen auf ganz Teutschland aus.

Im Leipziger Münzfuße, der seit 1738. III. nun auch der Reichmünzfuß seyn sollte, hatte man das Verhältniß zwischen Gold und Silber, wie es scheint, ohne große Kenntniß oder Ueberlegung, wie 1. zu 15. angenommen. Das heißt, für 1. Pfund Gold sollten 15. Pfund Silber zu haben seyn. In Holland, Frankreich, Spanien war hingegen das Verhältniß, wie 1. zu 14. Wer also Silber brauchte, fand es nirgend wohlfeiler, als in Teutschland. Dennoch waren hier die ergiebigsten Silberbergwerke, deren Besitzer alle Ursache gehabt hätten, diese edle Naturgabe desto höher im Preise zu halten, je gewisser sie seyn konnten, daß es für andere doch ein nothwendiges

Bedürfniß seyn würde. Nun mochten die Höfe, welche dem Leipziger Fuße getreu waren, soviel Silber münzen, als sie wollten; so wurde es doch in kurzem unsichtbar und gegen Holländische Ducaten und Französische alte Louisdor ausgewechselt. So zogen auswärtige Handlungsgesellschaften, die Silber mit Vortheil nach anderen Welttheilen zu schicken hatten, dasselbe großentheils aus Teutschland. Daraus erwuchs für den Teutschen Handel ein so großer Verlust, als hingegen die Holländer und Franzosen desto größeren Vortheil davon zu ziehen wußten.

IV. Endlich fand ein dieser Sachen kundiger Mann (Johann Philipp Graumann,) der in Holländischen großen Handlungshäusern gedient hatte, Gelegenheit, zu Braunschweig von diesen Grundsätzen etwas zu äußern. Auf dessen Vorschlag fieng man zu Braunschweig an, die Mark Silber nicht mehr nach Vorschrift des Leipziger Fußes zu 18., sondern zu 20. Gulden auszumünzen, auch einheimische Goldstücke zu 5 Rthlr. zu prägen. Im Anfange machte das bey den übrigen Mitgenossen des Leipziger Fußes großes Aufsehen. Aber auf eine in Druck gegebene Rechtfertigung dieser neuen Grundsätze ward Graumann selbst nach Berlin verschrieben, wo er endlich die Oberaufsicht über alle königliche Münzen erhielt. Nun befolgte man zu Berlin in ungleich größerer Menge neugeprägter Gold- und Silbermünzen eben diese Grundsätze. Und durchgehends fand man es unwiderleglich richtig, daß das beym Leipziger Fuße angenommene Verhältniß zwischen Gold und Silber fehlerhaft sey.

Nur

1) Friedenszeit 1748-1753.

Nur zu Hannover trug man Bedenken, das Silbergeld deswegen schlechter zu münzen, da in der That einem jeden, der ein Quantum von 20. in Silbermünze zu heben hatte, damit $\frac{2}{20}$ entzogen wurden, weil er nun in einer Masse, die 20. loth am Gewicht hatte, nur 18. von der bisherigen Güte besaß. Statt dessen glaubte man der Unrichtigkeit des bisherigen Verhältnisses damit abzuhelfen, wenn man fortführe das Silbergeld in seiner bisherigen Güte zu laßen, aber die Goldmünzen dagegen auf einen geringern Werth, also Fünfthalerstücke auf sieben Gulden oder $4\frac{2}{3}$ Rthlr. heruntersetzte. Allein fast alle andere Höfe gaben vielmehr den Graumännischen Vorschlägen den Vorzug.

Selbst der Wiener Hof fand sich hierdurch bewogen, eine Veränderung in seinem Münzwesen nach dem neuen Verhältnisse zwischen Gold und Silber vorzunehmen. Um aber nicht von anderen benachbarten Ländern dadurch in Nachtheil gesetzt zu werden, schloß der Wiener Hof am 21. Sept. 1753. mit dem Hofe zu München eine eigene Convention, (wovon dieser neue Münzfuß nachher beynahe in ganz Teutschland den Namen des Conventionsfußes und der Conventionsmünze bekommen hat.) Vermöge dieser Convention sollte auch in Baiern die Mark Silber zu 20. Gulden ausgemünzet werden, und zu einem gleichen Münzfuße suchte man von Wien aus die Kreise Schwaben, Franken, und Oberrhein zu bewegen. In allen diesen Kreisen zeigte sich aber eine ganz andere Schwierigkeit, da hier Silbergeld im Gange war, wovon sogar 24. Fl. auf die

die Mark giengen, und wogegen Ducaten 5. Fl. Pistolen 9. Fl, Carolinen und neue Louisd'or 11. Fl galten. Alle Bemühungen das zu ändern waren da am Ende fruchtlos. Der Bairische Hof sah sich endlich genöthiget, seine Convention aufzurufen. Also war im Ganzen nichts weniger als Gleichförmigkeit. Doch noch zur Zeit war das nur ein kleines Vorspiel von weit größeren Münzverwirrungen, die wenige Jahre hernach der leidige Krieg in Gang brachte.

VII. Von anderen in die Reichsverfassung einschlagenden Angelegenheiten dieser Zeit war keine wichtiger, als die, welche wegen einiger Hohenlohischen Religionsbeschwerden die Frage von der Selbsthülfe in solchen Fällen zwischen beiden Religionstheilen aufs neue zur Sprache brachte. Die erst nach dem Westphälischen Frieden catholisch gewordenen Fürsten von Hohenlohe (u) hatten in ihrem Lande gegen den Zustand des Entscheidungsjahrs solche Veränderungen vorgenommen, daß auf die Klage ihrer evangelischen Unterthanen und Stammsvettern schon am 30. Sept. 1744. ein rechtskräftiges Reichshofrathserkenntniß gegen sie ergangen war. Sie waren aber nicht dahin zu bringen, demselben Folge zu leisten, und es fehlte an der würklichen Hülfsvollstreckung, ungeachtet auch darauf schon am 13. Sept. 1748. vom Reichshofrathe erkannt worden war. Weil das in mehr ähnlichen Sachen bisher der Fall gewesen w*, so fand sich das Corpus der evangelischen Stände auf Ansuchen des beschwerten Theils endlich bewogen,

(u) Oben Th. 2. S. 338. XVIII. XIX.

1) Friedenszeit 1748-1753.

wogen, von derjenigen Stelle des Westphälischen Friedens Gebrauch zu machen, welche dasselbe in solchen Fällen zur Selbsthülfe berechtiget (v).

Es beschloß also am 29. Apr. 1750., dem VIII. Fränkischen Kreisausschreibamte evangelischen Theils den Auftrag zu thun, den beschwerten evangelischen Unterthanen zu ihrem Rechte zu verhelfen; zu welchem Ende auch noch am 8. Jun. 1750. Churbrandenburg, Churbraunschweig, Sachsengotha und Hessencassel ersucht wurden, benöthigten Falls die Ausführung dieses Auftrages unterstützen zu helfen. Als darauf am 15. Oct. 1750. ein Anspachischer Hauptmann mit 104. Grenadieren ins Hohenlohische einrückte; so hatte das endlich die Wirkung, daß die Fürsten von Hohenlohe sich bequemten, die ihnen vorgelegten Puncte einzugehen.

Nur von Seiten des kaiserlichen Hofes und IX. des catholischen Religionstheiles wollte man dieses als einen gesetzwidrigen Eingriff in das dem Kaiser alleine zustehende Recht Hülfsvollstreckungen zu verfügen ansehen. Jedoch die hier einschlagende Stelle des Westphälischen Friedens ist zu klar, als daß sie nicht zur Rechtfertigung dieses Schrittes hätte dienen sollen. Auf den Fall, wenn einer wider den Frieden zugefügten Beschwerde weder in Güte noch im Wege Rechtens in drey Jahren abgeholfen wird, sollen alle und jede Friedensconsorten, (mithin auch sämmtliche evangelische Reichsstände, die einen der Friedenschließenden

(v) Oben Th. 2. S. 145-147.

den Theile ausmachten,) gehalten und also auch berechtiget seyn, mit dem beschwerten Theile ihre Rathschläge und Kräfte zu vereinigen um dem Unrechte abzuhelfen; und zwar nicht in der Voraussetzung, daß der Kaiser den Befehl dazu gebe, sondern daß der leidende Theil nur darum nachgesucht habe. Nach dieser Vorschrift war der Schluß, den das evangelische Corpus hier gefaßt hatte, völlig abgemessen. Freylich war es das erstemal in seiner Art, daß es mit diesem Nachdruck zu Werke gieng, da bisher nur höchstens zu Repressalien geschritten war. Allein eben das bewies die Mäßigung, die man bisher gebraucht hatte. Nur die Nothwendigkeit erforderte es, diesmal einen Schritt weiter zu gehen, wenn anders ein so evident beschwerter Theil nicht hülflos gelaßen werden sollte, und wenn nicht vielleicht eine Art von Sicherheit, daß man nie zu dieser Extremität schreiten würde, daraus entstehen sollte. So bedenkliche Folgen es allerdings haben könnte, wenn dem Gebrauche einer solchen Selbsthülfe eine gleich mächtige Gegenwehr entgegen gesetzt werden sollte; so sehr ist eben deswegen für die Ruhe von Teutschland und für die wahre Wohlfahrt beider Religionstheile zu wünschen, daß kein Theil dem andern Gelegenheit geben möge, zu dieser Extremität schreiten zu müßen.

---

x. Eine andere Reichsangelegenheit dieser Zeit betraf endlich die Reichsritterschaft, wobey es auf nichts geringeres ankam, als entweder zu ihrer völligen Zernichtung den Weg zu bahnen, oder ihre bisherige Verfassung, wie sie durch Reichs-

1) Friedenszeit 1748=1753. 75

grundgesetze und Herkommen unterstützt war, annoch ferner aufrecht zu erhalten.

Manchen Reichsständen mochte es freylich XI. empfindlich fallen, in Vergleichung mit andern Ländern, wo man von keinem andern als landsässigen Adel weiß, den Zusammenhang ihrer Länder durch so viele unmittelbare Rittergüter unterbrochen zu sehen. Nicht selten mochte sichs auch von der andern Seite zutragen, daß die Reichsritterschaft von ihren Privilegien und angenommenen Grundsätzen übertriebenen Gebrauch zu machen suchte. Allein jenes hatte einmal im Westphälischen Frieden seine Bestätigung erhalten, war also nunmehr in unsere Reichsverfassung mit verwebt, und ließ sich als ein Bestandtheil des Ganzen ohne diesem zu nahe zu treten, nicht mehr heben. Letzteres mußte allenfalls in jedem einzelnen Falle nach dessen besonderen Umständen im Wege Rechtes erörtert werden. Nur hier waren schon mehrmalen Beschwerden der Reichsstände vorgekommen, daß die Reichsritterschaft in einzelnen Rechtsstreitigkeiten mit Reichsständen bey den höchsten Reichsgerichten zu sehr begünstiget würde.

Insonderheit behauptet die Reichsritterschaft, XII. daß, wenn auch eines von ihren Gütern durch Kauf oder andere Mittel und Wege in eines Reichsstandes Hände käme, dennoch die darauf haftenden Rittersteuern in ihrem Gange bleiben müßten, und daß ihr deswegen nichts in Weg gelegt werden dürfte, wenn Steuern auf ihren Ritterconventen (wozu niemand als unmittelbare Adeliche zugelaßen werden,) bewilliget worden, und solche

als=

alsdann auch von jenen Gütern nach wie vor unmittelbar durch ritterschaftliche Befehle und Verfügungen executivisch beygetrieben würden. Von Seiten der Reichsstände wird hingegen behauptet, daß einem Reichsstande unverwehrt seyn müße, neu erworbene Güter seinem Lande einzuverleiben und mit den darin hergebrachten Landsteuern zu belegen, ohne sie dann noch ferner der Last der Beyträge zu Rittersteuern zu unterwerfen.

XIII. Um zu verhüten, daß nicht so viele ritterschaftliche Güter in reichsständische Hände kommen möchten, hat die Reichsritterschaft durch kaiserliche Privilegien von den Jahren 1624. 1652. und 1688. sich ein sehr ausgedehntes Retractsrecht zu eigen zu machen gesucht, vermöge dessen sie behauptet binnen drey Jahren in jeden Kauf eines reichsritterschaftlichen Gutes eintreten zu können, ohne auch wegen angeblicher Meliorationen ein Retentionsrecht dagegen gestatten zu dürfen. Auch diesem Rechte widersprechen die Reichsstände, die überdies eine Beschwerde daraus machen, daß, wenn sie nur mit einem Mitgliede der Reichsritterschaft zu thun zu haben glauben, gleich ein ganzer Canton, oder ein ganzer Kreis, oder gar die gesammte Reichsritterschaft in allen drey Kreisen, Schwaben, Franken und am Rhein gemeine Sache dagegen mache; daß aber die Ritterschaft auch nicht an solchen Mitgliedern, die würklich in derselben begütert seyen, sich begnüge, sondern auch Staatsminister und Gesandten an Höfen und Mitglieder der beiden höchsten Reichsgerichte, als bloße Personalisten, in ihre Matrikel aufnehme; ohne zu gedenken, was für Collisionen zu entstehen
pfle-

1) Friedenszeit 1748=1753.

pflegen, wenn ein Mitglied der Reichsritterschaft in einem reichsständischen Lande dient oder sonst wohnhaft ist, und vor reichsständischen Gerichten belangt, oder in Todesfällen die Verlaßenschaft versiegelt und inventirt werden soll u. s. w.

XIV. Jetzt schlug der Würtenbergische Hof über alle diese Irrungen einen ganz andern Weg ein. Er behauptete, daß aus Mangel einer allgemeinen Richtschnur in den verschiedenen Streitigkeiten zwischen Reichsständen und der Reichsritterschaft nicht nach gleichförmigen Grundsätzen, sondern bald so, bald anders gesprochen würde. Er wandte sich also an die gesetzgebende Gewalt, um ein noch ermangelndes allgemeines bestimmtes Regulativ über alle hieher gehörige Streitfragen zu erlangen. Eine mit einem ganzen Folianten Archivalurkunden begleitete Deduction wurde in solcher Absicht (1749.) dem Reichstage vorgelegt, und die Sache mittelst eigner Gesandtschaften an die wichtigsten Höfe mit ausserordentlichem Eifer betrieben. Von Seiten der Ritterschaft erschienen hingegen nach und nach ganze Folianten Gegendeductionen. Die Reichstagsstimmen schienen ziemlich getheilt zu seyn. Endlich kam es (1752. Jul. 23.) zu einem Reichsgutachten, das in der Hauptsache alles ließ, wie es war, indem es zu erkennen gab, daß die Errichtung eines allgemeinen Normatives wegen des verschiedenen Herkommens in den verschiedenen Gegenden von Teutschland mit zu vielen Anständen umwunden sey, und also nichts übrig bleibe, als der kaiserlichen Majestät solche Irrungen nach den besonderen Umständen jeden Falles zu Beförderung gütlicher Auswege

wege oder in deren Entstehung zu oberstrichterlichen Verfügungen und Erkenntnissen zu empfehlen. Die darauf erfolgte kaiserliche Genehmigung war der Reichsritterschaft noch günstiger, als das Reichsgutachten selbst.

II.

Der Friedenszeit bis zum siebenjährigen Kriege zweyte Abtheilung 1753-1756. Neuer Stoff zu Irrungen zwischen den Höfen zu Wien und Berlin, und zwischen beiden Religionstheilen.

I. Neue Vorfälle, wo die Höfe zu Wien und Berlin, oder auch beide Religionstheile verschieden dachten. — II. III. Einführung der Tarischen Stimme im Reichsfürstenrathe gegen die Mehrheit der Stimmen auf der weltlichen Fürstenbank. — IV. V. Religionsänderung des damaligen Erbprinzen von Hessencassel, und deshalb getroffene Versicherungsanstalten. — VI. Transplantation der evangelischen Unterthanen in Kärnthen, Steiermark und Oberoestreich nach Ungarn und Siebenbürgen. — VII. Neuer Bau eines Capucinerklosters in der gräflich Wiedrunkelischen Residenz zu Dierdorf. — VIII. Geheime Nachricht, daß man zu Wien damit umgehe, den Religionssachen im Reiche ein anderes Ansehen zu geben, und Schlesien wieder zu erobern.

I. Der Eindruck, den die Hohenlohische Sache insonderheit am kaiserlichen Hofe zu machen schien, ward noch merklich verstärkt, als noch einige Vorfälle hinzukamen, worin die Höfe zu Wien und Berlin einander entgegengesetzte Grundsätze äußerten.

Ein

2) Friedenszeit 1753-1756.

Ein solcher Vorfall ereignete sich zuerst bey II. Gelegenheit der Einführung mit Sitz und Stimme im Reichsfürstenrath, die zum Vortheile des Fürsten von Thurn und Taxis bewerkstelliget werden sollte. Hierzu hatte zwar das churfürstliche Collegium, und darunter auch Churbrandenburg, seine Einwilligung gegeben; und im Reichsfürstenrathe war ebenfalls die Mehrheit der Stimmen dafür. Allein auf der weltlichen Fürstenbank, auf welcher diese neue Stimme ihren Sitz nehmen sollte, waren die meisten Stimmen dagegen. Nun enthält die kaiserliche Wahlcapitulation (Art. 1. §. 5.) buchstäblich diese Vorschrift: daß, wenn von Aufnahme neuer reichsständischen Stimmen die Frage ist, "neben dem churfürstlichen auch das= „jenige Collegium und (die) Bank, darin sie „aufgenommen werden sollen, in die Admission or= „dentlich gewilliget" haben müße. Die altfürstlichen Häuser behaupteten also: es sey nicht gnug, daß das ganze fürstliche Collegium durch Mehrheit der Stimmen seine Einwilligung gebe; sondern es müße auch noch überdas die besondere Einwilligung der weltlichen Fürstenbank hinzukommen; da seyen aber die mehreren Stimmen dem Fürsten von Taxis nicht günstig.

Dieses Umstandes ungeachtet wollte sich der III. Oesterreichische Directorialgesandte nicht abhalten laßen, die Taxische Stimme, zu deren Führung er selbst bevollmächtiget war, im Fürstenrathe einzuführen. Dagegen widersetzten sich nun die altfürstlichen Häuser, welchen nunmehr auch der Preußische Gesandte von wegen Magdeburg und der übrigen fürstlichen Stimmen des Hauses Brandenbenburg beytrat, sofern jetzt die Sache aus dem Gesichtspuncte in Betrachtung kam, da das Directorium eines so erheblichen Widerspruchs ungeachtet eigenmächtig in der Sache fortfahren wollte. In der That kam es darüber so weit, daß, so oft hernach die Stimme Thurn und Taxis im Fürstenrathe aufgerufen wurde, die widersprechenden Gesandten weggiengen, und in ihren Protocollen diese Stimme nie mitschreiben ließen. (Soviel aus öffentlichen Nachrichten abzunehmen gewesen, ist diese Sache bis auf den heutigen Tag nicht aus dem Grunde gehoben worden, noch eine authentische Erklärung obiger Stelle der Wahlcapitulation erfolget. Inzwischen gehet die Tarische Stimme immer ihren Gang fort. Mit derselben wurde zugleich die Stimme des fürstlichen Hauses Schwarzburg eingeführet; auf diese hat sich jener Widerspruch nicht erstreckt. Seit dieser Zeit hat aber auch keine Einführung neuer fürstlicher Stimmen mehr zu Stande gebracht werden können; so wie in der ganzen vorigen Zeit seit der Regierung Leopolds keine neue Stimme mehr zur Einführung gelangt ist, als unter Carl dem VI. das einzige Haus Lichtenstein.)

IV. Ein anderer Vorfall, den man zu Wien anders ansah, als zu Berlin, und worüber beide Religionstheile sehr ungleich dachten, bestand in der Religionsveränderung des damaligen Erbprinzen von Hessencassel. Von demselben wurde erst im Herbste 1754. bekannt, daß er schon im Jahre 1749. zu Paderborn, wo er damals beym Churfürsten Clemens August von Cölln zum Besuche gewesen, catholisch geworden sey. Weil
sein

2) Friedenszeit 1753=1756.

sein Herr Vater, der Landgraf Wilhelm der VIII., noch lebte; so sorgte der dafür, daß die Hessische Landschaft, die deswegen auf einen Landtag zusammenberufen ward, eine ausführliche Versicherung bekam, daß der bisherige Religionszustand im Lande völlig ungeändert bleiben, und insonderheit unter andern kein Simultaneum und keine Ansetzung catholischer Bedienten statt finden sollte. Daneben verordnete der Landgraf, daß nach seinem Tode von seinen drey Enkeln, die der Erbprinz mit der Englischen Prinzessinn Maria erzeugt hatte, der älteste als künftiger Erbprinz gleich die Grafschaft Hanau in Besitz und Genuß bekommen sollte, und zwar, so lange er minderjährig seyn würde, unter Vormundschaft seiner Frau Mutter. Zu dieser Verordnung hielt er sich um so mehr berechtiget, da er sich als erster Erwerber der Grafschaft Hanau ansah, und über die Ordnung der Erbfolge unter seiner eignen Nachkommenschaft nach den Grundsätzen des Teutschen Fürstenrechts wohl disponiren konnte. Aus großväterlicher Gewalt traf er zugleich solche Verfügungen über die Erziehung seiner Enkel, daß auch nach seinem Tode so leicht nicht zu besorgen war, daß sie zur catholischen Religion erzogen werden möchten. (Sie wurden gleich damals nach Göttingen, und, als die hiesigen Gegenden von Kriegsunruhen bedrohet wurden, nach Coppenhagen geschickt; wo die beiden ältesten Prinzen auch nachher mit königlich Dänischen Prinzessinnen vermählt worden sind.) Alle diese Verfügungen ließ sich der Erbprinz gefallen, und vollzog sie mit seiner Unterschrift. Sie erhielten auch die Garantie der Könige von Großbritannien, Dänemark und

Preussen, und des gesammten evangelischen Religionstheils.

v. In der That geschah damit nichts, was nicht schon in mehr ähnlichen Fällen bey den vorgegangenen Religionsveränderungen in den Häusern Sachsen, Würtenberg und anderen geschehen war. Die Hauptabsicht gieng, dabey offenbar nur auf Erhaltung des Religionszustandes, wie er dem Entscheidungsjahre und also dem Westphälischen Frieden gemäß war. Nur einigen Anständen, die man wegen einiger gegentheiligen Auslegungen etlicher Stellen des Westphälischen Friedens aus bisherigen Vorgängen in anderen Häusern und Ländern besorgen konnte, suchte man durch vertragsmäßige Bestimmungen vorzubeugen. Das war so wenig gegen den Westphälischen Frieden als gegen irgend ein anderes Reichsgrundgesetz oder anderes Stück unserer Teutschen Reichsverfassung. Es galt auch nicht darum etwas neues einzuführen, sondern nur alles im bisherigen Zustande zu laßen, und nur künftigen Beschwerden und Irrungen vorzubeugen. — Lauter Dinge, denen jeder Teutscher Biedermann, dem Billigkeit und Erhaltung der Ruhe nicht gleichgültig ist, seinen Beyfall nicht versagen sollte. Inzwischen schienen verschiedene Schriftsteller sich ein Geschäfft daraus zu machen, diese Hessische Religionsversicherung als eine dem Westphälischen Frieden zuwiderlaufende Sache vorzustellen, und wohl gar aus dem Tone zu sprechen, als ob das alles für null und nichtig erkläret werden könnte. Das gab natürlicher Weise zu Widerlegung solcher Schriften und zur standhaften Behauptung gegen-

2) Friedenszeit 1753-1756.

theillger Sätze Anlaß; — alles zwar ohne daß ein Hof selber gerade zu Partheyen nahm, aber doch so, daß die Verschiedenheit der Gesinnungen unserer großen Höfe nicht unverkannt bleiben konnte.

Noch deutlicher veroffenbarte sich dieser Unterschied in Gesinnungen und Grundsätzen bey Gelegenheit einer Fürsprache, die das Corpus der evangelischen Stände in einem Schreiben an die Kaiserinn Maria Theresia (1754. Nov. 6.) für die evangelischen Unterthanen in Kärnthen, Steiermark und Oberoesterreich einlegte, da eine Verfügung ergangen war, dieselben, wenn sie sich nicht zur catholischen Religion bekennen würden, nach Ungarn und Siebenbürgen transplantiren zu laßen. — Dem Westphälischen Frieden ist es zwar nicht zuwider, daß ein catholischer Landesherr evangelische Unterthanen, denen das Entscheidungsjahr 1624. nicht zu statten kömmt, zur Auswanderung aus dem Lande zwingen kann. Allein dann bleibt doch den vertriebenen Unterthanen frey, nach ihrer eignen Wahl sich zu wenden, wohin sie wollen; wie auf solche Art in den Jahren 1732. u. f. viele tausend evangelische Emigranten aus dem Salzburgischen in anderen evangelischen Ländern ihre Aufnahme gefunden hatten. Und eine solche gewaltsame Vertreibung — an sich schon hart genug, — ist dann doch auch das äußerste, was der Westphälische Friede irgend einem catholischen Landesherrn über evangelische Unterthanen gestattet. Alles, was über diese Gränzen hinaus noch weiter gehet, läßt sich offenbar mit den Grundsätzen des Westphälischen Friedens nicht ver-

VI.

vereinbaren. Nun ist klar, daß eine gewaltsame Verpflanzung, wodurch Unterthanen nicht nur ihr angebohrnes Vaterland zu verlaßen, sondern auch an einen bestimmten Ort wider ihren Willen sich zu begeben gezwungen werden, noch ungleich mehr ist, als eine bloß erzwungene Auswanderung, die noch den Vertriebenen die Wahl läßt, wohin sie sich wenden wollen. Also kann jene Verpflanzung mit dem Westphälischen Frieden nicht bestehen. Der Militärstand bringt es zwar mit sich, daß eine Versetzung aus einem Regimente ins andere, und aus einer Besatzung in die andere statt finden kann. Sonst aber kann selbst ohne Rücksicht auf die Religion wohl keiner höchsten Gewalt ein solches Recht zugestanden werden, anders als wegen strafbarer Verbrechen einen Unterthanen von einem Orte zum andern zu versetzen. Vielweniger kann es der Religion halber geschehen; und vollends nicht ohne ungerechten Gewissenszwang, wenn nur zwischen Verlaßung einer bisher gehabten Religion oder einer gewaltsamen Verpflanzung in ein ander Land und Clima die Wahl gelaßen wird. — Diese und andere Vorstellungen fanden aber damals zu Wien so wenig Eingang, daß vielmehr an den Oesterreichischen Directorialgesandten ein heftiges Rescript von seinem Hofe erfolgte (1755. Apr. 23.), worin derselbe über jene Fürsprache sich sehr empfindlich bezeigte. Die einmal beschloßene Transplantation behielt auch ihren Fortgang.

VII. Endlich ereignete sich noch ein Gegenstand streitiger Grundsätze über einen Klosterbau, den der regie-

regierende Graf von Wied-Runkel (1755. Febr. 1.) den Capucinern in seiner Residenz zu Dierdorf gestattet hatte. Wo Herr und Unterthanen einerley Religion zugethan sind, ist zwar jenem der Regel nach unbenommen, anderen Glaubensgenossen in seinem Lande ihre Religionsübung zu gestatten, wie auf solche Art selbst zu Berlin erst unter Friedrich dem II. eine catholische Kirche von neuem gebauet war. Allein hier hatte der Graf, der übrigens, wie seine Unterthanen, reformirter Religion war, schon bey einer andern Gelegenheit den Unterthanen gegen ein dafür erhaltenes Geschenk einer namhaften Geldsumme die Versicherung ertheilt, daß kein catholisches Kloster in seinem Lande erbauet werden sollte. Wie jetzt dessen ungeachtet jene Concession erfolgte, und der Graf mit catholischen Geistlichen aus den benachbarten Churtrierischen Landen vielen Umgang hatte; geriethen die Unterthanen auf die Besorgniß, daß ihr Landesherr wohl gar vielleicht heimlich catholisch geworden seyn möchte. Auf ihr Ansuchen erließ deswegen das evangelische Corpus (1755. Jun. 3.) nicht nur ein Abmahnungsschreiben an den Grafen, sondern auch noch besondere Schreiben an Brandenburg-Anspach (als Besitzer von Sain-Altenkirchen) und Nassau-Oranien, mit dem Ersuchen, als Nachbaren zu verhüten, daß nichts gegen den Westphälischen Frieden hierunter vorgehen möchte. Zu Wien sah man dieses als eine widerrechtliche Vorbeygehung der reichsgerichtlichen Instanz an. Der Herr Graf ließ sich auch nicht abhalten, den Fortgang des Klosterbaues zu gestatten.

VIII. Alle diese Dinge mögen wohl ihren Einfluß darauf gehabt haben, wenn es an dem ist, wie gewisse geheime Nachrichten selbiger Zeit versichern wollten, daß man damals zu Wien auf nichts mehr bedacht gewesen, als theils den Religionssachen im Reiche ein anderes Ansehen zu geben, theils Schlesien wieder zu erobern (w).

(w) Teutsche Kriegscanzley 1757. B: 2. S. 168.

III.

III.

Ursachen des siebenjährigen Krieges, und was Kaiser und Reich dabey für eine Parthey ergriffen. 1756. 1757.

I. Geheimer Vertrag, den die Höfe von Wien und Dreßden am 18. May 1745. zu Leipzig geschlossen, um dem Könige in Preussen nicht nur Schlesien, sondern noch mehr Länder abzunöthigen. — II. Geheimer Artikel eines vom Wiener Hofe mit dem zu Petersburg am 22. May 1746. geschlossenen Bündnisses. — III. Noch hinzugekommene geheime Nachrichten, wegen deren der König in Preussen glaubte, sich im Fall einer Nothwehr und gerechten Prävention zu finden — IV. Der Reichshofrath nahm es hingegen auf den Fuß eines Landfriedensbruchs. — V. Und am Reichstage ward ein Reichsexecutionskrieg gegen Churbrandenburg beschlossen. — VI. Wegen Versagung der Dictatur, die einem damider gerichteten Aufsatze des Berliner Hofes widerfuhr, ward bey dieser Gelegenheit eine bisher bestrittene Stelle der Wahlcapitulation in Gang gebracht. — VII. VIII. Auch entstand ein Streit über die Art die Stimmen auf dem Reichstage abzulegen. — IX. Inzwischen erfolgte eine Erklärung der Kronen Frankreich und Schweden wegen ihrer übernommenen Garantie des Westphälischen Friedens. — X. Hingegen der Berliner Hof berief sich auf eine Stelle der Wahlcapitulation, vermöge deren keine fremde Kriegsvölker auf Teutschen Boden geführet werden sollten. — XI. Nach einer vom Könige verlohrnen Schlacht und nach dem Vorgange Französischer, Russischer und Schwedischer Kriegsheere kam auch ein Reichsexecutionsheer ins Feld, ward aber bey Roßbach geschlagen.

Während der Zeit, als der König in Preussen in Gefolg der Frankfurter Union im Jahre 1744. von neuem in Böhmen eingebrochen war, und ehe noch der Dresdner Friede diesem neuen Kriege ein Ende gemacht hatte, war am 18. May 1745.

1745. zwischen den Höfen zu Wien und Dresden ein geheimer Vertrag zu Leipzig geschlossen worden, worin die Abrede genommen ward, beiderseits nicht eher die Waffen niederzulegen, als bis man nicht allein ganz Schlesien und die Grafschaft Glatz wieder erobert, sondern auch den König in Preussen noch weiter heruntergebracht haben würde. Insonderheit wünschte man ausser der Wiedererlangung von Schlesien und Glatz noch das Herzogthum Magdeburg, den dazu gehörigen Saalkreis, das Fürstenthum Crossen, nebst dem darunter begriffenen Züllichauer Kreise, und des Hauses Brandenburg in der Lausitz gelegene Böhmische Lehne, nehmlich Cotbus, Pritz, Storkau, Breskau, Sommerfeld und andere dazu gehörige Orte und Länder zu erobern. Worüber dann zum voraus schon verabredet ward, was dem Hause Sachsen davon zu Theile werden sollte, nachdem das Glück der Waffen zu mehr oder weniger hier beschriebenen Eroberungen beförderlich seyn würde. Bey diesem Vertrage war in so weit nichts zu erinnern, als derselbe währenden Krieges geschlossen war, da nur das Glück der Waffen das Urtheil darüber sprechen mußte.

II. Nachdem aber am 25. Dec. 1745. sowohl das Haus Oesterreich als Chursachsen den Dresdner Frieden dahin geschlossen hatte, daß der König sowohl Schlesien und Glatz als alle seine übrige Länder und Staaten behielt; so ward am 22. May 1746. zwischen den Höfen zu Wien und Petersburg ein neues Bündniß geschlossen, und in einem demselben beygefügten geheimen Separatartikel von Seiten des Wiener Hofes zwar erkläret,

ret, den Dresdner Frieden heilig halten zu wollen, und von dem auf Schlesien und Glatz gethanen Verzichte nicht abzugehen. Allein nun ward auch der Fall erwehnet, wenn der König in Preussen sich zuerst vom Dresdner Frieden entfernen, und das Haus Oesterreich von neuem angreifen sollte. Auf solchen Fall, glaubte man, würden die Rechte des Hauses Oesterreich auf den abgetretenen Theil von Schlesien und die Grafschaft Glatz von neuem wieder statt haben. — Auch dabey war nichts zu erinnern. Aber eben das wurde nun auch auf die Voraussetzung ausgedehnt, wenn der König in Preussen Rußland oder die Republik Polen feindlich angreifen würde. — Ob in diesem Falle so, wie in dem ersten, der Wiener Hof von der Verbindlichkeit des Dresdner Friedens sich würde haben lossagen können, weil der König eine dritte Macht angegriffen hätte, das war freylich eine andere Frage, die in Berliner Staatsschriften nachher auf alle Weise bestritten wurde.

Nun fügte sichs, daß der König in Preussen m. durch einen besonderen Canal nicht nur von diesen beiden geheimen Verträgen beglaubte Abschriften bekam, sondern auch sonst noch soviele weitere Nachrichten erhielt, daß es im Werke zu seyn schien, den König zu einem Bruche mit Polen oder Rußland zu veranlaßen, um jenen Fall eintreten zu machen; ja daß schon nahe Zurüstungen im Werke wären, den König an mehreren Orten zugleich in seinen eignen Ländern mit Krieg zu überziehen. Als er hierüber vom Wiener Hofe vergeblich eine bestimmte beruhigende Erklärung begehret hatte, und deswegen erst wegen Sachsen sich in Sicherheit setzte, hernach in Böhmen einbrach; gestand der König zwar der zuerst losschlagende Theil (Aggressor) zu seyn, behauptete aber sich in dem Falle einer Nothwehr zu finden, und nach den Grundsätzen des Präventionsrechts zu handeln. — In sofern war hier viel ähnliches mit den Vorfällen zur Zeit Carls des V., da der Landgraf Philipp von Hessen 1529. wegen der Packischen Geschichte ins Feld rückte, und 1542. wider den Herzog Henrich den jüngern von Braunschweig-Wolfenbüttel losschlug. Mit dem letztern Falle war noch die besondere Aehnlichkeit, daß auf gleiche Art, wie damals der Landgraf Wolfenbüttel eroberte, und daselbst Urkunden, die zu seiner Rechtfertigung dienten, wovon er zum Theil schon Abschriften hatte, vorfand, so auch diesmal der König in Preussen sich des geheimen Archives zu Dresden bemächtigte, und daselbst die Originalurkunden, die er in Abschriften schon gehabt hatte, in seine Hände bekam, um damit die Thatsachen, worauf er sich berief, beweisen zu können.

IV. Von größerer Wichtigkeit ist wohl nie die Frage von Anwendung des Landfriedens gewesen, als in diesem Falle. Beides sowohl den Einfall in Sachsen als in Böhmen suchte man zu Wien als einen offenbaren Landfriedensbruch darzustellen. Zu Berlin setzte man hinwiederum dem Wiener Hofe entgegen, daß dem Landfrieden nicht nur zuwider sey, wenn ein Reichsstand den andern mit Krieg überzöge, sondern auch wenn einer verbotene Conspiration oder Bündnisse wider den andern machte. Der Reichshofrath machte inzwischen alle

alle Anstalten, ein förmliches rechtliches Verfahren zu eröffnen, um dem Könige als Churfürsten von Brandenburg die auf den Landfriedensbruch gesetzten Strafen zuzuziehen. Die in solcher Absicht erkannte Ladung sollte ein Notarius dem Churbrandenburgischen Comitialgesandten zu Regensburg insinuiren; Damit gelang es aber nicht, und diese Art und Weise der Insinuation wurde auch nicht als rechtmäßig anerkannt. Bey Avocatorien, die der Reichshofrath erkannte, war in der vom Reichshofrathe angenommenen Voraussetzung nach Vorschrift der Gesetze vielleicht weniger zu erinnern. Sie waren auch in Ansehung einiger Herren von reichsständischen Häusern und von der Reichsritterschaft, die deswegen den Preussischen Dienst verließen, nicht ganz ohne Wirkung. Die Hauptsache aber kam darauf an, ob auch der Reichstag die Anwendung der Reichsgesetze vom Landfrieden, wie sie der Reichshofrath auf den gegenwärtigen Fall gemacht hatte, genehmigen, und zu deren Unterstützung die erforderlichen Schlüsse fassen würde.

Durch ein kaiserliches Hofdecret ward bald v. nach dem Einbruche in Sachsen das Reich aufgefordert, dem überfallenen Theile mit einem Reichsexecutionsheere beyzustehen. Verschiedene Reichsstände hielten für zuträglicher, lieber darauf anzutragen, daß das Reich die Vermittelung zwischen den im Kriege begriffenen Mächten übernehmen möchte. Dieser Meynung war vorzüglich Churbraunschweig. Manche andere mögen hernach wohl Ursache gehabt haben zu bedauern, daß sie diesem wohlgemeynten Rathe mit

ihren

ihren Stimmen nicht beygetreten waren. Durch Mehrheit der Stimmen kam endlich ein Reichsgutachten für den Executionskrieg zu Stande. Zu Berlin suchte man hernach den Rechtsbestand des Reichsgutachtens anzufechten, weil es mit den dazu gerechneten Stimmen nicht richtig zugegangen sey. Das veranlaßte noch einen besonderen Vorfall, wodurch ein gewisser Umstand unserer Reichstagsverfassung erst in mehrere Richtigkeit kam.

VI. Um das Churmainzische Reichsdirectorium nicht alleine darüber gewähren zu laßen, ob eine reichsständische Schrift der Reichsversammlung durch die gewöhnliche Dictatur mitzutheilen sey, oder nicht; hatte man zuerst in die Wahlcapitulation Carls des VII. eingerückt, daß, wenn sich deshalb wegen unziemlicher harter Ausdrücke oder sonst einiger Anstand fände, das Reichsdirectorium mit dem churfürstlichen Collegio vorgängige Communication und Beredung pflegen, und darnach verfahren solle (x). Gegen diese Stelle hatten die Fürsten einen Widerspruch eingelegt, weil nur die Churfürsten, nicht auch sie, hierüber zu Rathe gezogen werden sollten. Jetzt ereignete sich ein solcher Fall, da der Preußische Gesandte von Plotho die Dictatur einer Schrift verlangte, die über viele reichsständische Stimmen zu obigem Reichsgutachten allerley Critiken enthielt. Als Churmainz mit den übrigen Churfürsten darüber Rücksprache hielt, erfolgte ein churfürstliches Conclusum gegen diese Dictatur. Der Reichsfürstenrath ließ das geschehen. Also hob sich in der That damit jener Widerspruch, und diese Stelle der

Wahl

(x) Wahlcap. Art. 13. §. 7.

Wahlcapitulation bekam nunmehr ihre völlige Richtigkeit; — in der That auch um so billiger, weil es hier nur um eine Art von Vorberathschlagung galt, da es sonderbar gewesen seyn würde, wenn bloß darüber, ob etwas zur legalen Notiz des Reichs zu bringen sey? erst das ganze Reich in Berathschlagung gesetzt werden sollte. Das churfürstliche Collegium darüber urtheilen zu laßen, hatte weniger Schwierigkeit, und war doch immer zuträglicher, als die ganze Sache bloß dem Gutfinden des Mainzer Hofes oder Gesandten heimzustellen.

Der Herr von Plotho suchte sich hernach auf VII. andere Art zu helfen, wobey wieder allerley Anstände in Ansehung der Reichstagsverfassung vorkamen. Nach derselben hat ein jeder Gesandter, wenn die Reihe an ihn kömmt, seine Stimme abzulegen, die Wahl, ob er sie den anwesenden Legationssecretarien in die Feder dictiren, oder aus einem geschriebenen Aufsatze herlesen und hernach den Aufsatz dem Directorialsecretär hingeben will, damit er ins Protocoll eingetragen werden könne. Als am 11. Febr. 1757. das churfürstliche Collegium beysammen war, und die Reihe an Churbrandenburg kam, fieng der Herr von Plotho an zu dictiren, ward aber, weil es zu lange zu währen schien, vom Churmainzischen Gesandten unterbrochen, und ersucht, den Aufsatz vielmehr nur abzulesen und hinzugeben. Herr von Plotho erklärte sich dazu bereit, wenn man ihm die Versicherung geben wollte, den Aufsatz ungeändert ins Protocoll zu bringen. Diese Versicherung wurde ihm versagt. Also fuhr er fort zu dictiren. Die übri-

übrigen Gesandten und Legationssecretarien giengen darüber weg, und ließen das Protocoll unvollendet. Die Gesandten und Secretarien von Churbrandenburg und Churbraunschweig fuhren aber fort. So gab es eine Discrepanz im Protocolle. Dennoch konnte dem vollständigen Protocolle der beiden letzteren Gesandtschaften der Glaube nicht versagt werden, weil ein jeder reichsständischer Legationssecretär nicht mindere Glaubwürdigkeit hat, wie der Directorialsecretär. Selbst während des fortgesetzten Schreibens mußten die abgegangenen Gesandten noch einmal in das churfürstliche Versammlungszimmer kommen, weil sie bey ihrem Abtritt ins Nebenzimmer vergessen hatten, ihre Hüte mitzunehmen, die gewöhnlich auf dem Confecttische hingelegt zu werden pflegen (y).

VIII. In der Sache selbst berief sich das Churmainzische Directorium darauf, daß kein Canzlist schuldig sey mehr als drey Bogen zu schreiben. Wenn eine Schrift mehr beträgt, wird sie gedruckt ausgetheilt. Vielweniger schien man den Secretarien

(y) Ehedem wurden die Comitialgesandten von der Stadt Regensburg mit Confect und süßem Weine bedient. Auch den Canzlisten wurde bey der Dictatur Wein und weiß Brod vorgesetzt. Da sich aber der Reichstag in die Länge zog, beschwerte sich die Stadt Regensburg schon im vorigen Jahrhundert, daß ihr diese Ausgabe bereits etliche tausend Rthlr. gekostet habe, zumal da nicht leicht etwas übrig gelassen, sondern allenfalls eingesteckt würde. Die Stadt ward darauf von allen drey Reichscollegien dieser Ausgabe überhoben. Seitdem wird der Confecttisch, der noch in den Rathsstuben vorhanden ist, nur noch dazu gebraucht, Hüte und Stöcke darauf zu legen.

ten zumuthen zu können, mehr als drey Bogen von einem Gesandten sich dictiren zu laßen. Auf der andern Seite konnte es aber mit der Freyheit der reichsständischen Stimmführung auch nicht wohl bestehen, wenn man einem Gesandten zumuthen wollte, seine abzulesende Stimme erst einer Critik der übrigen Gesandten zu unterwerfen. Ein Gesandter, der für seine Person etwas ungebührliches zum Protocolle gibt, kann darüber bey seinem Hofe verklagt und zur Verantwortung gezogen werden. Rührt es vom Hofe selbst her, oder hat sich dessen Genehmigung zu erfreuen, so kann freylich das ganze Collegium nach Befinden verfügen, daß etwas wieder ausgestrichen oder auf andere Art aus dem Protocolle wieder zurückgenommen wird. Aber eine vorgängige Beurtheilung schien allemal der Verfassung nicht gemäß zu seyn.

Noch ehe das zu Regensburg beschlossene IX. Reichskriegsheer in Bewegung kam, geschah am 14. März 1757. vom Französischen Minister zu Regensburg die Erklärung, daß die Krone Frankreich nebst der Krone Schweden von verschiedenen der ansehnlichsten Stände des Reichs ersucht sey, ihre übernommene Garantie des Westphälischen Friedens zur Ausübung zu bringen, und daß beide Kronen den gemeinschaftlichen Entschluß gefaßet hätten, diesen Verbindungen durch die geschwindesten und werkthätigsten Mittel ein Gnüge zu thun. Eine gleichmäßige Erklärung geschah zu gleicher Zeit von dem Schwedischen Gesandten. Und den 20. März 1757. erfolgte noch eine nähere Erklärung des Französischen Ministers wegen

gen des würklichen Einmarsches der Französischen Kriegsvölker.

x. Bey dieser Erklärung wurde von Seiten des Berliner Hofes erinnert, daß nicht darin gemeldet sey, wer eigentlich um die Garantie des Westphälischen Friedens nachgesucht habe, und was für eine Stelle des Friedens hiebey zur Garantie gezogen werden solle. Dann wurde dagegen eine Stelle der kaiserlichen Wahlcapitulation (z) angeführt, worin verordnet war: "der Kaiser sollte ohne Consens der Stände kein fremdes Kriegsvolk ins Reich führen oder führen laßen; sondern, da von einem oder mehr Ständen des Reichs ein fremdes Kriegsvolk in oder durch das Reich, wem sie auch gehören, unter was Schein und Vorwand immer es seyn möchte, gegen den Münster= und Osnabrückischen Friedensschluß, geführet würde, dasselbe mit Ernst abschaffen, Gewalt mit Gewalt hintertreiben, und dem Beleidigten seine Hülf= Handbieth= und Rettungsmittel kräftiglich wiederfahren laßen." Hiergegen wurde von der andern Seite erwiedert, diese Stelle verbiete nur, kein fremdes Kriegsvolk gegen den Westphälischen Frieden auf Teutschen Boden zu führen, nicht aber, wenn es um Garantie des Friedens zu thun sey. Andere glaubten, der wahre Sinn dieser Stelle sey, daß es überall gegen den Westphälischen Frieden streite, wenn fremdes Kriegsvolk ohne vorgängige Einwilligung der Stände auf Teutschen Boden geführet würde.

xi. Nachdem endlich der König in Preußen bey Collin am 18. Jun. 1757. das erstemal eine Schlacht

(z) Wahlcap. Art. 4. §. 7.

Schlacht verlohren hatte, und inzwischen nicht nur Französische, sondern auch Russische und Schwedische Kriegsheere vorgerückt waren; trat zuletzt im Aug. 1757. auch das bey Nürnberg zusammengezogene Reichsexecutionsheer unter Anführung des Prinzen Josephs von Sachsen-Hildburghausen den Marsch an, um Sachsen von den Preussischen Kriegsvölkern zu befreyen. Das Schicksal des Feldzuges von dieser Seite entschied sich durch einen der vollkommensten Siege, den Friedrich am 5. Nov. 1757. bey Roßbach in Thüringen erfocht.

IV.

Reichsexecutionskrieg 1757., und was dabey in Ansehung der Reichskriegsverfassung vorgekommen.

I. Mangel der Reichskriegsverfassung, wie sie insonderheit bey der Schlacht bey Roßbach entdeckt worden; besonders wegen der jedem Reichsstande überlaßenen Unterhaltung seines Contingents; — II. wegen der deswegen erforderlichen vielen Beckereyen, — III. wegen Verschiedenheit der Löhnung; — IV. wegen Mangels vieler Kriegsbedürfnisse und ungleicher Caliber ꝛc. — V. Reichsoperationscasse von bewilligten Römermonathen, — VI. und deren Berechnung. — VII. VIII. Assignationen und Compensationen, so dabey vorzukommen pflegen. — IX. Besteurung der Unterthanen zu den Römermonathen; — deren Vervielfältigung für nicht bewaffnete Stände. — X. Reichsgeneralität, — XI. die jetzt auch in Friedenszeit unterhalten wird, — XII. aber nur bey würklichen Feldzügen Vortheile zu genießen hat. — XIII. Ueber die Befehlshabung des Reichskriegsheeres wird jedesmal besondere Verfügung getroffen. — XIV. Ein Reichskriegsrath, der vermöge der Wahlcapitulation von beiden Religionstheilen bestellt werden sollte, ist würklich nicht in Uebung.

I. **U**nsere ganze bisherige Reichskriegsverfassung kann durch nichts in so helles Licht gesetzt werden, als durch die Beobachtungen, wozu die Niederlage der Reichsarmee bey Roßbach Anlaß gab (a). Der Hauptumstand ist, daß ein jeder Reichs-

(a) Bald nach der Schlacht bey Roßbach wurden zwey Aufsätze bekannt, unter der Aufschrift: "Verbesserung der bey der Reichsarmee wahrgenommenen Gebrechen und Mängel," und: "Nota ein und anderer Gebrechen, so sich bey der Reichsarmee

4) Reichsexecutionskrieg 1757.

Reichsstand sein Contingent auch im Felde mit allen Bedürfnissen versehen muß. Manches Regiment besteht aus vielerley Contingenten mehrerer Stände; deren jeder hat also bey der Armee seinen eignen Versorger (Entrepreneur oder Impressarien), sein eignes Fuhrwerk, seine eigne Beckerey, sein eignes Hospital u. s. w. "Es kann also bey der Armee niemals ein rechtes Magazin formiret werden, weil die unterschiedenen Impressarien ihr Gut nicht zusammenlegen können, und daher ein jeder ein anderes Haus vonnöthen hat. Auch ereignet es sich, daß sie weder mit Beckern versehen sind, noch Backöfen erbauen, mithin auf allen Dörfern herumkriechen, um von den Bauern in ihren Oefen backen zu laßen. Folglich bekömmt der Soldat ein schlechtes unausgebackenes ungesundes Brod."

"Ein einziges Regiment, das aus den Contingenten von 10. 12. und mehr Ständen formirt ist, muß immerzu auf 10. 12. Orte schicken, um sein Brod für jedes Contingent herbeyzuschleppen. Hierzu kann das Fuhrwerk bey der Armee nicht erklecken; mithin muß Landvorspann genommen werden. Daraus entstehen dann nicht allein Excesse, sondern auch die unausbleiblichen Folgen, daß immerfort der eine Soldat unter der nehmlichen Compagnie gutes, der andere schlechtes Brod hat,

armee finden, und die mit dem Dienste incompatible sind." Beide sind gedruckt in der Teutschen Kriegscanzley auf das Jahr 1758. B. I. S. 121- 125. Was ich hier von der heutigen Reichskriegsverfassung melde, ist meist wörtlich aus diesen Aufsätzen genommen.

hat, ja der eine gar Hunger leiden, und zu gleicher Zeit, da sein Camerad sich satt essen kann, zusehen muß, welches eine unglaubliche Jalousie unter den Gemeinen verursachet. Die Armee ist deswegen auch niemals auf eine gleiche Zeit mit Brod versehen, weil ein Contingent heute, das andere morgen, das dritte übermorgen das seinige empfängt. Der commandirende General kann also niemals darauf rechnen, daß seine Armee auf so und so viel Tage Brod habe. Er kann aber auch nie eine Bewegung, die er vor hat, geheim halten, sondern muß sie immer einer Menge Leute anvertrauen, weil einer, der vielleicht nur 10. oder 12. Mann von einem Stande zu versorgen hat, eben so gut, als ein anderer, der 1000. zu verpflegen hat, wissen muß, wo er seine Veranstaltung zu machen hat. Und doch geschieht es nicht selten, daß der Mannschaft alle Augenblicke das Brod mangelt, indem die Impressarien davon laufen, sich verkriechen, und das zehntemal nicht zu finden sind, da dann, wenn nicht das Hauptproviantdirectorium den Contingenten allenfalls aushälfe, die meisten selbst wegen Mangel des Brods zu Grunde gehen müßten. Wenn vollends einzelne Commando's oder Detachements abzuschicken sind, da sichs oft fügen kann, daß von einem Reichsstande nur ein Mann dazu kömmt; da wäre oft nöthig, daß mit 50. Mann auch 50. Impressarien mitgiengen, um nur jeden Mann mit Brod zu versorgen. Gemeiniglich fehlt es auch an Brodtornistern, worin die Mannschaft bey eiligen Märschen das Brod auf einige Tage mit sich nehmen könnte."

4) Reichsexecutionskrieg 1757.

Ferner wird dem gemeinen Mann seine Löhnung weder zu einerley Zeit noch auf gleichen Fuß gereicht; woraus die unvermeidliche Unordnung erwächst, daß derjenige, welcher weniger, als sein Camerad bekömmt, übel zufrieden ist, und andere, welche gar das Geld auf ganze Wochen oder Monathe auf einmal empfangen, solches in wenig Tagen versaufen, und sich hernach auf Stehlen und Marodiren legen. Auch hat meist ein jeder Kreis, wo nicht gar ein jeder Reichsstand sein eignes Hospital, so daß die Kranken und Verwundeten meist in ganz entlegenen Dörfern zerstreuet sind, und darüber oft ganz verlohren gehen, oder auch zu Ausschweifungen und Erpressungen veranlaßt werden."

Noch hat man bemerkt, daß es zu besserer Einrichtung der Reichsarmee nothwendig sey, "den Regiments-Commandanten die nöthige Auctorität beyzulegen, damit sie untüchtige oder sonst im Dienste nachläßige Adjudanten, Fouriers und Officiers abschaffen, auch insonderheit die Oberofficiers ohne weitere Rückfrage mit aller Strenge zu ihrer Kriegsschuldigkeit anhalten könnten;" — ingleichen, daß es die Nothdurft erfordere, für jedes Regiment eine Anzahl kleiner Mondirung, als Schuhe, Sohlen, Strümpfe ꝛc. allemal in der Nähe bey der Armee zur Hand zu haben; — daß bey jedem Bataillon das fast täglich nöthige Schanzzeug angeschafft werden müßte, damit nicht nöthig sey, es mit Gewalt und Excessen aus den Dörfern zu nehmen, und die Truppen im Marsche aufzuhalten, oder wegen Abganges der nöthigen Verschanzung der größten Gefahr auszusetzen;

zen; — daß bey jedem Bataillon zu Fortführung dessen eigner Kriegsbedürfnisse ein wohlbespannter Wagen nöthig sey; — daß zu Nachführung der Zelte noch besondere Wagen oder Tragpferde gehalten werden müßten, damit in Ermangelung der Zelte der Soldat nicht unter freyem Himmel zu liegen genöthiget, und so zu Grunde gerichtet werde; — daß bey jedem Bataillon zwey Feldstücke von durchgängig gleichem Calibre mit dazu gehörigen Leuten und Artilleriepferden angestellt werden müßten; — hauptsächlich aber endlich, daß auf die Conformität der Flinten und deren Calibre zu sehen sey, "maßen darin (bey Roß„bach) solche Nachläßigkeit verspühret worden, „daß von 100. Flinten kaum 20. Feuer gegeben „haben." (So lange diesen und wer weiß wie viel anderen hier nicht bemerkten Mängeln und Gebrechen nicht abgeholfen ist, wird jeder Teutscher Biedermann schon aus diesen Umständen die Wichtigkeit des Wunsches erkennen, daß das heilige Römische Reich für Krieg in Gnaden bewahrt bleiben möge!)

v. Zur Führung eines Reichskrieges gehöret aber auch noch eine Reichsoperationscasse. Denn wenn gleich ein jeder Reichsstand sein Contingent unterhalten, und ein jeder Kreis für die Kosten sorgen muß, welche die Generalität eines jeden Kreises erfordert; so bleiben doch noch Ausgaben für die Armee im Ganzen übrig, die von wegen des gesammten Reichs bestritten werden müßen, als für die Reichsgeneralität, den Generalstab, Couriers, Estaffetten, Spionen u. s. w. Hierzu wird nun jedesmal eine gewisse Anzahl Römermona-

4) Reichsexecutionskrieg 1757.

monathe bewilliget. In vorigen Zeiten trug es oft zu einem Feldzuge 90. Römermonathe; mehr betrug es in diesem letzten ganzen Kriege nicht für alle sechs bis sieben Feldzüge.

VI. Zu Erhebung dieser Gelder pflegte man sonst in den verschiedenen Kreisen mehrere Legstädte zu ernennen, und gewisse Reichspfennigmeister anzustellen. Das letztemal hat man auf eine ganz einfache Art der Stadtkämmerey zu Regensburg überlaßen, das Geld von jedem Reichsstande in Empfang zu nehmen, und auf gehörige Anweisung wieder auszuzahlen. Die Berechnung geschah hernach durch einen von Zeit zu Zeit bekannt gemachten Extract Stadt Regensburgischen Cassebuches, worin sich jede Einnahme nach Ordnung der Zeit genau verzeichnet fand. (b) Die Ausgabe ward nur in ganzen Summen angeführt, wie sie meist unmittelbar an die Reichsgeneralität oder auf deren Anweisung geschehen war. Eine weitere Berechnung einzelner Posten, wozu das Geld verwandt worden, welche nach der Wahlcapitulation (Art. 5. §. 4.) erforderlich scheinen könnte, ist nicht erfolget. Einmal ereignete sich doch ein Unfall, daß die Reichsoperationscasse durch einen Einbruch ins Rathhaus zu Regensburg bestohlen wurde.

VII. In vorigen Zeiten mögen wohl von Befehlshabern oder Kriegscommissariaten der Reichsarmee auf ganze Kreise oder einzelne Reichsstände wider ihren Willen Assignationen ausgestellt worden

(b) Teutsche Kriegscanzley 1757. Th. 3. S. 15.

den seyn. Das ist aber durch eine besondere Verfügung der kaiserlichen Wahlcapitulation abgestellt worden (e). Vermöge eben der Stelle sollen auch ohne Bewilligung des Reichs keine Compensationen gestattet werden; insonderheit nicht mit kaiserlichen Privatgeldern und Schulden, wie sonst manchmal Rückstände ehemals versprochener Oesterreichischer Subsidiengelder in Gegenrechnung gebracht wurden. Zu Zeiten gibt es Gegenforderungen an das Reich selber, die aber auch ohne des Reichs Bewilligung keine Compensation begründen sollen.

VIII. (Eines der neuesten Beyspiele dieser Art hat noch im Jahre 1783. ein königlich Dänisches Memorial an den Reichstag gebracht. Zur Zeit des Spanischen Successionskrieges hatte der Reichstag, weil die Gelder zur Reichsoperationscasse säumig eingiengen, am 21. Jun. 1713. die Erklärung von sich gegeben: Der Prinz Eugen von Savoyen (damaliger Befehlshaber der Armee) könne mit dem Frankfurter Wechsler Rost, als Cassirer, unter Garantie des Reichs auf Vorschuß schließen, der aus den einkommenden Geldern wieder bezahlt werden sollte. Besage einer Berechnung der kaiserlichen Hofkriegsbuchhalterey zu Wien vom 24. März 1733. hatte der Wechsler Rost damals noch 80361. Gulden 9. Kreuzer zu fordern. Diese Forderung ist an drey Erben gekommen, wovon Ein Drittheil dem Könige in Dänemark cedirt worden ist. Der Dänische Hof dringt also jetzt auf Zahlung, oder will sich künftige Compensation von wegen Holstein vorbehalten.)

Das

(e) Wahlcap. (1742.) Art. 5. §. 8.

4) Reichsexecutionskrieg 1757.

Das Geld, so übrigens nach einer gewissen Anzahl Römermonathe sowohl vom Reiche als von einem jeden Kreise zur Zeit eines Reichskrieges bewilliget wird, bezahlt ein Reichsstand nicht aus seinen Cammereinkünften, sondern erhebt es durch Steuern von seinen Unterthanen, von denen auch die Kosten zu Unterhaltung des Contingents beygetrieben werden. Für solche Reichsstände, die nicht selbst Soldaten haben, pflegt auch wohl der Kreis die Stellung und Unterhaltung ihres Contingents zu übernehmen, und dagegen denselben soviel Römermonathe mehr anzurechnen. — So betrug es z. B. dem Bisthume Basel im Jahre 1758. von Reichs wegen vermöge Reichsgutachtens vom 28. Aug. 20. Römermonathe, sodann zum Oberrheinischen Kreise für die Kreiskriegscasse 34., und für das Contingent, so es hätte stellen müßen, noch 77., zusammen 131. Römermonathe. — Für die Verpflegung des Paderbornischen Contingents, welche der Churfürst Clemens August von Cölln als Bischof von Paderborn einem Juden Simon Baruch überlaßen hatte, hat dieser noch erst vor kurzem eine große Summe von der Paderbornischen Landschaft beym Reichshofrathe eingeklagt. — Verschiedenen Ständen, die im siebenjährigen Kriege ihr Contingent bey der Reichsarmee nicht stellen können, sind noch nach geendigtem Kriege von Wien aus beträchtliche Rechnungen gemacht worden. (Soviel Gründe mehr, obigen biedermännischen Wunsch zu wiederholen!)

Was endlich die zur Anführung eines Reichskriegsheeres erforderliche Generalität anbetrifft, so hat

hat zwar ein jeder Kreis die Generale zu ernennen, welchen die Befehlshabung über die vom ganzen Kreise zusammengestoßenen Kriegsvölker anvertrauet wird. Da aber keiner derselben die Befehlshabung über das Kriegsvolk eines andern Kreises begehren kann, so bleibt noch für das gesammte Reich übrig, eine eigne Reichsgeneralität anzuordnen, welcher über das ganze Reichskriegsheer die Oberbefehlshabung anvertrauet werden kann. Diese besteht eigentlich aus vier Stellen, die in folgender Ordnung auf einander folgen: Generalfeldmarschall, Generalfeldzeugmeister, General der Cavallerie, Generalfeldmarschall-Lieutenant. Eine jede dieser Stellen wird nach der Religionsgleichheit, also immer in gerader Zahl, gemeiniglich zweyfach, zu Zeiten auch wohl ein oder andere Stelle vierfach besetzt.

XI. Ehedem geschah die Besetzung dieser Stellen nicht anders, als zur Zeit eines Reichskrieges. Als aber im Jahre 1727. eine Stelle erlediget wurde, die der damalige Fürst von Oettingen auf sein Ansuchen erhielt, welches das erste Beyspiel in Friedenszeiten war; so ist es seitdem zum neueren Herkommen geworden, daß auch während Friedens sämmtliche Stellen der Reichsgeneralität besetzt zu werden pflegen. So oft jetzt eine derselben erlediget wird, fehlt es gemeiniglich nicht an mehreren Standespersonen, die sich darum bewerben. Das förmliche Gesuch wird jedesmal am Reichstage angebracht, wo ein Reichsgutachten und dessen kaiserliche Genehmigung die Sache entscheidet.

4) Reichsexecutionskrieg 1757.

Wer von der Reichsgeneralität in Kriegszeiten dem Feldzuge beywohnt, hat aus der Reichsoperationscasse den jedem Range zukommenden Sold, nebst den gewöhnlichen Rationen und Portionen für Pferde und Mannschaft zu erwarten. Außerdem aber sind keine Vortheile damit verbunden. Nur im Range hat der Reichsgeneralfeldmarschall vor allen anderen, die eben den Character von anderen Mächten führen, den Vorzug. (In vorigen Zeiten wurde deswegen gemeiniglich dafür gesorgt, daß derjenige, dem das Haus Oesterreich seine Armeen anvertraute, auch die Stelle eines Reichsgeneralfeldmarschalls zu bekleiden bekam; z. B. Prinz Eugen von Savoyen, Prinz Carl von Lothringen ꝛc.) Die übrigen gehen im Range nach dem Dienstalter mit denen von anderen Mächten gleich. Im Jahre 1758. war es stark im Werke, daß der Reichsgeneralität ihre Winterquartiere in Reichsstädten angewiesen werden sollten. Das gesammte reichsstädtische Collegium hat aber noch Mittel und Wege gefunden, das nicht zum Herkommen werden zu laßen (d).

XII.

Für jeden Reichskrieg kann doch noch im Reichsgutachten bestimmt werden, wer das Commando führen solle; wenn es nicht etwa der Vorsorge des Kaisers überlaßen wird, wie es diesmal 1757. geschah. Hierüber entstand jedoch eine neue Frage, als der Kaiser für den Feldzug 1758. das Commando dem Prinzen Friedrich von Zweybrüken auftrug, ob einem Prinzen, der noch nicht zur Reichsgeneralität gehörte, ein solcher Auftrag gesche-

XIII.

(d) Teutsche Kriegscanzley 1758. Th. 3. S. 565. u. f.

schehen könne. Erst nachher wurde gedachter Prinz unter die Reichsgeneralität aufgenommen.

XIV. Eigentlich soll zur Zeit eines Reichskrieges auch noch ein besonderer Reichskriegsrath von beiderley Religionsverwandten angeordnet werden (e), so jedoch nicht in Uebung ist. Die Angelegenheiten des Krieges werden also gemeiniglich von eben den Stellen dirigirt, welche von wegen der kaiserlichen Erblande dazu bestimmt sind. Sobald sich das Reichskriegsheer versammlet hat, wird es für Kaiser und Reich noch eigends in Pflicht genommen, auch mit besonderen Kriegsartikeln versehen. Bey irgend außerordentlichen Vorfällen pflegt es nicht an allerley Streitigkeiten zu fehlen.

(e) Wahlcap. (1742.) Art. 4. §. 3.

V.

5) **Reichsverhandlungen 1758-1763.** 109

V.

Verhandlungen über das Vorhaben den König in Preussen in die Acht zu erklären, und über einen Friedenscongreß zu Augsburg. Endlich geschlossener Friede zu Hubertsburg. 1758-1763.

I. Als es im Werk war unmittelbar in den drey Reichscollegien auf die Achtserklärung des Königs in Preussen anzutragen; beschloß das evangelische Corpus zur Aufrechthaltung der Wahlcapitulation in partes zu gehen. — II. Diesen Schluß unternahm der Kaiser vergeblich für nichtig zu erklären. — III. Zum Friedenscongresse, der zu Augsburg gehalten werden sollte, wollte das Reich sich aufdringen, — IV. und auf Bestdtigung der vorigen Friedensschlüsse, ohne den Roßwickischen davon auszunehmen, dringen. — Darüber kam es wieder zur Trennung beider Religionstheile; und aus dem Congresse wurde nichts. — V. Dem Kriege wurde inzwischen durch anderweitige Friedensschlüsse, insonderheit zu Paris und zu Hubertsburg, ein Ende gemacht.

Gegen das Ende des Jahres 1758. war es im Werke, daß die Frage: ob der König in Preussen als Churfürst von Brandenburg wegen Landfriedensbruchs nicht in die Acht zu erklären sey? unmittelbar bey der gesammten Reichsversammlung in den drey Reichscollegien zur Berathschlagung gestellt werden sollte; an statt, daß nach der im Jahre 1711. verglichenen Stelle der Wahlcapitulation erforderlich gewesen wäre, darüber erst eine aus den drey Reichscollegien niederzusetzende Reichsdeputation von gleichem Religionsverhältnisse urtheilen zu laßen. Um diese Verordnung aufrecht zu erhalten faßte das evangelische

lische Corpus am 29. Nov. 1758. den Schluß, daß es auf den Fall, wenn jener Vortrag geschehen, und etwa die Mehrheit der Stimmen nach der dabey vor Augen habenden Absicht für sich haben sollte, in partes gehen würde.

11. Hierüber kam es von neuem zur Sprache, ob man auch außer eigentlichen Religionssachen in partes gehen könne? und ob hierzu nothwendig eine völlige Einmüthigkeit aller evangelischen Stände erforderlich sey? oder ob nicht auch dazu vielmehr ein Gesammtschluß, den das Corpus seiner Verfassung gemäß durch die Mehrheit der Stimmen gefasset habe, hinreiche? (f) Der Kaiser Franz unternahm sogar den Schluß des evangelischen Religionstheils für null und nichtig zu erklären. Das ließ sich aber mit der Vorschrift des Westphälischen Friedens, daß in Fällen der Trennung beider Religionstheile nur allein gütliche Vergleichung statt finden sollte (*sola* amicabilis compositio litem dirimat,) nicht vereinigen. Dem evangelischen Religionstheile konnte es also nicht an Gründen fehlen, seine Gerechtsame standhaft zu behaupten. Es behielt auch dabey sein Bewenden. Die Achtserklärung erfolgte nicht. Sie ward nicht einmal zum Vortrage gebracht, wie sonst unfehlbar geschehen seyn würde. — Das war übrigens seit der Zwingenbergischen Sache, also seit 31. Jahren, der erste namhafte Fall, da das evangelische Corpus sich genöthiget sah, zu diesem Rettungsmittel seine Zuflucht zu nehmen. Jetzt ereignete sich aber bald darauf noch ein Fall, der eben diese Nothwendigkeit veranlaßte.

Als

(f) Oben Th. 2. S. 394. 398.

5) Reichsverhandlungen 1758-1763.

Als ganz Teutschland schon lange gnug unter dem verderblichen Kriege geseufzet hatte, und selbst die übrigen im Kriege begriffenen Mächte die Hand zum Frieden zu bieten schienen; ward zur allgemeinen Freude so vieler Völker im Jahre 1761. zwischen den Kriegführenden Mächten Oesterreich, Rußland, Frankreich, Schweden auf einer, und Großbritannien, Preussen uud deren Bundesgenossen auf der andern Seite ein Congreß verabredet, der zu Augsburg gehalten werden sollte. Man war aber übereingekommen, das Teutsche Reich an diesem Congresse keinen Antheil nehmen zu laßen, weil man zu Berlin der Legalität des Reichsschlusses 1757. noch immer widersprach, und weil unzehlige Schwierigkeiten sowohl in Ansehung der Art und Weise, wie das Reich zum Frieden mitwirken sollte, als in Ansehung der Puncte, die von Reichssachen hieben zur Sprache kommen könnten, sich voraussehen ließen.

Nichts desto weniger erließ der Kaiser Franz IV. den Antrag an das Reich, ob man nicht dienlich fände, auch von Reichs wegen den bevorstehenden Congreß zu beschicken, oder dem Kaiser in solcher Absicht die erforderliche Vollmacht zu geben. Alle Vorstellungen vorberührter wichtigen Anstände und der völlig ermangelnden Einladung des Reichs von wegen der übrigen Mächte waren nicht vermögend, den würklichen Vortrag dieses kaiserlichen Antrages zurückzuhalten. Die vorsitzenden catholischen Stände in beiden höheren Collegien legten vielmehr ihre Stimmen nicht nur beyfällig ab, sondern erklärten sich auch schon über die Puncte, auf deren

deren Betreibung beym Friedensschlusse man dem Kaiser Vollmacht geben möchte. Darunter war gleich anfangs dieser, daß die vorigen Friedensschlüsse zum Grunde gelegt werden möchten; ohne daß man auf Erinnerung der evangelischen Stimmen die Ausnahme des Ryßwickischen Friedens dabey statt finden laßen wollte (g). Das gab von neuem zu einer Trennung beider Religionstheile Anlaß. Von catholischer Seite wurde zwar die Sache dennoch bis zum Reichsgutachten getrieben. Allein evangelischer Seits nahm man keinen Antheil daran. Und der Erfolg war, daß — aus dem ganzen Congresse zu Augsburg, ungeachtet schon mehrere Gesandten Häuser da gemiethet hatten, nichts wurde, und — der leidige Krieg noch bis ins Jahr 1763. mit häufigem Blutvergießen und argen Länderverwüstungen seinen Fortgang behielt, ohne einen Schritt weiter vorwärts zu kommen, als man die ganze Zeit über gewesen war.

v. Mit dem Frieden selbsten nahm es hernach eine ganz andere Wendung. Nach dem Tode der Kaiserinn Elisabeth von Rußland († 1762. Jan. 5.) bekam der König in Preussen erst mit Rußland und Schweden Frieden (1762. May 5. und 22.). Zwischen den übrigen kriegführenden Mächten, die inzwischen noch mit Spanien und Portugall vermehrt waren, wurden zu Paris und London Friedenshandlungen gepflogen, worauf es zwischen Frankreich und Spanien an einem, und Großbritannien und Portugall am andern Theile am 2. und 3. Nov. 1762. schon zu Friedenspräliminarien kam, die zu Fontainebleau gezeichnet wurden, und

am

(g) Oben Th. 2. S. 380.

5) Reichsverhandlungen 1758-1763.

am 10. Febr. 1763. zum Definitiv-Friedenstractate zu Paris. Während dieser Zeit ward auch zwischen Preussen und Oesterreich am 24. Nov. 1762. ein Waffenstillstand bis auf den künftigen März geschlossen. Vor dessen Ablauf kam es sowohl zwischen Preussen und Oesterreich als zwischen Preussen und Sachsen zum Frieden zu Hubertsburg (1763. Febr. 15.), vermöge dessen in der Hauptsache wieder alles beym Dresdner Frieden blieb. Wegen der Reichsarmee hatte der König in Preussen sich erkläret, daß er einem jeden Reichsstande, der sein Contingent von derselben zurückrufen würde, die Neutralität zugestehen wollte. Dieses Erbieten wurde von einem Reichsstande nach dem andern angenommen und befolget, worüber endlich am 11. Febr. 1763. selbst ein Reichsgutachten erfolgte. So gieng diesmal das Reichskriegsheer ohne einen förmlichen Reichsfriedensschluß aus einander. Nur im Hubertsburger Frieden wurden alle und jede Reichsstände, die auf der einen oder andern Seite als Bundesgenossen gestanden hatten, mit eingeschlossen.

Dreyzehntes Buch.
Der neueren Zeiten zehnter Abschnitt
von
Joseph dem II.
1764 — 1786.

I.
Römische Königswahl Josephs des II. 1764.

I. Churfürstlicher Collegialtag und Wahlconvent zu Frankfurt. — II. Wahlcapitulation und churfürstliche Collegialschreiben an den Kaiser. — III. Zwey kaiserliche Commissarien bey dieser churfürstlichen Versammlung. — IV. Irrung über die Zahl der Canonenschüsse bey der Ankunft der kaiserlichen Commissarien und der Churfürsten. — V. Abänderung in Ansehung der ehemaligen persönlichen Anwesenheit des neu gewehlten Römischen Königs im Conclave, — VI. und in Ansehung der sonst demselben persönlich ertheilten väterlichen Einwilligung. — VII. Vollziehung dieser Römischen Königswahl ohne vorgängige Einwilligung des Reichstages. — VIII. Diesmal waren das erstemal alle neun churfürstliche Stimmen bey der Wahl im Gange. — IX. Neue Beschwörung der Churverein. — Besondere Bemerkung über die Abwechselung im Range zwischen Churtrier und Churcölln. — X. Genehmigter Vergleich der Höfe zu München und Manheim über die Abwechselung des Rheinischen Reichsvicariates. — Noch ein Vergleich der Vicariatshöfe über die Gränzen des Rheinischen und Sächsischen Vicariates ward zur reichstäglichen Berathschlagung und Genehmigung empfohlen.

1. Eine der ersten Folgen des Hubertsburger Friedens, die auf die Teutsche Reichsverfassung

1) Römische Königswahl 1764.

den größten Einfluß hatte, war die Römische Königswahl Josephs des II. Im Jahre 1750. war sie vergeblich betrieben worden. Jetzt war die Churbrandenburgische Stimme dazu in einem besonderen Nebenartikel des Friedens bedungen. Im Jenner 1764. versammlete sich zu Frankfurt erst ein churfürstlicher Collegialtag, um über die Frage: ob eine Römische Königswahl vorzunehmen sey? den erst vorläufig erforderlichen Schluß zu fassen. Als dieser gefasset war, wurde die Einladung zum Wahlconvente, die sonst noch durch besondere Beschickung von Churmainz an alle churfürstliche Höfe hätte geschehen müßen, diesmal so eingerichtet, daß ein von neuem dazu abgeordneter Churmainzischer Gesandter die an einen jeden Churfürsten gerichteten Einladungsschreiben jeder schon zu Frankfurt anwesenden churfürstlichen Gesandtschaft mit eben der Feierlichkeit, wie es sonst bey den Höfen selbst zu geschehen pflegt, überreichte.

II. Die Berathschlagungen über die **Wahlcapitulation** wurden diesmal sehr in die Kürze gezogen. Es gab wenige neue Zusätze. Verschiedene Dinge wurden wieder in churfürstliche Collegialschreiben eingekleidet, die aber diesmal noch an den regierenden Kaiser zu richten waren. In dessen Wahlcapitulation war auch schon das Versprechen, auf solche Collegialschreiben Rücksicht nehmen zu wollen, enthalten gewesen (h). Diese Stelle konnte also füglich in der diesmaligen Römischköniglichen Wahlcapitulation wegbleiben;

statt

(h) Oben S. 19. 20.

statt deren die bey Römischen Königen gewöhnliche Erinnerung, bey Lebzeiten des Kaisers ohne dessen ausdrücklichen Auftrag und Einwilligung der Regierung sich nicht zu unterziehen, eingerückt wurde (i). (Sollte einmal wieder ein Interregnum entstehen, würde alsdann in der kaiserlichen Wahlcapitulation ohne Zweifel jene Stelle von den Collegialschreiben wieder Platz finden.)

III. Der Kaiser hatte diesmal an das churfürstliche Collegium zwey Commissarien geschickt, den Fürsten Wenzel von Lichtenstein, und den Reichshofrath Freyherrn von Bartenstein; nicht, wie es am Reichstage gewöhnlich ist, den einen als Principalcommissarien, den andern als Concommissarien; sondern beide in gleicher Eigenschaft. Dadurch ward gewisser maßen das zum Herkommen gemacht, daß jene Einschränkung nur dem Reichstage eigen blieb, außer demselben hingegen mehrere kaiserliche Commissarien an einem Orte zugleich seyn konnten.

IV. Bey der Ankunft des Fürsten von Lichtenstein hatte ihn die Stadt Frankfurt mit hundert Canonenschüssen begrüßen laßen. Als hernach die geistlichen Churfürsten, wie auch der Churfürst von der Pfalz, sich persönlich zu Frankfurt einfanden, mußten denselben zu Ehren, anstatt daß sonst ein jeder Churfürst nur mit 24. Schüssen beehret worden war, nunmehr 125. Schüsse geschehen; wiewohl gegen eine Versicherung, daß es nur für diesesmal ohne Folge für die Zukunft so gehalten werden sollte.

Ehe-

(i) Wahlcap. (1764.) Art. 30. §. 3.

1) Römische Königswahl 1764.

Ehedem pflegten sowohl bey Römischen Königswahlen als bey Kaiserwahlen die erwehlten Herren meist persönlich im Conclave anwesend zu seyn, und nicht nur die auf sie gefallene Wahl gleich anzunehmen, sondern auch die ihnen vorgelegte Wahlcapitulation zu beschwören. Bey den drey letzteren Kaiserwahlen war es aber schon so gehalten worden, daß ein im Conclave anwesender Botschafter von dem neu erwehlten Kaiser auf den Fall, wenn die Wahl auf ihn fallen würde, mit einer Vollmacht versehen war, den gewöhnlichen Eid auf die Wahlcapitulation in des Erwehlten Seele abzulegen. Doch mußte der Kaiser, sobald er seinen Einzug hielt, hernach diese Eidesleistung noch einmal persönlich wiederholen; und von diesem Tage an nahm erst die Reichsverwesung der Vicarien ihr Ende (k).

Nach diesen Vorgängen hatte es auch bey der VI. Römischen Königswahl diesmal keinen Anstand, daß es mit deren Annehmung und Beschwörung der Capitulation auf gleiche Art gehalten werden konnte. Allein bey den bisherigen Römischen Königswahlen hatte der gewehlte Prinz den zugleich anwesenden regierenden Kaiser, der gemeiniglich des Römischen Königs Vater war, ehe er die Wahl anzunehmen sich erklärte, um die väterliche Einwilligung dazu gebeten. Um auch dieserwegen nicht beide Herren mit der persönlichen Erscheinung zu beschweren, ward jetzt das erstemal die Einrichtung so getroffen, daß der Fürst Lichtenstein, der dem Churfürsten von Mainz seine

(k) Wahlcap. (1711. 1742. 1745.) Art. 30. §. 5. 6.

deshalb habende Vollmacht schon bekannt gemacht hatte, unmittelbar nach vollbrachter Wahl durch einen der Mainzischen Gesandten eingeladen wurde, sich ins Conclave zu verfügen, und dann im Namen des Kaisers seine väterliche Einwilligung ertheilte. (Höchstwahrscheinlich wird es künftig in ähnlichen Fällen immer auf eben die Art gehalten werden.) Diese väterliche Einwilligung ist übrigens mit derjenigen nicht zu verwechseln, um welche das churfürstliche Collegium, ehe es zur Römischen Königswahl schreitet, den Kaiser zu bitten hat. Jene väterliche Einwilligung hat eigentlich nicht das churfürstliche Collegium, sondern der gewehlte Prinz zu suchen. Um den kaiserlichen Consens bitten die Churfürsten, wiewohl sie berechtiget sind, auch ohne diesen Consens zur Römischen Königswahl zu schreiten, "wenn derselbe auf angelegte Bitte ohne erhebliche Ursache verweigert werden sollte" (1).

VII. Noch im Jahre 1750. war viel darüber gestritten worden, ob vermöge des im Jahre 1711. über die Römische Königswahl geschlossenen Vergleichs auf den Fall, wenn es dazu kommen sollte, ohne daß der Kaiser abwesend, oder alt, oder unpäßlich wäre, die Frage: ob sonst eine anderweitige hohe Nothdurft dazu vorhanden sey? von den Churfürsten alleine, oder nicht anders als mit Beystimmung des gesammten Reichs erörtert werden könnte. Diesmal geschah aber von der Wahl beym Reichstage nur eine kaiserliche Anzeige, ohne daß eine Berathschlagung darüber veranlaßt wurde;

(1) Wahlcap. (1612.) Art. 3. §. 11.

de; wobey es auch wohl für die Zukunft bleiben wird.

VIII. Die diesmalige Versammlung der Churfürsten hatte noch das besondere, daß sie die erste in ihrer Art war, da das ganze churfürstliche Collegium in seiner Vollständigkeit von neun Mitgliedern die Wahl vollzog. (Bey der Wahl Carls des VI., welche die erste seit Errichtung der neunten Chur war, fehlte die Bairische Stimme, weil der Churfürst von Baiern damals in der Acht war. Als Carl der VII. gewehlt wurde, war die Böhmische Stimme suspendirt. An der Wahl Franz des I. nahmen Churbrandenburg und Churpfalz keinen Antheil. Jetzt halfen das erstemal alle neun Stimmen den Römischen König wehlen. Zugleich war es das letztemal, weil hernach 1777. mit dem Abgange des Hauses Baiern überall nur acht Churfürsten übrig blieben.)

IX. Zufälliger Weise war von allen churfürstlichen Höfen, welche bey der letzten Kaiserwahl die Churverein mittelst deren eidlicher Bestärkung in Person oder durch ihre Gesandtschaften erneuert hatten, jetzt nur noch die Kaiserinn Maria Theresia übrig, deren Böhmische Wahlbotschaft damals die Verein beschworen hatte. Alle übrige Churfürsten thaten jetzt eben das, die Churfürsten von Mainz, Trier, Cölln, Pfalz persönlich, die anderen durch ihre Wahlbotschafter. (An dem Tage, da diese Feierlichkeit vor sich gieng, war nach der Abwechselung, welche die Churfürsten von Trier und Cölln im Sitzen unter einander beobachten, die Reihe an Churcölln oben zu sitzen. Churtrier verlangte aber doch den Eid auf die Verein eher, als Churcölln, abzulegen, weil jene Abwechselung nur in so weit statt finde, als eine Folge von mehreren Handlungen eintrete, da das erstemal Churtrier, das anderemal Churcölln den Vorsitz habe; nicht aber, wo nur eine Handlung vorgehe, die keine zweyte zur Folge habe, da eine solche einzige Handlung immer zuerst von Churtrier vorgenommen werden müße. Diesmal fügte sichs, daß der Churfürst von Cölln an dem Tage, da die Churverein beschworen wurde, nicht persönlich erschien.)

X. Unter den wenigen neuen Artikeln, welche diesmal in die Wahlcapitulation kamen, betraf eine das Rheinische Reichsvicariat, dessen Abwechselung zwischen den Höfen zu München und Manheim, mit Beziehung auf den darüber geschlossenen Vergleich und zu dessen Bestätigung erfolgten Reichsschluß (m), nunmehr für bekannt angenommen wurde. Ueberdas hatten aber auch sämmtliche Vicariatshöfe wegen der bisher zum Theil streitig gewesenen Gränzen zwischen dem Rheinischen und Sächsischen Vicariate am 9. Jun. 1750. sich unter einander verglichen. Dieser Vergleich wurde zwar von Seiten des Wahlconventes auch für zuträglich angesehen; dessen Genehmigung jedoch einem förmlichen Reichsschlusse vorbehalten (n), (der seitdem noch nicht erfolget ist.)

(m) Oben S. 41. 42.
(n) Wahlcap. (1764.) Art. 3. §. 19.

II.

II.

Cammergerichts-Visitation 1767-1776.

I. Preiswürdiger Justizeifer Josephs des II., — II. wie er sich durch eine eigne Verordnung an den Reichshofrath an Tag legte, — III. und von einer vorzunehmenden Visitation des Cammergerichts das beste hoffen ließ. — IV. Darüber ward schon eine wichtige Reichstagsberathschlagung in Gang gebracht. — V. Aber aus einer Schrift unter dem Titel: Betrachtungen über das Visitationswesen, ergaben sich ganz neue Grundsätze, — als ob die Visitation nur ein Gericht sey, — VI. und nicht vom Reichstage abhange, — VII. sondern vermöge eines R. A. vom Jahre 1543. nur vom kaiserlichen Hofe; — VIII. der also in Gefolg der schon vorhandenen Reichsgeseze alles übrige für sich bestimmen könne. — IX. Diese Grundsätze fieng man zu Wien an zu befolgen. — X. Die Visitation ward im May 1767. eröffnet. — XI. Nun ereignete sich gleich anfangs eine Schwierigkeit wegen Abtheilung der eigentlichen Visitation und der Revisionen; — XII. und wegen einer Churmainzischen Behauptung in jedem Revisionssenate einen Subdelegirten zu haben; — XIII. welches eine von den Veranlaßungen war, worüber die Visitation zulezt scheiterte. — XIV. Dazu kam eine sehr weitläufige Behandlung des Geschäffts mit jedesmaligen 24. grundausführlichen gelehrten Abstimmungen; — XV. ohne daß der Vorschlag Subdeputationen zu veranstalten ins Werk gerichtet werden konnte. — XVI. Eine unerwartete Entdeckung, daß ein Jude mit Sollicitaturen ein Gewerbe getrieben, und drey Assessoren sich bestechen laßen, gab Stoff zu einer weitläuftigen Untersuchung. — XVII. Nach Verlauf eines Jahres entstand Streit über die Ablösung der ersten Classe, wozu es doch erst im Nov. 1774. kam. — XVIII. Noch entstand ein Streit, ob die kaiserliche Commission einen durch Mehrheit der Stimmen gefaßten Schluß durch Verfagung ihrer Genehmigung entkräften könne? — XIX. Ein Bericht an Kaiser und Reich veranlaßte endlich einen Reichsschluß über verschiedene bey der Visitation vorgekommene Gegenstände. — XX. Zur Berichtigung des Concepts der C. G. O. hatte die Visitation vorläufig einiger Assessoren Gutachten bewirket, aber selbst noch nicht Hand angelegt. — XXI. Hingegen viele Beschwerden einzelner Reichsstände in ihren Rechtssachen hatten die Visitation über die Gebühr beschäfftiget. — XXII. Endlich kam noch ein Streit über die Art der gräflichen Theilnehmung an der Visitation hinzu, — die nicht einzelnen Grafen sondern nur den vier Grafencollegien zugestanden werden konnte, — XXIII-XXV. wovon das Fränkische und Westphälische sowohl als das Wetterauische bisher für pur evangelisch gerechnet waren. — XXVI. So hatte auch noch 1766. der ganze Reichstag die Sache genommen. — XXVII. XXVIII. Jetzt sollten aber auf einmal die Westphälischen und Fränkischen Grafen nach einander auf der catholischen Seite berufen werden, — wie bey der zweyten Classe ein catholischer Bevollmächtigter des Grafen von Metternich von wegen der Westphälischen Grafen erschien. — XXIX. XXX. Darüber erfolgten zu Regensburg von beiden Religionstheilen einander entgegengesetzte Schlüsse, — und zu Wetzlar eine unglückliche Trennung der ganzen Visitation. — XXXI. XXXII. Auch erschienen von beiden Seiten Schriften, — deren Werth erst die Nachwelt unpartheyisch zu beurtheilen vermögend seyn wird. — XXXIII. Der Vorwurf, daß ein von Carlsruh erlassenes Schreiben auf das ganze Geschäfft widrigen Einfluß gehabt haben sollte, war zuverläßig ungegründet.

I. Schon beym Wahlconvente schienen die größeren Teutschen Höfe über keine Angelegenheit so vielen Eifer und Einmüthigkeit zu bezeugen, als daß in der nunmehr hergestellten Friedenszeit endlich einmal die längst gewünschte Visitation des Cammergerichts zu Wetzlar vor sich gehen möchte. Dieser Eifer wurde vollends von neuem belebt, als Joseph der II. gleich nach dem Antritt seiner kaiserlichen Regierung solche preiswürdige Gesinnungen für eine gerade durchgehende Handhabung der Gerechtigkeit blicken ließ, daß jedermann nicht anders als das unbeschränkteste Vertrauen in die Gerechtigkeitsliebe dieses Monarchen setzen konnte.

II. Weil in den Oesterreichischen Erblanden die Regierung noch in den Händen der nunmehr verwittweten Kaiserinn Maria Theresia blieb; so konn-

konnte Joseph seine ganze Thätigkeit noch der kaiserlichen Regierung widmen. Davon hatte selbst der Reichshofrath die ersten Früchte zu genießen, da eine am 5. Apr. 1766. an denselben erlaßene Verordnung manche für die Rechtspflege dieses höchsten Reichsgerichts überaus heilsame Verfügung enthielt, die zum Theil noch bis auf den heutigen Tag ihre volle Wirksamkeit erhalten hat.

Wegen der Cammergerichtsvisitation hatte III. das churfürstliche Collegium schon in der Wahlcapitulation Carls des VII. darauf angetragen, daß dieselbe, wie sie vermöge des jüngsten Reichsabschiedes schon im Jahre 1654. hätte geschehen sollen, nunmehr in Gang gebracht werden möchte. Weil sich aber sowohl in Ansehung der dazu ernannten Stände als sonst inzwischen vieles geändert hatte; so war deshalb in der Wahlcapitulation vorerst nur vorläufig ein und anderes provisorisch bestimmt, zugleich aber vorbehalten worden, daß davon durch ein kaiserliches Commissionsdecret dem Reiche Nachricht gegeben, und dessen weiteres Gutachten eingezogen werden sollte (o). Wenn also gleich dasjenige, was sowohl in dem jüngsten Reichsabschiede als anderen Reichsgesetzen schon geordnet war, und was überdies die inzwischen in den Jahren 1707:1713. im Werke gewesene ganz außerordentliche Visitation zur Instruction vom Reiche erhalten hatte, zu einer guten Grundlage dienen konnte; so blieb doch noch immer die Frage, was von allem dem auf die jetzigen Umstände schicklich seyn würde (p). Auch gab es noch eine Menge Pun-

(o) Wahlcap. (1742.) Art. 17. §. 3:12.
(p) Wahlcap. (1742.) Art. 17. §. 6.

Puncte, die wohl der Mühe werth waren, sie erst mittelst reichstäglicher Berathschlagung mit möglichster Vorsicht und Genauigkeit zu bestimmen, ehe man zur Sache selber schritte, und es darauf ankommen ließe, was alsdann auch für Mißhelligkeit und Aufenthalt daraus entstehen möchte.

IV. In solcher Absicht waren nun schon im Jahre 1747., ich weiß nicht von wem, aber gewiß von einer der Sache völlig gewachsenen Feder, 26. Puncte zur reichstäglichen Berathschlagung entworfen. Kaum wird auch je ein Beyspiel aufzuweisen seyn, daß man am Reichstage mit größerem Eifer und mehrerer Einmüthigkeit zu Werke gegangen wäre, als in der Berathschlagung, die im Jul. und August 1766. hierüber angestellt wurde. Ueber einige der wichtigsten Puncte vereinigte man sich bald eines Reichsgutachtens, das einsweilen mit Vorbehalt einer auch über die übrigen Puncte anzustellenden Berathschlagung zur kaiserlichen Genehmigung gestellt wurde. Diese erfolgte jedoch nicht so zeitig, als man sie erwartet hatte (q). Es zeigte sich aber bald, daß in dieser Zwischenzeit in Ansehung der Grundsätze, die man bisher von der Cammergerichtsvisitation angenommen hatte, wahrscheinlich eine Veränderung vorgegangen seyn müße.

V. Aus einer Schrift, die erst geschrieben hin und wieder mitgetheilt ward, hernach unter dem Titel: "Betrachtungen über das reichscammer-

(q) Das Reichsgutachten war vom 8. Aug., das kaiserliche Ratifications-Commissionsdecret vom 17. Nov. 1766.

mergerichtliche Visitationswesen ꝛc.", Mainz 1767. 4. (4½ Bogen) gedruckt erschien (r), ließ sich deutlich abnehmen, was jetzt für ein System bey der ganzen Sache zum Grunde gelegt werden sollte. Man glaubte, durch das bisherige Herkommen und die schon vorhandenen Gesetze sowohl von älteren als neueren Zeiten sey alles, was zur Ausführung der jetzt vorhabenden Visitation erforderlich sey, bereits hinlänglich bestimmt. Es bedürfe also keiner weiteren reichstäglichen Berathschlagung. Man konnte zwar nicht verkennen, daß es dreyerley sehr verschiedene Gegenstände wären, die theils in Erörterung der Revisionssachen nach Art einer förmlichen Gerichtsstelle, theils in der eigentlichen Visitation, um die Real- und Personal-Mängel des Gerichts zu untersuchen und nach den schon vorhandenen Gesetzen herzustellen, theils in neuen gesetzlichen Vorschriften und Verbesserungen, die in der Eigenschaft einer ausserordentlichen Reichsdeputation geschehen könnten, bestehen würden. Man beschrieb aber doch die ganze Visitation als ein durch die Reichsgesetze angeordnetes Gericht, und es zeigte sich bald bey mehreren Gelegenheiten, daß man damit die Grundsätze zu verbinden suchte, daß hier alles auf der kaiserlichen oberstrichterlichen Gewalt beruhe, die überall nach Befinden den Ausschlag geben könne.

VI. Die Visitation, hieß es, sey nicht vom Reichstage abhängig, sondern die dazu bestimmte Reichsdeputation stelle Kaiser und Reich eben so gut vor, wie

(r) Sie findet sich in der Sammlung der Actenstücke die Visitation des C. G. betreffend, Fortsetz. 3. (1767.) S. 63-86.

wie der Reichstag selbst; eine Visitation könne auch statt finden, wenn kein Reichstag wäre, wie es in vorigen Zeiten oft geschehen sey; jeder Subdelegirter sey nicht von der Reichsversammlung, sondern so wie ein jeder Comitialgesandter unmittelbar von seinem Hofe abhängig (s). (Das alles hatte seine gute Richtigkeit, wenn eine von Kaiser und Reich angeordnete Visitation einmal würklich im Gange war. Aber sofern erst die Frage in Betrachtung kam: ob und wie eine Visitation erst in Gang gebracht werden sollte? und wie weit man es deshalb bey den schon vor hundert und mehr Jahren getroffenen Verfügungen laßen, oder ob und was man nach den seitdem vielfältig veränderten Umständen dabey ab oder zuthun wollte? so waren das allerdings Gegenstände, die nicht anders als am Reichstage bestimmt werden konnten.)

VII. Um dem Kaiser ein ausschließliches Recht beyzulegen, daß er ohne Zuthun der Stände Fragen, die bey der Visitation vorkommen könnten, für sich allein entscheiden dürfte, wurde eine Stelle aus einem Reichsabschiede vom Jahre 1543. angeführt, wo in Rücksicht auf das damalige Religionsverhältniß der Stände für die Visitation, die in selbigem Jahre gehalten werden sollte, eine Verfügung getroffen ward, wie in Fällen, da die Visitatoren unter sich in Mißverstand gerathen würden, die kaiserlichen Commissarien sie zu vergleichen suchen sollten. Dabey war damals die Clausel hinzugesetzt worden: daß, wenn es mit sol-

_____
(s) Betrachtungen über das Visitationswesen §. 7:10. S. 8:10.

2) C. G. Visitation 1767:1776.

solcher Vergleichung nicht gelingen sollte, "alsbann "zu Ihrer kaiserlichen Majestät gestellt werde, dar= "über endlich Erkenntniß und Entscheid zu thun, "dem auch folgends alle Stände geleben und nach= "kommen sollten." Wider diese Clausel hatten aber gleich damals die evangelischen Stände pro= testirt. Die Visitation des Jahres 1543. hatte sich auch darüber fruchtlos zerschlagen. Und in der folgenden Cammergerichtsordnung, die alle ältere darin nicht wiederholte und mit derselben nicht übereinstimmende Verordnungen für aufge= hoben erklärte, war diese Stelle des Reichsabschie= des 1543. auch nicht wiederholet worden. Nichts desto weniger berief man sich jetzt auf eben diese Stelle, als auf ein Gesetz, das nicht nur für die damalige, sondern für alle künftige Visitationen gemacht sey, und also noch immer zur Vorschrift dienen müße. Namentlich wollte man daraus den Satz behaupten: "Wenn die Visitatoren nach mehrmaligem Votiren sich nicht vereinigen könn= ten, sondern in eine Gleichheit der Stimmen ver= fielen, müßten selbige an kaiserliche Majestät, als den alleinigen obersten Richter im Reiche und die Quelle aller Gerichtbarkeit, sich wenden, und die allerhöchste Entschließung daher erwarten." (t)

Uebrigens hieß es nun, die jetzige Visitation VIII. sey keine solche außerordentliche wie die von 1707: 1713., sondern eine ordentliche, wie die, so ehe= dem (1556:1587.) alle Jahre im Gange gewe= sen. Die dazu deputirten Stände seyen nach ei= ner Abtheilung in fünf Classen schon im Reichsab= schie=

(t) Betrachtungen über das Visitationswesen §. 14. S. 13.

schiede 1654. ernannt. Die erste Classe könne also gleich in Gang gebracht werden, ohne daß es weder einer Vollmacht, noch Instruction vom Reiche dazu bedürfe. Wegen dessen, was etwa bey den folgenden Classen noch zu berichtigen seyn möchte, könnte der Kaiser demnächst noch immer ein Reichsgutachten fordern. Alles übrige könne der Kaiser für sich bestimmen. Er könne die Zeit zur Eröffnung der Visitation ansetzen; ein Edict erlaßen, vermöge dessen alle Stände und Parthenen, welche ihre Revisionen fortzusetzen gedächten, bey Strafe der Desertion, d. i. bey Verlust der Sache, sich in vier Monathen von neuem melden sollten, u. s. w. Hierdurch fielen also die aufgestellten 26. Deliberationspuncte, weil der Kaiser zur Bewirkung der Visitation keines weitern Reichsgutachtens mehr bedürfe (u). Was etwa in Gesetzen und Herkommen noch unbestimmt sey, werde sich erst währender Visitation äußern und aufklären. Alsdann würde dieselbe schon nach Befinden in Gemäßheit der Gesetze sich darüber benehmen, oder auch nöthigen Falls an kaiserliche Majestät gutächtlich darüber berichten. Voraus ließe sich dergleichen nicht absehen, noch also Instruction darüber ertheilen." (v)

IX. Wenn gleich diese Betrachtungen nur in Gestalt einer anonymischen Privatschrift abgefaßet waren, (deren wahrer Verfasser mir bis jetzt noch gänzlich unbekannt ist); so zeigte doch der Erfolg, daß der kaiserliche Hof völlig nach diesen Grundsätzen zu Werke gieng. In dem Commissionsdecrete

(u) Betrachtungen ꝛc. §. 29. S. 22.
(v) Ebendas. §. 47. S. 32.

trete, das auf das Reichsgutachten vom 8. Aug. zu dessen Genehmigung unterm 17. Nov. 1766. erfolgte, ward gleich der zwente May 1767. schon zur Eröffnung der Visitation angesetzt, auch alles dazu erforderliche in bereits vollzogenen kaiserlichen Ausfertigungen beygelegt, und die ganze Sache so genommen, als ob für die Reichsversammlung weiter nichts zu berathschlagen übrig wäre. Einige hin und wieder darüber geäußerte Zweifel mochten wohl die Veranlaßung seyn, daß am 26. Jan. 1767. noch ein Commissionsdecret ergieng, das einige nähere Aeusserungen, warum man weder Vollmacht noch Instruction des Reichs für nöthig achtete, enthielt, und dann wegen Fortsetzung der Visitation in den folgenden Classen noch ein weiteres Reichsgutachten begehrte. Und um eben diese Zeit wurden nunmehr obige Betrachtungen im Druck bekannt gemacht.

Sowohl die Subdelegirten der zur ersten Classe x. deputirten 24. Stände, als zwey dazu ebenfalls bestimmte kaiserliche Commissarien, der Fürst Carl Egon von Fürstenberg, und der Freyherr Georg von Spangenberg, fanden sich würklich so zeitig zu Wetzlar ein, daß im May 1767. die Visitation glücklich eröffnet werden konnte. Es ereigneten sich aber bald solche Anstände, daß es für einen glücklichern Fortgang dieses wichtigen Geschäfftes sehr erwünscht gewesen wäre, wenn man sich zum voraus erst näher darüber vereiniget hätte; wie ohne Zweifel geschehen seyn würde, wenn die Reichstagsberathschlagung über obgedachte 26. Puncte erst ihren Fortgang behalten hätte. Freylich würde alsdann die Visitation vielleicht ein oder ober zwey Jahre später zu Stande gekommen seyn. Vielleicht wäre dann aber auch in einem oder etlichen Jahren mehr, als hernach in neun Jahren, geschehen; und die ganze Sache würde dann wahrscheinlich auch nicht ein solch unglückliches Ende genommen haben, als hernach leider der Erfolg zeigte.

XI. Gleich anfangs entstand ein Zweifel, wie es mit Abtheilung des eigentlichen Visitationsgeschäffts und der Revisionssachen gehalten werden sollte. Der jüngste Reichsabschied hatte sich so erkläret, daß die 24. deputirten Stände "nächst Verrichtung der Visitation" die Revisionssachen unter die Hand nehmen sollten (w). Eben darum, weil der alten überhäuften Revisionen eine große Menge zu erwarten war, hatte der Reichsabschied die deputirten Stände in so starker Anzahl ernannt, daß sie in vier abgesonderte Räthe vertheilt werden könnten. In der Wahlcapitulation Carls des VII. hatte das churfürstliche Collegium sich darüber so gefasset, daß auch das eigentliche Visitationsgeschäfft nur in einem Senate vorgenommen werden sollte; von den drey übrigen Senaten sollten zwey die alten Revisionssachen, der vierte die neueren unter die Hand nehmen (x). Dem Sinne des Reichsabschiedes schien es aber gemäßer zu seyn, daß die gesammte Reichsdeputation erst die Visitation verrichten, und alsdann erst in abgetheilten vier Senaten die Revisionssachen vornehmen sollte. Dem Gewichte nach war unstreitig

das

(w) R. A. 1654. §. 130.
(x) Wahlcap. (1742.) Art. 17. §. 8.

das eigentliche Visitationsgeschäfft von größerem Belange, als die Erörterung dieser oder jener einzelnen Revisionssache. Man merkte also bald eine neue Schwierigkeit, welche sechs Stände den großen Vorzug haben sollten, den Visitationssenat alleine auszumachen, und welche achtzehn Stände sich in die Revisionssenate verweisen laßen sollten. Kurz die Visitation wurde jetzt in vollem Rathe der beiden kaiserlichen Commissarien und aller Subdelegirten der 24. deputirten Stände vorgenommen.

Doch bey der Abtheilung der Senate, wenn XII. sie auch nur zu den Revisionssachen geschehen sollte, zeigte sich noch eine unvorgesehene Schwierigkeit. Im Reichsgutachten vom 8. Aug. 1766. hatten die Reichsstände darauf angetragen, daß ein jeder deputirter Reichsstand zwey Subdelegirte zur Visitation ernennen möchte. Das kaiserliche Ratificationsdecret vom 17. Nov. 1766. erklärte sich aber nur für einen Subdelegirten von jedem Reichsstande, wobey man sich auch beruhigte. Also erschien bey Eröffnung der Visitation im May 1767. von einem jeden der 24. deputirten Reichsstände auch nur ein Subdelegirter. Nur von Churmainz fanden sich ihrer vier ein, und zwar, wie sichs bald veroffenbarte, in der Meynung, daß in einem jeden der vier Senate auch ein Churmainzischer Subdelegirter seyn müße. Waren nun solchergestalt 27. Subdelegirte in vier Senate zu vertheilen; so hätten entweder drey Senate aus sieben Mitgliedern bestehen müßen; — das konnte aber wegen der erforderlichen Religionsgleichheit nicht seyn; — oder es hätten in drey

drey Senaten den Churmainzischen drey andere catholische Subdelegirte Platz machen und dagegen zurückstehen müßen.

XIII. Um diesen Anstand zu vermitteln, that die kaiserliche Commission (1768. Jun. 25.) den Vorschlag, daß in jedem Senate ein Churmainzisches Directorium, aber nur in einem das Churmainzische Stimmrecht anerkannt werden möchte. Hierüber erwartete man nun erst von Churmainz selbst die Erklärung, wie nicht nur von Chursachsen und den meisten evangelischen Stimmen, sondern auch von Churbaiern, Bamberg und Münster ganz natürlich erinnert wurde. Bis dahin konnte also auch mit Abtheilung der Senate und anderen Vorbereitungen zur Erörterung der Revisionssachen kein Schritt weiter vorwärts geschehen. Die Churmainzische Erklärung erfolgte aber erst den 10. Januar 1776., und zwar dahin, daß jener Vorschlag für diesesmal, jedoch ohne künftige Folge, und mit dem Vorbehalte, sich künftig weder possessorisch noch petitorisch darauf berufen zu dürfen, statt finden sollte. Die kaiserliche Commission hielt das zwar für eine großmüthige Erklärung, die man auf den Fuß zu nehmen habe, wie es in eines jeden Reichsstandes Belieben stehe, in einem oder andern besonderen Falle unbeschadet seines Stimmrechts sich desselben zu bedienen oder nicht. Andere fanden aber bedenklich auf solche Art ein würkliches Recht zu Sitz und Stimme in jedem Senate für Churmainz auf künftige Zeiten einzuräumen, und für diesesmal unter solchen Verwahrungen einen Directorialsitz in jedem Senate zuzugestehen. Also blieb nichts
übrig,

übrig, als darüber an Kaiser und Reich zu berichten. Wie aber darauf vergeblich angetragen wurde, mußten die evangelischen Subdelegirten sich begnügen, an das evangelische Corpus (1776. Febr. 23.) einsweilen ihren Bericht darüber zu erstatten. In dieser Lage, und da weder zu Regensburg noch sonst dieser Stein des Anstoßes gehoben wurde, war es doppelt bedenklich, als am 8. May 1776. die kaiserliche Commission zu Wetzlar darauf antrug, daß gleichbalden, und ehe etwas anders vorgenommen werde, zur Abtheilung der vier Senate geschritten werden möchte.

Bis zum 8. May 1776. war also vom 2. May XIV. 1767. an in neun vollen Jahren noch nichts weiter als das eigentliche Visitationsgeschäfft vorgenommen worden! — Das war freylich auffallend. Aber aus mehreren mitwirkenden Ursachen läßt es sich doch ziemlich begreiflich machen. Vors erste fehlte es nicht an Stoff zur Arbeit, da in so langer Zeit keine Visitation gewesen war, und die jetzige gleich bey ihrem Eintritt einen unbegränzten Eifer zeigte, nichts, was zur Herstellung einer gesetzmäßigen Gerichtsverfassung dienen könnte, ungerührt zu laßen. Die vielerley Gegenstände, so hier vorkamen, bey jeder Berathschlagung mit 24. Stimmen zu erörtern, war an sich schon ein weitläuftiges Werk. Man denke sich aber vollends 24. lauter gelehrte von wahrem Justizeifer belebte Männer, die hier Gelegenheit fanden, ihre Gelehrsamkeit und Rechtschaffenheit an Tag zu legen, und da keiner dem andern nachgeben wollte, mit gleicher Gründlichkeit und Ausführlichkeit sein Herz recht auszuschütten. So entstanden freylich

lich aus so vielen grundausführlich abgelegten Stimmen ungeheure Protocolle; selten mögen einzelne Gegenstände in Geschäfften noch so erschöpft-ausführlich behandelt worden seyn, wie es hier geschah.

XV. Gewiß nicht unzweckmäßig war der Vorschlag, der einmal in Bewegung kam, ob man nicht einige Gegenstände der Visitation unter mehrere Subdeputationen vertheilen wollte? Aber auch dieser Vorschlag scheiterte gleich an dem Anstande, der in Ansehung der Art und Weise, wie die Personen zu solchen Subdeputationen ernannt werden sollten, sich hervorthat. Wo dergleichen Anordnungen nach der Religionsgleichheit zu machen sind, ist es sowohl der Analogie als dem Herkommen gemäß, daß man jedem Religionstheile die Auswahl der von seiner Seite zu ernennenden Personen überläßt. Diesmal sollte aber durch alle 24. Stimmen oder deren Mehrheit ausgemacht werden, was für Personen von beiden Religionen zu jeder Subdeputation kommen sollten. Darüber unterblieb der ganze Vorschlag. Alle und jede Gegenstände beschäfftigten also ohne Unterschied sämmtliche 24. Stimmen. Das einzige geschah doch, daß in jeder Sache ein eigner Referent und Correferent bestellt wurde. Beide bekamen die zu jeder Sache gehörigen Acten in die Hände, und entwarfen daraus zu Hause ihre Vorträge, die sie hernach in voller Versammlung in einer oder meist mehreren Sessionen nach einander ablegten.

XVI. Zum eigentlichen Visitationsgeschäffte gehört gleich anfangs die Vernehmung aller und jeder Mit-

2) C. G. Visitation 1767-1776.

Mitglieder des Cammergerichts über eine Menge Fragen, aus deren Beantwortung der Stoff zur Untersuchung der Mängel und Gebrechen des Gerichts hauptsächlich genommen wird. Diesmal kam man bald auf Spuhren, daß drey Assessoren sich ein pflichtwidriges Betragen hatten zu Schulden kommen laßen; in der Folge zeigte sich, daß ein Jude zu Frankfurt darauf gefallen war, durch diesen Canal eine besondere Art von Speculationshandlung mit der Sollicitatur in Cammergerichtsprocessen zu treiben. Man glaubte auch bald als einen Realdefect in der Gerichtsverfassung zu bemerken, daß bey der Art, wie es nach und nach zur Gewohnheit geworden war, zu jeder einzelnen Sache die Personen, die den Senat ausmachen sollten, willkührlich zu bestimmen, das Directorium einen mehr als gesetzmäßigen Einfluß in Entscheidung einzelner Rechtssachen bekommen habe. Doch ehe das alles, und was sonst noch in Erörterung gekommen war, zur völligen Entscheidung gebracht werden konnte, entstanden noch verschiedene andere Fragen, welche selbst die Fortsetzung der Visitation und die Art und Weise, wie von derselben verbindliche Schlüsse gemacht werden könnten, betrafen; woben sich erst recht zeigte, wie erwünscht es gewesen wäre, wenn darüber zum voraus bey der Reichsversammlung gewisse Bestimmungen hätten verabredet werden können.

Was den Fortgang der Visitation anbetrifft, XVII. so hatte der jüngste Reichsabschied verordnet, daß fünf Classen von jedesmal 24. deputirten Ständen nach und nach einander ablösen sollten, damit nächst der Visitation auf solche Art auch alle Revisionssachen abgethan werden könnten. Nach der damaligen Art der Geschäftsbehandlung hatte man dafür gehalten, daß in einem halben Jahre jedesmal schon eine beträchtliche Anzahl Revisionssachen sich erörtern laßen würde. Auch zum Visitationsgeschäffte mochte man damals eine solche Zeitfrist für hinlänglich halten. Man bestimmte also für die erste Claße ein Jahr, für jede folgende ein halbes Jahr zu ihrer Fortdauer und zum Ziel der Ablösung von der nächstfolgenden Claße. Doch schien man dabey für bekannt anzunehmen, daß die erste Claße mit der eigentlichen Visitation kein volles Jahr zu thun haben würde, und also nächst Verrichtung der Visitation auch noch zu Revisionssachen Zeit übrig behalten würde. Der Erfolg zeigte aber jetzt, daß die erste Claße mit Ablauf eines Jahres bey weitem sich noch nicht schmeicheln durfte, das eigentliche Visitationsgeschäfft vollbracht zu haben, oder auch nur bis auf einen solchen Abschnitt damit gekommen zu seyn, daß es ohne Nachtheil des Geschäffts abgebrochen, und der nachfolgenden Claße zum Theil ganz anderer Stände zur Fortsetzung überlaßen werden könnte. Gleichwohl wurde im December 1767. schon darauf angetragen, daß die erste Claße im May 1768. von der zweyten abgelöset werden möchte. Doch das fand am Reichstage selbst keinen Beyfall. Erst im Nov. 1774. kam die zweyte, im Oct. 1775. die dritte, im May 1776. die vierte Claße zur Ablösung. Aber gleich beym Eintritt dieser letztern gerieth das ganze Werk ins Stecken.

Ueber

2) C. G. Viſitation 1767-1776.

Ueber die Art der Geſchäfftsbehandlung ereig- XVIII. nete ſich ſchon im April und Junius 1768. ein Anſtand, als nach einander zwey Viſitations- ſchlüſſe durch Mehrheit der Stimmen der reichs- ſtändiſchen Subdelegirten gefaſſet waren, welche die kaiſerliche Commiſſion dadurch zu entkräften ſuchte, daß ſie denſelben ihre Genehmigung ver- ſagte. Freylich wenn es um Abfaſſung eines neuen Reichsgeſetzes zu thun geweſen wäre, würde ſo- wohl bey einer außerordentlichen als bey einer or- dentlichen Reichsdeputation ſo, wie bey der allge- meinen Reichsverſammlung, nicht bezweiflet wer- den können, daß ein nur von Seiten der Reichs- ſtände gefaßter Schluß nicht eher als mit hinzu- kommender kaiſerlicher Genehmigung zur reichs- geſetzlichen Kraft gelange. Allein hier galt es nur um Abſtellung bemerkter Mißbräuche, die ſchon Reichsgeſetze wider ſich hatten. Wenn dazu von neuem die kaiſerliche Genehmigung erforderlich wäre, ſo würde durch deren Verſagung Reichsge- ſetzen, die ſchon vorhanden ſind, einſeitig ihre Kraft benommen werden können; welches hinwie- derum für die Reichsſtände bedenklich ſeyn würde. Bey dieſer Gelegenheit bezog ſich die kaiſerliche Commiſſion hauptſächlich auf den Reichsabſchied 1543. Ich habe aber oben (S. 126.) ſchon be- merklich gemacht, was dabey zu erinnern iſt.

Zu Wetzlar konnte hierüber weiter nichts ge- XIX. ſchehen, als nun die Sache ſelbſt an Kaiſer und Reich gelangen zu laßen. Das geſchah diesmal durch ſehr ausführliche Berichte ſowohl von Sei- ten der Viſitation als des Cammergerichts, worin ſogar alle und jede Stimmen aller Mitglieder beider Stellen mit vorgelegt wurden (y). So kam die Sache endlich zur Berathschlagung am Reichstage, wo am 23. Oct. 1775. ein Reichsgutachten abgefasset wurde, das mittelst der kaiserlichen Genehmigung am 15. Dec. 1775. die Kraft eines verbindlichen Reichsschlusses erlangte. Vermöge dessen sollte nunmehr die Zahl der Beysitzer bis auf 25. würklich ergänzt werden. Und in der inneren Einrichtung des Cammergerichts, insonderheit was die Eintheilung der Senate und das Directorium betrifft, wurden verschiedene erhebliche neue Bestimmungen gemacht; deren Vollziehung jedoch bis auf den heutigen Tag noch nicht völlig erlediget ist.

xx. Ein Hauptgeschäfft, das man noch von der Visitation erwartete, sollte in Berichtigung des schon im Jahre 1613. gedruckten Concepts der Cammergerichtsordnung bestehen. Um sich hierzu desto besser in Stand zu setzen hatte die Visitation bald anfangs sechs Beysitzern des Cammergerichts von beiden Religionen aufgetragen, vorläufig ihre Bemerkungen und Vorschläge darüber zusammen zu tragen. Einen derselben ausgenommen, der inzwischen mit Tode abgieng, haben diese Beysitzer des Cammergerichts ihre Arbeit so weit vollbracht, daß nun nur die Visitation noch die letzte Hand anzulegen gehabt hätte, um das Werk an Kaiser und Reich zur völligen Berichtigung gelangen zu laßen. Allein viele andere Arbeiten ließen die Visitation zu diesem Geschäffte nicht kommen, und endlich erfolgte eine plötzliche Tren-

(y) Meine Litteratur des Staatsrechts Th. 2. S. 183-185.

Trennung der ganzen Visitation, ohne daß weder das Concept von derselben berichtiget, noch ein sonst gewöhnlicher Visitationsabschied zu Stande gebracht war.

Die Arbeiten der Visitatoren vermehrte insonderheit eine Art von Geschäften, worüber wieder zu wünschen gewesen wäre, daß man erst von wegen der gesetzgebenden Gewalt nach vorgängiger reichstäglicher Berathschlagung eine nähere Bestimmung zum voraus gemacht hätte. Zu einer Zeit, da die am Cammergerichte (1532.) eingeführte Revision noch nicht im Gange war, hatte der Reichsabschied 1530. die Verfügung getroffen: "Wo ein Reichsstand einigen Mangel oder Beschwerde hätte, daß ihm vom Cammergerichte ungebührlich begegnet wäre, sollte ein jeglicher solche Beschwerde bey der Visitation anbringen können, um darüber gebührliches Einsehen und Reformation zu thun" (z). Damit mochte es damals wohl die Meynung haben, daß solche Beschwerden, dergleichen damals schon einige Reichsstände an den Reichstag gebracht hatten, doch schicklicher bey der Visitation, als am Reichstage, erörtert werden könnten. Als aber bald hernach (1532.) die ordentliche Revision eingeführet wurde, verstand sich wenigstens, daß alle Beschwerden in einzelnen Rechtssachen, welche im Revisionsgerichte ihre justizmäßige Erörterung finden könnten, nicht für die Visitation gehörten, sondern hier nur andere Beschwerden über üble

Begeg-

(z) R. A. 1532. §. 94., C. G. O. 1555. Th. I. Tit. 50. §. 5., Concept Th. I. Tit. 64. §. 20.

Begegnung, z. B. in unbilliger Verwerfung einer geschehenen Präsentation u. d. gl., oder höchstens nur solche Rechtssachen, die allenfalls selbst dem Reichstage hätten vorgelegt werden können, angebracht werden dürften. Allein nach den allgemeinen Ausdrücken, womit jener Reichsabschied alle Beschwerden hier zuzulaßen schien, fehlte es nicht an Reichsständen, die Gebrauch davon machten, ihre einzelne Rechtssachen der Visitation vorzulegen. Nun pflegte zwar die Visitation in jedem Falle erst Bericht vom Cammergerichte zu fordern; und in den meisten Fällen fanden sich die angebrachten Beschwerden am Ende nicht sehr gegründet. Aber damit hatte dann doch immer ein in jeder Sache bestellter Referent und ein Correferent vorerst viele Arbeit, und mit den 24. Stimmen im Consesse mußte manche Stunde solchen einzelnen Sachen gewidmet werden, ohne daß man im Ganzen einen Schritt weiter kam.

XXII. Was aber für die ganze Sache am meisten zu bedauern war, und noch immer nicht gehoben ist, war ein unglücklicher Streit, der sich über die Art der gräflichen Theilnehmung an den verschiedenen Classen der Visitation auf der catholischen Seite hervorthat. Seitdem im Reichsfürstenrathe zwey prälatische und vier gräfliche Curiatstimmen eingeführet waren, hatte man auch bey Reichsdeputationen nie einzelne Prälaten oder Grafen zugelaßen, sondern immer nur Bevollmächtigte ganzer Prälatenbänke oder gräflicher Collegien, in eben dem Verhältnisse, wie solche auf dem Reichstage ihr Sitz- und Stimmrecht ausüben. Wenn man also gleich in dem Verzeichnisse

nisse der zu den fünf Classen der Visitation deputirten Stände in jeder Classe nur den Ausdruck: Ein Prälat, Ein Graf, gebraucht hatte; so war doch das nicht anders zu verstehen, als auf eben die Art, wie Prälaten und Grafen im Reichsfürstenrathe zugelaßen werden. Vermuthlich hatte man nur darum so allgemeine Ausdrücke gebraucht, weil man den Prälaten und Grafen nicht vorgreifen wollte, wie sie unter sich übereinkommen möchten, wer von ihrentwegen an jeder Classe Antheil nehmen sollte. Einem einzelnen Grafen konnte so wenig zugestanden werden, einen Subdelegirten zur Cammergerichtsvisitation, als einen Gesandten im Reichsfürstenrathe zu bevollmächtigen.

Kam es ferner darauf an, das Verhältniß XXIX. dieser Curiatstimmen zu diesem oder jenem Religionstheile zu bestimmen; so ließ sich zwar nach der Analogie, wie Kreise und Reichsstädte in pur catholische oder evangelische und vermischte eingetheilet werden, eine gleiche Möglichkeit gedenken, daß auch prälatische und gräfliche Collegien nur von einerley oder von vermischter Religion seyn könnten. Allein nach eben dieser Analogie konnte ein Corpus oder Collegium nur alsdann für vermischt gelten, wenn dessen Mitglieder ungefähr in gleicher Anzahl von beiderley Religionen waren. Sind gleich in Cölln und Aachen einige evangelische Bürger, und im Bairischen Kreise etliche evangelische Kreisstände; so werden jene doch den pur catholischen Reichsstädten, letztere den pur catholischen Kreisen zugezehlt; so wie hinwiederum der Niedersächsische Kreis pur evangelisch ist, wenn

gleich

gleich der Bischof von Hildesheim dazu gehöret, auch Reichsstädte nach ausdrücklicher Vorschrift des Westphälischen Friedens deswegen nicht aufhören, für pur evangelisch zu gelten, wenn es gleich catholische Bürger darin gibt. Nach eben dieser Analogie rechnete man bisher sowohl die Rheinischen Prälaten als die Schwäbischen Grafen für pur catholisch, ungeachtet unter beiden etliche Augsburgische Confessionsverwandten sind. Hingegen die Fränkischen und Westphälischen Grafen wurden als pur evangelisch angesehen, obgleich einige catholische Mitglieder darunter waren.

XXIV. Das Fränkische Grafencollegium hatte von seiner ersten Entstehung an sich nie anders, als zum evangelischen Religionstheile gehalten, nie anders als ein evangelisches Directorium gehabt; nie andere Collegialbedienten, andere Comitialgesandten, als von eben der Religion; nie an anderen als evangelischen Präsentationen zum Cammergerichte Antheil genommen u. s. w. Hatten nun gleich in der Folge einige Fränkische Grafen ihre Religion verändert, oder eine und andere Grafschaft oder Herrschaft einen catholischen Landesherrn bekommen; so blieben doch die Grafschaften selbst evangelisch, und in diesem Betrachte war doch billig nicht bloß auf die Person des Landesherrn, sondern auf das Land selbst zu sehen. Oder sollten vollends die in neueren Zeiten aufgenommenen Personalisten, denen es gänzlich an Besitz von Land und Leuten fehlt, mit in Anschlag gebracht werden, um das ganze Collegium darum nun für vermischter Religion gelten zu laßen?

Mit

2) C. G. Visitation 1767=1776.

XXV. Mit den Westphälischen Grafen hat es zwar in so weit eine etwas andere Bewandtniß, weil schon von Anfang etliche catholische unter ihnen gewesen, auch wohl einmal in Vorschlag gekommen war, ihre Reichstagsstimme abwechselnd von evangelischen und catholischen Bevollmächtigten versehen zu laßen. Aber in vielen anderen Rücksichten, da auch hier vielfältig nur die Person des Landesherrn catholisch war, und die catholischen Grafen selbst den Beyträgen zur collegialischen Verfassung sich entzogen hatten, galt auch dieses Collegium für pur evangelisch. Am wenigsten konnte es jemanden einfallen, es für catholisch oder vermischt zu halten, so lange die Westphälischgräfliche Stimme mit einem evangelischen Comitialgesandten besetzt war; Denn wo auch eine Abwechselung im Religionsverhältniße statt findet, wie z. B. auch mit dem Bisthum Osnabrück der Fall ist, da kann doch die Stimme so wenig bey Reichsdeputationen als bey der allgemeinen Reichsversammlung auf catholischer Seite mitgerechnet werden, so lange sie mit einem evangelischen Comitialgesandten besetzt ist, und umgekehrt.

XXVI. Seit vielen Jahren hatte ein Herr von Pistorius, der evangelischer Religion war, auch noch die Visitation überlebt hat († 1778. Dec. 24.), die Stimmen der Wetterauischen, Fränkischen und Westphälischen Grafen zu führen gehabt; da hingegen die Schwäbischen und Rheinischen Prälaten und die Schwäbischen Grafen ihre Stimmen durch catholische Gesandten führen ließen; so daß die sämmtlichen sechs Curiatstimmen in einer der Reichsverfassung sehr gemäßen Religionsgleichheit

stan=

standen, ohne sich durch die Abweichung ein oder anderer Mitglieder dieser Collegien darin irre machen zu laßen. So war insonderheit bey der Reichstagsberathschlagung, die im Jahre 1766. vor der Visitation vorhergieng, ganz für bekannt angenommen, daß in den verschiedenen Claßen der dazu bestimmten Reichsdeputation auf der evangelischen Seite die Wetterauischen, Fränkischen und Westphälischen Grafen einander ablösen würden; auf der catholischen Seite hingegen nur das Schwäbische Grafencollegium seinen Platz haben könnte. Bey demselben fand es deswegen keine große Schwierigkeit dem Churpfälzischen Hofe, als derselbe sich darum bewarb, seine Stimme in der ersten Claße abzutreten; welches auf gleiche Art (1768.) zur zweyten Claße auch schon für den Churbairischen Hof im Werke war.

XVII. Wie sich inzwischen mit Einrückung der zweyten Claße noch verzog, bis erst im May und Junius 1774. eine anderweite Reichstagsberathschlagung den Weg dazu bahnte, wo jedoch nicht die geringste Abänderung obiger Vertheilung der gräflichen Collegien auf beiden Religionsseiten in den verschiedenen Claßen vorkam; so hätte wohl nichts unerwarteter seyn können, als wie nun auf einmal bekannt wurde, daß unterm 4. Jun. 1774. an das Westphälische Grafencollegium ein Churmainzisches Ausschreiben ergangen sey, um in der zweyten Claße die gräfliche Stimme auf der catholischen Seite zu führen. Noch unerwarteter war es vollends, als bey Eröffnung der zweyten Claße am 23. Nov. 1774. an der Stelle, wo das Schwäbische als das einzige catholische Grafencolle-

2) C. G. Visitation 1767=1776.

collegium zu erwarten gewesen wäre, ein catholischer Subdelegirter von wegen der Westphälischen Grafen erschien, und nicht, wie es bey den gräflichen Collegien gewöhnlich ist, eine gräfliche Directorialvollmacht für das gesammte Collegium, sondern nur eine von Herrn Franz Georg Carl Grafen von Metternich unterschriebene Vollmacht aufzuweisen hatte.

Diese Vollmacht konnte schon deswegen, weil mittelst derselben ein einzelner Graf eine nur für ein gesammtes gräfliches Collegium gewidmete Curiatstimme besetzen sollte, mit der bisherigen Reichsverfassung und dem darin gegründeten Besitzstande der allein zu Virilstimmen berechtigten Reichsfürsten nicht bestehen. Eine solche einseitige Neuerung konnte auch mit der Clausel, einem jeden sein Recht vorzubehalten, nicht gedeckt werden; wenn anders einer solchen Clausel nicht die Kraft beygelegt werden sollte, jeden Besitzstand dadurch einsweilen unterbrechen zu können. Sämmtliche evangelische Subdelegirten hielten daher diese Vollmacht nicht für zuläßig. Nur Herr Lazarus Caspar von Wölkern, damaliger Subdelegirter der Stadt Ulm (seit 1779. Reichshofrath) gab durch seinen Beytritt zu den Stimmen der catholischen Subdelegirten den Ausschlag zur Mehrheit der Stimmen für die Zuläßigkeit der Vollmacht; wogegen jedoch jene Subdelegirten diese ganze Classe hindurch ihren Widerspruch mit Berufung auf Kaiser und Reich fortsetzten, um zwar den Fortgang der Visitation nicht zu unterbrechen, aber doch auch wider den bisherigen Besitzstand keiner einseitigen Neuerung nachzugeben.

XXIX. Zur dritten Classe wurde unterm 15. May 1775. so gar für das Fränkische Grafencollegium auf der catholischen Seite ein Ausschreiben erlaßen. Damit kam die Sache offenbar in solche Umstände, daß für das gesammte Corpus der evangelischen Stände, wenn es sich nicht ein Mitglied nach dem andern einseitig entziehen laßen wollte, nichts übrig blieb, als einen solchen Schluß zu faßen, wie es am 26. Jul. 1775. zu Regensburg geschah. Man beschloß nehmlich, nach dem bisherigen Besitzstande die Westphälischen und Fränkischen Grafencollegien auf der evangelischen Seite sorgsamst zu erhalten, und deswegen festzusetzen: "daß die evangelischen Subdelegirten bey dem Visitationsconvente sowohl in der bevorstehenden dritten, als in den weiter folgenden Classen mit einzelnen catholischen Grafen, so sich nicht im Namen des ganzen Collegii oder sämmtlicher Mitglieder curiatim gehörig zu legitimiren vermöchten, in einige Berathschlagung sich nicht einlaßen, sondern bey deren Erscheinung jedesmal mit Protestation abtreten sollten."

XXX. Als hierwider das Corpus der catholischen Reichsstände am 5. Aug. 1775. einen ganz entgegengesetzten Schluß faßte, und also bey dieser Trennung der beiden Religionstheile nach Vorschrift des Westphälischen Friedens nichts, als alleinige gütliche Vergleichung, übrig blieb; gab das evangelische Corpus in so weit nach, daß in Gefolg einer zwischen den Höfen zu Wien und Berlin gepflogenen Unterhandlung einsweilen zur dritten Classe die Schwäbischen und Wetterauischen Grafen berufen werden sollten; da dann mittlerweile wegen

wegen der vierten und folgenden Classen eine weitere Ausgleichung vorgenommen werden sollte. Allein zu dieser weiteren Ausgleichung geschah kein Schritt weiter; sondern nur vermöge einer kaiserlichen Erklärung sollte jene bloß für die dritte Classe geschehene provisorische Vergleichung auch auf die folgende Classe ausgedehnt, und also sowohl das Fränkische als Westphälische Grafencollegium von der Theilnehmung an dieser Reichsdeputation auf der evangelischen Seite gänzlich verdränget werden. Eine Vorstellung, die im Namen der evangelischen Stände der kaiserlichen Principalcommission zu Regensburg übergeben werden sollte, wollte dieselbe nicht einmal annehmen, noch Gebrauch davon machen. Also blieb für das evangelische Corpus nichts übrig, als einen auf das vorige Conclusum sich beziehenden Inhäsivschluß zu fassen (1776. März 12.). Und da gleichwohl die vierte Classe am 8. May 1776. eröffnet werden wollte, ohne auf alle diese nur auf Erhaltung des Besitzstandes abzweckende Erklärungen Rücksicht zu nehmen; so konnten die evangelischen Subdelegirten nicht anders als den Conseß verlaßen. Sie bewirkten aber auch dadurch so wenig einige Nachgiebigkeit von der anderen Seite, daß vielmehr gleich darauf die kaiserliche Commission selbst sich von Wetzlar entfernte und damit die ganze Visitation unvollendet abbrach.

Ich habe mich bemühet, die Hauptzüge XXXI. der auf solche Art verunglückten Cammergerichtsvisitation hier so in der Kürze vorzulegen, wie sie zur Entwickelung der heutigen Verfassung des Teutschen Reichs zu wissen nothwendig sind.

Gleich

Gleich damals ist die ganze Sache in einer eignen Schrift ausführlicher beschrieben worden (a). Daß über die dabey einschlagenden Grundsätze beide Religionstheile oder auch auf einer Seite diejenigen, welche den kaiserlichen Rechten, und auf der andern Seite solche, welche den Rechten der Reichsstände das Wort zu reden sich verpflichtet halten, gleiche Gesinnung haben sollten, war wohl kaum zu erwarten. Es sind also gegen obige Schrift nicht nur widerlegende Anmerkungen (b), sondern in gleicher Absicht noch dem Angeben nach gesammelte Originalbriefe zum Vorschein gekommen (c).

XXXII. Eine ganz unpartheyische Beurtheilung hierüber wird vielleicht erst von der Nachwelt zu erwarten seyn. Nur zwey Dinge verdienen hier noch mit wenigem bemerket zu werden. Einmal schien man bey der Widerlegung obiger Schrift die Sache auf den Fuß zu nehmen, als ob dieselbe öffentlich verbrannt, und der Verfasser einer fiscalischen Ahndung unterworfen zu werden verdiente. Wenn Schriften, die auf höhere Veranlaßung und mit Genehmigung mehrerer Höfe gedruckt

(a) Wahre Bewandtniß der am 8. May 1776. erfolgten Trennung der bisherigen Visitation des kaiserl. und Reichscammergerichts, Göttingen 1776. 4.

(b) Wahre Bewandtniß ꝛc. mit Anmerkungen von §. zu §. widerleget (Wien 1777. 4.)

(c) Gesammelte Originalbriefe, in welchen die Handlungen der am 2. May 1767. ausgerückten C. G. Visitations=Deputation beleuchtet werden. Th. I-III. 1777=1779. 8. Meine Litteratur des Staatsrechts Th. 2. S. 190.

druckt sind, und worin weder Sachen noch Ausdrücke anstößiger als in dieser sind, durch solche Aeusserungen zurückgeschreckt werden sollten, so würde es nicht nur mit der Teutschen Preßfreyheit sondern selbst mit der Freyheit Teutscher Reichsstände übel aussehen. Doch auch darin scheint man im Jahre 1786. an vielen Orten schon ziemlich anders zu denken, als man vielleicht noch vor zehn Jahren dachte. Damals fand es doch das gesammte evangelische Corpus nicht überflüssig in einem am 4. Dec. 1776. verfaßten Schlusse sich zu erklären, daß es gesonnen sey, "dererjenigen, so nach ächten evangelischen Grundsätzen gehandelt, oder selbige vertheidiget, sofern es nöthig, durch gesetzmäßige Wege sich jederzeit standhaft und behauptend anzunehmen."

Hernach hat man in beiden Schriften, die XXXIII. zur Widerlegung obiger Schrift dienen sollten, gleich anfangs das größte Gewicht darin zu setzen gesucht, daß vor dem Anfange der Visitation (1766. Oct. 9.) ein Schreiben vom Herrn Marggrafen von Baden an andere evangelische Reichsstände ergangen sey: "Es wäre sich mit vereinigten Kräften dahin zu bearbeiten, damit die gegen die immer weiter zu extendiren suchende Jurisdiction der höchsten Reichsgerichte habenden Beschwerden abgethan werden möchten; Ins besondere würden die evangelischen Stände hohe Ursache haben zusammenzusehen; — daher anheimzustellen sey, ob nicht durch die zu Regensburg anwesenden Gesandten der zu diesem Geschäffte deputirten evangelischen Fürsten im engesten Vertrauen ein gemeinsames Concert zu verabreden sey, wie die nach Wetzlar abzuordnenden Räthe zu instruiren wären ꝛc." — Daraus wollte man die Folgerung ziehen, den evangelischen Reichsständen sey es nicht um die Aufnahme des Reichsjustitzwesens zu thun gewesen, sondern vielmehr um noch größere Einschränkung der kaiserlichen Gerichtbarkeit, und um Erhaltung solcher Vortheile, um welche man sich selbst bey dem Westphälischen Frieden und seither vergeblich bemühet habe. Das alles sollte dann ohne Zweifel dazu dienen, um den Leser zum voraus zum Nachtheil der evangelischen Stände einzunehmen, und vielleicht den Gesichtspunct von milderen Gegenständen zu verrücken. Da ich aber selbst die vollständigen Acten eines beträchtlichen Hofes von der ganzen Visitationsgeschichte gelesen habe, und versichert bin, daß mir nichts davon zurückgehalten worden; so muß ich zwar aufrichtig gestehen, daß ich mich nicht einmal erinnern kann, ob ein solches Schreiben von Carlsruh an den Hof, der doch schwerlich übergangen seyn würde, damals würklich ergangen sey; — so gering ist wenigstens, wenn es geschehen, dessen Eindruck gewesen. — Aber das kann ich auf das zuverläßigste bezeugen, daß jene Gesinnungen und Absichten, von welchen man jetzt behauptet, daß sie durch sothanes Schreiben hätten eingeflößet werden sollen, gewiß nicht die Höfe beseelet haben, denen das jetzt zur Last gelegt werden will. Gewiß war nichts als wahrer Wunsch das Reichsjustitzwesen auf einen so vollkommenen Fuß als möglich zu setzen, der diejenigen Reichsstände beseelte, denen die Erhaltung

des

des bisherigen Reichssystems am Herzen lag. Eben das kann nicht anders, als der Wunsch des kaiserlichen Hofes und aller Reichsstände beider Religionen seyn. Daher es nur desto mehr zu bedauern ist, wenn durch andere dazwischen gekommene Umstände, vielleicht durch unzeitigen Eifer dieses oder jenen nur von unrichtigen Grundsätzen eingenommenen Ministers, ein Theil den andern verkannt hat, und dadurch diese so preiswürdige Anstalt in eine so üble Lage gerathen ist.

Daß jene Afsociation von Karten wirklich Statt gefunden habe, versichert Hugo mit Inhalt. Gött. gel. Anz. 1816. N. 173. S. 1728.

III.

Ueberbleibsel der Cammergerichts-Visitation. Streit über die Religionseigenschaft der Fränkisch und Westphälisch gräflichen Stimmen. Befolgung des Reichsschlusses 1775.

I. Erfolg des Streits über die Religionseigenschaft der Fränkisch und Westphälisch gräflichen Stimmen. — Fünfjährige völlige Unthätigkeit des Reichstages. — II. Vermehrung der Anzahl der Cammergerichtsbeysitzer bis auf 25. — erst seit dem 9. Jun. 1782. — III-VII. Befolgung des Reichsschlusses 1775. in Ansehung der Senate am C. G. — mit merklichen Mißdeutungen und noch immer übrig gelaßenen Anständen. — VIII. Andere Verfügungen des Reichsschlusses, um allerley nachtheilige Directorialwillkühren einzuschränken. — IX. Verschiedene Gegenstände, worüber erst die Visitation berichten sollte, — die aber inzwischen abgebrochen ist, und also erst wieder hergestellt werden müßte. — X. XI. Vorzüglich wünschenswerth wäre eine nähere gesetzliche Bestimmung der Fälle, wann Mandate ohne Clausel von Reichsgerichten sollen erkannt werden können; — XII. ingleichen der so genannten Ordinationen, die erst in neueren Zeiten am Cammergerichte häufig in Gang gekommen sind; — XIII. und wie den Collisionen, die sich oft zwischen beiden Reichsgerichten ereignen, abzuhelfen sey; — XIV. da unter andern der Reichshofrath in Sachen, welche kaiserliche Reservatrechte und die Aufrechthaltung der päbstlichen Concordate betreffen, dem Cammergerichte keine concurrirende Gerichtbarkeit zugestehen will. — XV. Worüber wegen einer von Seiten des kaiserlichen Hofes einseitig geschehenen Abforderung der Cammergerichts-Acten und Verathschlagungs-Protocolle noch erst 1786. neue Jrrungen entstanden sind. — XVI. Biedermännischer Wunsch, daß allen solchen Jrrungen durch Befolgung gleichförmig richtiger Grundsätze abgeholfen werden möchte.

1. Bis auf den heutigen Tag ist die Grafensache nicht nur nicht berichtiget; sondern selbst der ganze Reichstag ist darüber mehrere Jahre hindurch

durch (vom Febr. 1780. bis in den Januar 1785.) in eine völlige Unthätigkeit gerathen. Nachdem der bisherige evangelisch gräfliche Comitialgesandte von Pistorius am 24. Dec. 1778. gestorben war, meldete sich gleich zur Westphälisch gräflichen Stimme ein catholischer Gesandter, dessen nur vom Grafen von Metternich unterschriebene Vollmacht angenommen wurde. Eine andere Vollmacht, die das Westphälisch gräfliche Directorium auf einen evangelischen Gesandten ausgestellt hatte, wurde nicht angenommen. Man machte so gar Schwierigkeit, die auf den bisherigen Fuß im Namen der Fränkischen Grafen ausgestellte Vollmacht ohne Vorbehalt anzunehmen. Unter solchen Umständen geriethen beide Religionstheile in solchen Widerspruch, daß nichts als eine gütliche Uebereinkunft diesen Stein des Anstoßes heben konnte. Wegen der Fränkischen Grafen ist Besitz und Recht auf der evangelischen Seite so klar, daß das evangelische Corpus schon verliehren würde, wenn das nur als ein Gegenstand einer Vergleichshandlung angesehen werden sollte. In Ansehung der Westphälischen Grafen haben die Evangelischen auf einen Vorschlag, den das catholische Corpus durch Mehrheit der Stimmen gefasset hat, sich willfährig erkläret, daß künftig abwechselnd von catholischen und evangelischen Gesandten diese Stimme geführet werden sollte (d). Noch immer ist es gleich-

(d) Die Erklärung des evangelischen Religionstheils vom 8. May 1784. findet sich in Reuß Teutscher Staatscanzley Th. 6. S. 350. Eben daselbst finden sich die Conferenzprotocolle des catholischen Religionstheils vom 13. May 1784. Th. 7. S. 363., vom 31. Jul. 1784. Th. 8. 249., vom 14. und 26. Aug. 1784. Th. 8. S. 308. 315.

gleichwohl zu keiner völligen Vereinigung beider Religionstheile hierüber gekommen (e). Inzwischen ist im Januar 1785. die Thätigkeit des Reichstages doch in so weit wieder hergestellt worden, daß unter eingelegten wechselseitigen Reservationen ein evangelischer Stimmführer der Fränkischen Grafen zugelaßen, und mit der evangelischen Alternation in Ansehung der Westphälischen Grafen der Anfang gemacht ist (f); worauf seitdem mehrere Reichstagsberathschlagungen, ohne diese Streitigkeit weiter zu berühren, zu Stande gekommen sind (g). Was

(e) Von wegen der Fränkischen catholischen Grafen hat der Fürst Carl Albrecht von Hohenlohe-Schillingsfürst (der, von einem Jesuiten erzogen, als die erste Quelle dieses ganzen Streites angegeben wird, Reuß Staatsc. Th. 12. S. 389.) theils in besonderen Schreiben, die er am 18. May 1784. an den Oesterreichischen Directorialgesandten Freyherrn von Borié und den 2. Jun. 1784. an die catholischen Reichsstädte erlaßen hat, theils noch in einer eignen Erklärung unterm 6. Dec. 1784. die heftigsten Widersprüche geäußert. Reuß Staatsc. Th. 7. S. 379. 393., Th. 9. S. 426=435. Einem Gerüchte, "so sich in Teutsch-"land verbreitet haben solle, daß der Herr Baron "von Borié allein die Berichtigung dieses durch "seine Folgen so äusserst wichtig gewordenen Ge-"schäffts (der berüchtigten Grafensache) aufhalte," ist schon unterm 17. Oct. 1783. durch ein fürstlich Kaunitzisches Circularschreiben an die kaiserlichen Minister im Reiche widersprochen worden. Reuß Staatsc. Th. 4. S. 331.

(f) Die besonderen Umstände, wie es mit der auf solche Art endlich hergestellten Thätigkeit des Reichstags zugegangen, sind in Reuß Staatscanzley Th. 9. S. 387=426. nachzusehen.

(g) Beynahe hätte noch im August 1785. auch die Thätigkeit des Fränkischen Kreises über diese
Gra-

3) Grafensache u. Reichsschluß 1775.

Was außerdem als eine Folge der letztern Visitation noch immer eine Erörterung zu erwarten hat, betrifft theils einige Schwierigkeiten, die sich in Befolgung des neuesten Reichsschlusses vom Jahre 1775. hervorgethan haben, theils einige erhebliche Gegenstände, die damals selbst bey der Reichsversammlung noch auf weitere Berathschlagung ausgesetzt blieben. Eine der wichtigsten Verfügungen jenes Reichsschlusses gieng dahin, daß die Zahl der bisherigen 17. Beysitzer bis auf 25. vermehret werden sollte. Zu dem Ende wurden die Cammerzieler jährlich um $\frac{1}{4}$ erhöhet, mit deren Zahlung gleich damals der Anfang gemacht werden sollte, damit gleich um Ostern 1776. noch acht neue Beysitzer einrücken könnten. Das Geld lief großentheils ein. Es fehlte auch nicht an Präsentirten, die gleich einzurücken wünschten. Nur über einige Präsentationen waren selbst noch ein und andere Anstände erst zu heben. Am Cammergerichte glaubte man aber abwarten zu müßen, bis erst alle acht neue Assessoren auf einmal einrücken könnten. Darüber verzog sich diese Einrückung bis zum 1. Jun. 1782., da dann endlich acht neue Beysitzer auf einmal aufgenommen wurden, nachdem inzwischen alle Anstände, die bisher noch wegen einiger Präsentationen im Wege

---

Grafensache Noth gelitten, da ein gewisser Hofrath Knörzer als catholischer Gesandter von Hohenlohe-Waldenburg eigenmächtig in die Kreisversammlung sich eindringen wollte, aber durch einen auf Requisition des Kreises von der Stadt Nürnberg befehligten Officier mit Wache das Sessionszimmer zu verlaßen genöthiget wurde. Reuß Staatscanzley Th. 12. S. 354-382.

Wege gewesen waren, durch verschiedene Vergleiche ihre Endschaft erlanget hatten (h).

III. Nun war aber noch ein Hauptanstand übrig, der die Einrichtung der Senate nach Vorschrift des neuesten Reichsschlusses betraf. Um mich hierüber verständlich zu machen, muß ich erst einige dahin einschlagende Erläuterungen voraussetzen (i). Bald nach Errichtung des Cammergerichts kam man (schon 1500.) auf die Gedanken, daß

(h) So ward I) am 23. Jul. 1777. von Seiten der beiden Sächsischen Kreise, und des evangelischen Theils der vier vermischten Kreise ein Vergleich errichtet, wie es künftig mit der unter ihnen abwechselnden Präsentation gehalten werden sollte. (Oben Th. 2. S. 418.) Sodann wurden II) im Schwäbischen Kreise am 25. Jun. 1779., und III) im Westphälischen Kreise am 26. Oct. 1779. die Anstände, die noch bey den evangelischen Präsentationen dieser Kreise obgewaltet hatten, durch Uebereinkunft der evangelischen Mitglieder eines jeden dieser beiden Kreise gehoben. Endlich IV) schien es nach den Veränderungen, die sich mit Abgange des Hauses Baiern ereignet hatten, noch eine Berichtigung zu erfordern, ob Churpfalz ferner einen evangelischen oder catholischen Beysitzer präsentiren sollte? Dieser Umstand wurde durch förmliche Schlüsse beider Religionstheile, die das catholische Corpus den 30. Jun. 1781., das evangelische den 28. Nov. 1781. faßten, dergestalt bestimmt, daß von Churpfalz künftig ein catholischer Beysitzer, dagegen aber zu Ersetzung des dadurch entstehenden Abganges einer evangelischen Stelle von den drey evangelischen Churhöfen abwechselnd ein evangelischer Beysitzer präsentirt werden sollte.

(i) Eine eigne ausführliche Schrift hierüber ist "Joh. Fried. Brandis Geschichte der innern Verfassung des k. R. Cammergerichts, hauptsächlich in

3) Grafensache u. Reichsschluß 1775.

daß zu Abfassung eines Urtheils doch nicht nöthig seyn möchte, immer alle 16. Männer, aus welchen damals das Cammergericht bestehen sollte, beysammen zu haben. Man hielt, wie ich glaube, nicht ohne Grund dafür, daß, wenn acht gleich geschickte und rechtschaffene Männer zur Beurtheilung einer Rechtssache gebraucht würden, der Zweck eben so gut, wo nicht besser, als von sechzehn oder einer noch größern Anzahl Männer zu erreichen seyn müßte. Acht Personen können eher nach der Absicht einer collegialischen Berathschlagung einander ihre Gedanken ausführlich und verständlich mittheilen, als es in einer zahlreicheren Versammlung geschehen kann. Und wenn acht gleich geschickte und redliche Männer eine Sache durch ihre abgelegte Stimmen erörtert haben, wird für die übrige Anzahl mehrerer Collegen nicht leicht noch viel neues hinzuzufügen übrig bleiben. Hingegen wenn man auf solche Art eine größere Anzahl Räthe oder Beysitzer in mehrere Senate, jede in besonderen Zimmern, vertheilen kann, ist der Vortheil augenscheinlich, desto mehrere Sachen zu gleicher Zeit vornehmen und abthun zu können.

IV. Das alles hat nun die Erfahrung am Cammergerichte vollkommen bewähret, so wie hingegen die Reichshofrathsordnung selbst das Geständniß enthält, daß die allzugroße Menge der Räthe (wie sie im Reichshofrathe alle an einer Tafel sitzen,) nur zur Verlängerung der Geschäffte gerei-

in Hinsicht der Senate als ein historischer Commentar über Art. 20. 21. des Reichsschlusses von 1775.", Wetzlar 1785. 8.

reiche (k). Aber wie bey den besten Anstalten nicht gnug dafür gewacht werden kann, daß man nicht durch zu vieles Künsteln andere nachtheilige Abweichungen veranlaße, so schien das hier der Fall zu seyn. Hatte man angenommen, daß acht Männer hinlänglich wären, um sich über ein Endurtheil zu vereinigen, so dachte man, zu Abfaßung eines bloßen Beyurtheiles, das nur zum Laufe des Processes gehörte, oder gar nur zu Erkennung einer Ladung als der ersten Einleitung des Processes, könnten allenfalls auch nur drey oder vier Männer hinreichen. So vertheilte man also das Cammergericht in zweyerley Senate, gerichtliche, wie man sie nannte, von acht, oder in der Folge auch nur von sechs Beysitzern, außergerichtliche Senate von drey oder vieren.

V. Zu der Zeit, als das Cammergericht überhaupt nur siebenzehn Beysitzer hatte, ernannte der Cammerrichter vier außergerichtliche Senate jeden von vier, einen von fünf Beysitzern. Zu Endurtheilen wurden alsdann zwey außergerichtliche Senate combinirt, um einen gerichtlichen Senat von sechs Beysitzern daraus zusammenzusetzen. Diese Zusammensetzung geschah zuletzt vom Cammerrichter in einer jeden einzelnen Rechtssache nach seinem Gutfinden; womit derselbe eine Gewalt bekam, die kaum noch ein ähnliches Beyspiel gehabt haben mochte. Denn an statt daß sonst ein jeder, der ein Collegium zu dirigiren hat, dessen Mitglieder doch nehmen muß, wie sie sind; so konnte hier ein Cammerrichter, so oft eine Rechtssache ent-

(k) Reichshofrathsordnung Ferdinands des III. Tit. I. §. 2.

3) Grafensache u. Reichsschluß 1775.

entschieden werden sollte, erst die Männer aussuchen, von deren Stimmen die Entscheidung abhangen sollte. Gelang es ihm nun soviel Männer zusammenzubringen, als zur Mehrheit der Stimmen nöthig war, wie er sie nach seiner Absicht wünschte; so hatte er es in seiner Gewalt, den Ausgang einer Sache nach seinem Sinne zu lenken, ohne daß ihm selbst die Gesetze einmal das Recht eine Stimme mit zu geben beygelegt hatten.

Solchen Abwegen abzuhelfen vereinigte man sich im Reichsgutachten (1775. Oct. 23.), daß künftig nicht mehr zu jeder einzelnen Sache ein eigner Senat von neuem ernannt, sondern das Cammergericht, wenn es mit 25. Beysitzern besetzt wäre, ein vor allemal in drey unveränderliche Senate jeden von acht, einen von neun Beysitzern vertheilt werden sollte. Doch war man der Meynung, daß, wenn in einem Senate auch ein oder zwey Beysitzer wegen Krankheit oder sonst abwesend seyn sollten, dennoch die sechs übrigen, jedoch nicht weniger an der Zahl, fortfahren könnten. Im Reichsgutachten ward das nur so ausgedrückt: daß Definitivsachen nicht anders als in Beyseyn sechs Beysitzer abgeurtheilt werden sollten. Aus dem Zusammenhange und den vorher abgelegten Stimmen der Reichsstände ließ sich deutlich gnug abnehmen, daß die wahre Meynung war: Definitivsachen sollten ordentlicher Weise von acht, oder doch nicht weniger als von sechs Beysitzern abgeurtheilet werden. In Vollziehung des Reichsschlusses nahm gleichwohl das Cammergericht eine so buchstäbliche Erklärung an, daß zwar drey Senate jeder von 8. Beysitzern ernannt, niemals aber mehr als 6. Beysitzer zu Beurtheilung einer Sache gelaßen wurden.

VII. Verschiedene Reichsstände waren bey Abfassung des Reichsgutachtens der Meynung gewesen, daß man zu Vermeidung aller Künsteleyen den bisherigen Unterschied zwischen gerichtlichen und aussergerichtlichen Senaten ganz aufheben, und alle Sachen ohne Unterschied in einerley Senaten vornehmen laßen sollte; nur mit der einzigen Einschränkung, daß, wenn wegen Krankheit oder anderer Abhaltung in einem Senate weniger als sechs Beysitzer gegenwärtig wären, alsdann keine Endurtheile sondern nur Bescheide oder Ladungen u. d. gl. erkannt werden sollten. Allein einige Stimmen hatten darauf angetragen, daß Bescheide und aussergerichtliche Erkenntnisse, wenn sie Reichsstände beträfen, niemals von wenigern, aber auch nicht von mehreren als sechs Beysitzern, Privatsachen aber nur von vier Beysitzern erörtert werden sollten. In solchen Fällen sollten also überschießende Beysitzer eines Senates aus demselben abtreten, und an einem besonderen sogenannten Bescheidtische solche Bescheide abfassen, die nur die äußerliche Form des Processes betreffen, als wo z. B. von Fristsuchungen, Ungehorsamsbeschuldigungen u. d. gl. die Rede ist. Hierüber haben sich ganz natürlich neue Schwierigkeiten und Anstöße hervorgethan, die nun von neuem einer Erledigung von Seiten der gesetzgebenden Gewalt bedürfen. (Man will bemerkt haben, daß dieser Anstände wegen seit dem Jahre 1782. von den nunmehrigen 25. Beysitzern noch weniger Rechtssachen, oder doch nicht mehrere, als vorher von

17. ihre endliche Entscheidung erlangt hätten. Provisorisch hat endlich das Cammergericht selbst die Einrichtung getroffen, daß Montags und Dienstags nur so genannte aussergerichtliche Sachen, worunter die erste Einleitung eines jeden Processes verstanden wird, in sechs Senaten von vier, oder drey Senaten von sechs Beysitzern vorgenommen, an den übrigen vier Tagen aber Endurtheile abgefasset werden sollen. Die Abtretung zu Bescheidtischsachen ist dadurch etwas vermindert, jedoch nicht ganz gehoben. Sie bleibt aber immer Ursache, daß häufig Beysitzer in den Senatsstunden unbeschäfftiget bleiben, und die Senate doch nie, wie es die Absicht des Reichsschlusses war, aus einerley Personen bestehen, weil es einem jeden, der seine Relation geendiget hat, zur Pflicht gemacht ist, an den Bescheidtisch abzutreten.)

VIII. Uebrigens hatte der Reichsschluß offenbar zur Hauptabsicht genommen, fürs künftige zu verhüten, daß das Directorium weder durch Erkünstelung der Senate zu einzelnen Sachen noch sonst mehr ungesetzmäßigen Einfluß auf die Entscheidung einzelner Rechtssachen haben könnte. Zu dem Ende sollte die Vertheilung der Acten unter den drey Senaten durch das Loos, in jedem Senate aber die Person des Referenten vom Cammerrichter bestimmt werden. Sodann sollte nicht wie bisher von der Vorschrift des Cammerrichters abhangen, welcher Beysitzer, und welche Sache er jedesmal vortragen sollte; sondern in der persönlichen Ordnung der Referenten sollte die Reihe nach ihrem Range gehalten, oder ein so genannter Turnus beobachtet werden; für die vorzutragenden

Sachen sollte aber eine gewisse gesetzmäßige Ordnung den Vorzug einer Sache vor der andern bestimmen. Auch ward der Vorsitz in den drey Senaten so vorgeschrieben, daß der Cammerrichter und beide Präsidenten von einem Jahre zum andern darin abwechseln sollten.

IX. Ueber diejenigen Gegenstände, die sich der Reichstag noch zur weitern Berathschlagung vorbehielt, sollte nach Vorschrift des Reichsschlusses eigentlich noch erst von der Visitation Bericht erfordert werden. Da aber diese inzwischen abgebrochen worden, so eröffnet sich hier eine neue Frage: ob der Reichstag nun ohne einen solchen Bericht abzuwarten diese Sachen vornehmen soll; oder ob man erst wieder darauf bedacht seyn will, die abgebrochene Visitation von neuem in Gang zu bringen? Das letztere würde unstreitig in vielem Betrachte zu wünschen seyn. Gar viele Dinge, die hiebey zu erörtern vorkommen, laßen sich unstreitig besser an Ort und Stelle beurtheilen, als in einer solchen Entfernung, worin der Reichstag vom Cammergerichte steht. Soll aber die Visitation hergestellt werden, so wird wohl kein Teutscher Biedermann den Wunsch verleugnen können, daß erst alle bisherige Anstände, die sich bey der Visitation selbst geäußert haben, und großentheils von der 1766. unvollendet gelaßenen vorgängigen Reichstagsberathschlagung abgehangen, zuvor gänzlich berichtiget seyn mögen.

X. Um von der Erheblichkeit der hier in Betrachtung kommenden Gegenstände nur einigen Begriff zu machen, ohne doch zu tief in das unübersehbare

3) **Grafensache u. Reichsschluß 1775.** 163

bare processualische Feld hineinzugehen, will ich nur ein und andere Puncte hier bemerklich machen. Eine der allgemeinsten Regeln der Rechtspflege muß billig diese seyn, daß keinem Beklagten, ohne erst über die Klage gehöret zu seyn, auf einseitigen Vortrag des Klägers anbefohlen werden darf denselben klaglos zu stellen, weil ein Richter nie zum voraus wissen kann, ob des Klägers Erzehlungen ihre völlige Richtigkeit haben, und ob der Beklagte nicht vielleicht gegründete Einreden dawider vorbringen könne. Diese Regel kann nur wenige Ausnahmen leiden, als insonderheit nur alsdann, wenn Thätlichkeiten, wodurch sich jemand selber helfen und einen andern aus seinem Besitze verdrängen wollen, hinlänglich bescheiniget sind, oder wenn auf klare Brief und Siegel geklagt wird, wider welche keine unlautere Einwendungen anders als nach geschehener Bezahlung in einem besonderen Processe statt finden können. Für diese beide Fälle hat man schon in mehreren Gesetzgebungen gut gefunden, zwey besondere Gattungen eines possessorischen und executiven Processes einzuführen, worin summarischer als in dem sonst gewöhnlichen ordentlichen Processe verfahren, und dem Beklagten nur nachgelaßen wird, seine nicht den Besitz sondern das Recht betreffende, oder sonst unlautere und noch weit aussehende Einreden in einem besonderen Processe auszuführen. Nach dem Reichsprocesse, wie er in der Cammergerichtsordnung und anderen Reichsgesetzen vorgeschrieben ist, können in solchen Fällen von den Reichsgerichten Strafbefehle (Mandate) erkannt werden, bey denen weniger zu erinnern ist, wenn sie die Clausel enthalten, daß, im Fall

der

der Beklagte sich dadurch beschwert hielte, derselbe nur seine Einreden dagegen vorbringen sollte (Mandate mit der Justificatoriclausel); denn in solchem Falle verwandelt sich der Befehl von selbsten in die Kraft einer bloßen Ladung. Allein wenn Mandate ohne solche Clausel erkannt werden, und darauf gleich die Execution erfolgen soll, so ist dabey desto mehr zu erinnern, zumal wenn jemand dadurch die Vortheile des Besitzes verliehren, und dann erst sein Recht ausführen soll.

XI. Dabey tritt in Ansehung der beiden höchsten Reichsgerichte noch der besondere Umstand ein, daß vermöge der Cammergerichtsordnung in Sachen, worin Mandate ohne Clausel erkannt werden, die Austrägalinstanz (1) wegfällt. In dieser Rücksicht werden häufig von klagenden Partheyen Mandate ohne Clausel gesucht, um nur die Austrägalinstanz vorbeygehen zu können; und eine gewisse Abneigung gegen diese Instanz mag auch nicht selten Antheil daran haben, daß dergleichen Mandatsgesuche Gehör finden, wo es von Rechts wegen nicht seyn sollte. Darüber sind deswegen schon viele Recurse an den Reichstag ergriffen worden; daher es wohl der Mühe werth wäre, auf eine genauere Bestimmung der Fälle, worin Mandate ohne Clausel zu erkennen seyen, von Seiten der gesetzgebenden Gewalt Bedacht zu nehmen, wie das einer der Puncte ist, die der neueste Reichsschluß dazu empfiehlt.

XII. Den Beschwerden wegen der Mandatserkenntnisse auszuweichen bedient sich der Reichshofrath
zu

(1) Oben Th. I. S. 214. und 320. u. f.

zu Zeiten eines gewissen Ausweges, indem er im Namen des Kaisers und mit dessen eigner Unterschrift Rescripte erlaßen kann, worin oft mit feineren Wendungen und in höflicheren Ausdrücken, als in den gewöhnlichen Mandatsformularen, einem belangten Reichsstande zu erkennen gegeben wird, wie der Kaiser z. B. zu des Beklagten eigner Gerechtigkeitsliebe und Gemüthsbilligkeit das Vertrauen habe, daß er von selbsten geneigt seyn werde, die eingeklagte Beschwerde auf diese oder jene Art abzuthun. Dergleichen Rescripte, wie sie vielmehr bey Höfen und Staatsministerien, als bey eigentlichen Gerichten in Uebung sind, hat das Cammergericht unter seinen Ausfertigungen, die alle nur nach processualischen Formularen vorgeschrieben sind, nicht. Es hat aber in neueren Zeiten angefangen in seinen so genannten Extrajudicialdecreten, worin der klagenden Partheyen Gesuch erkannt oder abgeschlagen oder auch noch auf gewisse Bedingungen ausgesetzt wird, jene Schreibart der kaiserlichen Rescripte nachzuahmen. So war es z. B. geschehen, daß der Churpfälzische Hof, als das Cammergericht eine Nichtigkeitsklage von einem gewissen Landschreiber Heiler gegen den Churfürsten angenommen und die gewöhnliche Ladung darauf erkannt hatte, gleich davon den Recurs an den Reichstag genommen hatte, ohne daß der Kläger zu seinem Zwecke gelangen konnte. Als hernach bald darauf von einem gewissen Ulsaner eine ähnliche Nichtigkeitsklage gegen den Churfürsten Clemens August von Cölln einkam; ertheilte das Cammergericht darauf ein Decret ungefähr des Inhalts: Noch zur Zeit abgeschlagen, sondern versiehet man sich zu des Herrn Churfürsten

Gemüthsbilligkeit und Gerechtigkeitsliebe, daß er von selbsten geneigt seyn werde, dem Kläger über seine Beschwerden rechtliches Gehör zu gestatten, und sein Recht widerfahren zu laßen 2c. Der Mann erreichte damit seinen Zweck. Man nannte das eine Ordination. Seitdem wurde in kurzem nichts allgemeiner als dergleichen Ordinationen zu suchen und zu erkennen. Das alles geschah inzwischen ohne Vorschrift und Bestimmung der Gesetze. Und im Grunde waren es doch immer Erkenntnisse auf einseitige Vorträge, wodurch leicht etwas erschlichen werden konnte. Daher ward auch dieses zur näheren Bestimmung der gesetzgebenden Gewalt empfohlen.

XIII. Endlich gibt es zwischen den beiden höchsten Reichsgerichten wegen der Concurrenz ihrer Gerichtbarkeit oft beschwerliche Collisionen; wie überhaupt eine solche Einrichtung, daß mehrere Gerichte eine concurrirende Gerichtbarkeit auszuüben haben, nach allgemeinen Grundsätzen der Staatsklugheit wohl keinen Beyfall verdienet. Es ist zwar, sofern eine Parthey die Wahl hat, ob sie ihre Sache am Cammergerichte oder Reichshofrathe anbringen wolle, eine ganz ausgemachte Sache, daß dasjenige Reichsgericht, dessen erkannte Processe zuerst insinuirt werden, vor dem andern das Recht der Prävention gewinnt. Jedoch nicht nur darüber ereignen sich zu Zeiten zweifelhafte Irrungen, sondern in vielen Fällen wird selbst vom Reichshofrathe dem Cammergerichte die Concurrenz streitig gemacht, wo jener gemeiniglich vom kaiserlichen Hofe, letzteres von Seiten der Reichsstände unterstützt wird. Eine schon

oben

3) **Grafensache u. Reichsschluß 1775.** 167

oben (Th. 2. S. 111.) berührte Streitigkeit von der Art beruhet auf der authentischen Erklärung einer Stelle der Cammergerichtsordnung von Rechtssachen, die ganze Fürstenthümer betreffen, die das churfürstliche Collegium schon 1742. zur reichstäglichen Erörterung empfohlen hat. Jetzt hat der Reichsschluß 1775. von neuem den Jurisdictionsconflict der beiden höchsten Reichsgerichte überhaupt zur nähern Bestimmung der gesetzgebenden Gewalt heimgestellt.

Unter andern scheint man zu Wien alle solche XIV. Fälle, wo von kaiserlichen Reservatrechten die Rede ist, oder wo Reichsgesetze der kaiserlichen Fürsorge gewisse Angelegenheiten empfehlen, einer privativen Gerichtbarkeit des Reichshofraths mit Ausschließung des Cammergerichts zueignen zu wollen; ungeachtet nichts gewisser ist, als daß in allen zur kaiserlichen Gerichtbarkeit geeigneten Sachen, sofern nicht ausdrückliche Reichsgesetze das Cammergericht davon ausschließen, dieses eben sowohl als der Reichshofrath im Namen des Kaisers Recht zu sprechen befugt ist. So war noch im Jahre 1777. über eine vom Bischofe zu Lüttich an einen Herrn von Weichs vergebene Probstey zu Hansinne ein Streit mit einem Herrn von Collenbach entstanden, der sich diese Pfründe durch eine päbstliche Provision zu verschaffen gesucht hatte. Als hierüber vom Cammergerichte auf Ansuchen des Herrn von Weichs und selbst auf Verlangen des Bischofs von Lüttich ein Mandat erkannt und insinuirt war; bewirkte der Herr von Collenbach vom Reichshofrathe ein anderweites Erkenntniß, worin ausdrücklich behauptet wurde,

daß

daß diese Rechtssache weder an das Cammergericht, noch an den Official zu Lüttich, sondern nur an den Reichshofrath gehörte; vermuthlich weil es hier auf eine Entscheidung aus den Concordaten mit dem päbstlichen Stuhle ankomme, deren Handhabung in der Wahlcapitulation der kaiserlichen Majestät empfohlen sey (m).

XV. Dieser Vorfall hat nicht nur einen vom Bischofe von Lüttich im Jahre 1780. ergriffenen Recurs an den Reichstag veranlaßt (n), sondern seitdem auch noch eine andere Folge gehabt, worüber noch mehr Aufsehen entstanden ist. Es sind nehmlich einige Jahre nachher (1785.) im Namen Seiner Majestät des Kaisers dem Cammergerichte die Acten und Berathschlagungs-Protocolle über diese Sache abgefordert worden. Hierwider hat man sich auf mehrere Stellen der Reichsgesetze bezogen, vermöge deren dem Cammergerichte durch keine absonderliche kaiserliche Rescripte die Hände gebunden, auch keine daselbst anhängig gemachte Sache von da abgefordert, noch aufgehoben und dagegen inhibirt, oder sonst in andere Weise rescribirt werden solle ꝛc. (o). Insonderheit hat man es wegen der Stimmfreyheit der Cammergerichtsbeysitzer, deren Vota nur ein dem Gerichte anvertrautes Geheimniß bleiben sollen, für bedenklich gehalten, und noch bedenklicher, da der Gegenstand eine Collision der Gerichts

(m) Reuß Teutsche Staatscanzley Th. 1. S. 103-119.

(n) Reuß Deductionssammlung S. 1-158.

(o) C. G. O. 1555. Th. 2. Tit. 35., R. A. 1654. §. 166., Wahlcap. Art. 16. §. 7.

3) **Grafenſache u. Reichsſchluß 1775.**

richtbarkeit der beiden höchſten Reichsgerichte betroffen, worüber keine einſeitige Verfügung ſtatt finden können. Verſchiedene der angeſehenſten Teutſchen Höfe haben deswegen nöthig gefunden, dem Cammergerichte ſelbſt deswegen eine nachdrückliche Aeuſſerung mit Verwahrung der reichsſtändiſchen Rechte zukommen zu laßen.

Ueber alle dieſe Dinge wäre die Befolgung XVI. einerley richtiger Grundſätze von Seiten Kaiſers und Reichs um ſo mehr zu wünſchen, je weniger einem Monarchen, den das Teutſche Reich als ſein höchſtes Oberhaupt verehret, damit gedient ſeyn kann, in Entſcheidung einzelner Rechtsſachen irgend einen Miniſterialeinfluß zu geſtatten, und je mehr beiden Theilen daran gelegen ſeyn muß, daß an beiden höchſten Reichsgerichten eine ohne alle Rückſichten oder Nebeneinflüſſe gerade durchgehende Gerechtigkeit gehandhabet werde.

IV.
Neue Aussichten für die Religionsbeschwerden.

> I. II. Zu Abhelfung der Religionsbeschwerden war seit 1742. eine neue Stelle in die Wahlcapitulation eingerückt, — III. und auf Veranlaßung eines churfürstlichen Collegialschreibens 1764. von Joseph dem II. eine preiswürdige Erklärung ertheilet. — IV. Zu deren Befolgung und Benutzung ward 1770. eine besondere Deputation sechs evangelischer Reichsstände beschloßen und ins Werk gerichtet; wozu jedoch die zur Bestreitung der Unkosten nöthigen Geldbeyträge mit Ausgang des Jahres 1784. meist erschöpft sind.

I. Noch waren zwey wichtige Gegenstände, die unter Joseph dem II. gleich von seinem Wahlconvente her in neue Bewegung gesetzt waren; einer, der die Beschwerden der verschiedenen Religionsverwandten gegen einander; ein anderer, der verschiedene Beschwerden catholischer Reichsstände in ihrer eignen hierarchischen Verfassung betraf.

II. Ungeachtet das gute Vernehmen, worin das Haus Oesterreich bis auf den siebenjährigen Krieg mit Großbritannien und dem Hause Hannover stand, vielleicht oft dazu beförderlich gewesen war, daß manche Beschwerden evangelischer Reichsstände oder Unterthanen noch ihre Erledigung oder Vermittelung gefunden hatten; so nahm doch die Anzahl der Religionsbeschwerden seit dem Badischen Frieden selbst unter der Regierung Carls des VI. sowohl in der Pfalz als in vielen andern Ländern dergestalt zu, daß schon bey der Wahl Carls

4) Religionsbeschwerden 1764. u. f.

Carls des VII. das churfürstliche Collegium sich bewogen fand, eine eigne Stelle in die Wahlcapitulation einzurücken, wie den vielen Beschwerden abzuhelfen seyn möchte. Diese seitdem in den folgenden Wahlcapitulationen beybehaltene Stelle war, hauptsächlich durch die Bemühungen der damaligen Churtrierischen und Churbraunschweigischen Wahlbotschafter (von Spangenberg und von Münchhausen), so gefaßt: "Wo die Augsburgischen Confessionsverwandten gegen den Westphälischen Frieden oder andere Reichsgesetze sich beschwert zu seyn erachteten, und darüber von den evangelischen Ständen mit Inbegriff der Reichsritterschaft, sammt oder sonders Vorstellungen an den Kaiser erlaßen würden, sollte derselbe sich darauf ohne allen Anstand obgedachten Reichsgrundgesetzen gemäß entschließen, sofort sothane Entschließung den evangelischen Ständen zu wissen thun, solche auch ungesäumt zum Vollzuge bringen, keinesweges aber in Religionssachen Processe verstatten, sondern darunter lediglich den Reichsgrundgesetzen nachgehen, und daran seyn, daß die bisher angebrachten noch unerledigten Religionsbeschwerden des fordersamsten reichsgesetzmäßig abgethan würden (p)."

So bündig diese Stelle gefaßt zu seyn schien, III. so war doch unter beiden folgenden Regierungen wenig oder gar keine Wirkung davon zu spühren. Bey der Wahl Josephs des II. ward deswegen der Kaiser Franz in einem churfürstlichen Collegialschreiben von neuem ersucht, "die Verfügung zu treffen, daß nicht nur alle Religionsbeschwerden nach

(p) Wahlcap. (1742.) Art. I. §. IX.

nach dem Inhalte der Wahlcapitulation fordersamst erlediget werden möchten, sondern auch zu Beförderung der Wohlfahrt und des innern Ruhestandes des Reichs fürs künftige hierin aufs kräftigste vorgebeuget werde." Es ergiengen auch gleich damals kaiserliche Befehle an die Reichsgerichte, die rechtshängigen Religionssachen zur rechtlichen Entscheidung zu befördern. Hauptsächlich aber erklärte sich hernach Joseph der II. auf ein Vorstellungsschreiben, so das evangelische Corpus von neuem erlaßen hatte, in einem an die Principalcommission erlaßenen Rescripte (1769. Jan. 8.) auf eine höchstpreiswürdige Art, wie Seiner Majestät Absicht sey, "den sich in Religionssachen beschwerenden Partheyen, sobald solche die Sachen gehörig anbringen und fortsetzen würden, mit Beseitigung aller weitläuftigen Processe, vorzüglich vor allen anderen mit executivischem Verfahren Rechtshülfe angedeihen zu laßen."

IV. Durch diese Erklärung aufgemuntert, faßte das evangelische Corpus neuen Muth, um auch seines Orts dazu beförderlich zu seyn, den höchsten Reichsgerichten die Erörterung der Religionsbeschwerden soviel möglich zu erleichtern, und selbst dafür zu sorgen, daß sie auch nicht mit ungegründeten Beschwerden behelliget werden möchten. Es beschloß daher (1770. Apr. 11.) eine eigne Deputation sechs evangelischer Stände zu ernennen (q) und denselben einen Rechtsgelehrten als Con-

---

(q) Diese Stände waren Chursachsen, Churbraunschweig, Heßencaßel, Wetterauische Grafen, Stadt Regensburg und Heilbronn. Eine aus

4) Religionsbeschwerden 1764. u. f.

Consulenten zuzuordnen, damit alle Religionsbeschwerden, worin eine Unterstützung oder Fürsprache der evangelischen Reichsstände gesucht würde, erst geprüfet werden könnten. Hernach wollte man suchen, die nöthige Bevollmächtigung von Seiten der beschwerten Partheyen, wie auch die erforderlichen Beweismittel, woran es sonst bey Reichsgerichten oft fehlte, in die gehörige Ordnung bringen zu helfen. Und dann sollte eine jede Parthey zu Anbringung oder Fortsetzung ihrer Beschwerden bey einem der beiden höchsten Reichsgerichte angewiesen werden. Die zu dieser Anstalt erforderlichen Kosten ließ man einsweilen auf den freywilligen Beytrag eines jeden Reichsstandes ankommen (r). Bis im November 1784. sind nun bey dieser Deputation zwanzig Sachen vorgekommen; davon haben aber nur sechs bey Reichsgerichten in Gang gebracht werden können. (Man muß

ausführliche Nachricht von der ganzen Sache findet sich in Walchs neuester Religionsgeschichte Th. 1. S. 251=292.

(r) Diese Beyträge, wie sie vom 27. Sept. 1770. bis zum 13. Febr. 1771. eingegangen waren, betrugen besage einer Berechnung vom 31. Dec. 1784. zusammen 7474. Fl. 12. Kreuzer, wovon zu Ende des Jahrs 1784. noch 854. Fl. 16. Kr. übrig waren. Zu jener Summe hatten beygetragen Churbraunschweig 900. Fl., Holsteinglückstadt 404. Fl. 24. Kr., Holsteingottorp 400. Fl., Stadt Hamburg 400. Fl., BraunschweigWolfenbüttel 360. Fl., Nassauoranien 300. Fl., Chursachsen, Mecklenburg=Schwerin, Hessencassel, Mecklenburg=Strelitz, Hessenhanau, jedes 180. Fl. u. s. w. Von Berlin aus war kein Beytrag geschehen. **Reuß Staatscanzley** Th. 10. S. 151=180.

muß wünschen und hoffen, daß mit toleranteren Gesinnungen des aufgeklärteren Theils der Catholischen nach dem erhabenen Beyspiele Josephs des II. die Quellen der Religionsbeschwerden selbst sich nach und nach vermindern werden.)

V.

Veränderungen in der catholischen Kirchenverfassung; besonders mit Aufhebung der Jesuiten.

I. Erneuerte Beschwerden der Teutschen catholischen Kirche über den Römischen Hof. — II. insonderheit auf Veranlaßung eines Streits zwischen dem Bischofe und Domcapitel, und dem Dombechanten zu Speier, — den die päbstliche Rota zum Nachtheile der erzbischöflichen Instanz zu Mainz nach Rom ziehen wollte; — III. da jedoch, auf ein churfürstliches Collegialschreiben an den Kaiser, der Pabst nachgab; — wiewohl der Inhalt dieses Collegialschreibens noch nicht ganz erschöpft ist. — IV. Inzwischen erschienen darüber in Druck eine vollständigere Ausgabe der Concordate, mit eingerückter Acceptation der Baselischen Concilienschlüsse, — und ein der päbstlichen Gewalt sehr nachtheiliges Buch unter dem Namen Justinus Febronius. — V. Auch entwarfen die drey geistlichen Churfürsten von neuem ihre Beschwerden über den Römischen Hof; — wiewohl ohne noch die gehoffte Unterstützung vom Kaiser zu erlangen. — VI. Die wichtigste Veränderung ereignete sich endlich mit Aufhebung der Jesuiten; — VII. wovon sich schon mit mehr Aufklärung und toleranteren Gesinnungen beträchtliche Folgen zu zeigen anfiengen; — VIII. zum Theil schon unter Maria Theresia, aber noch ungleich mehr unter Joseph dem II., in den Oesterreichischen Erbstaaten. — IX. Doch blieben noch immer Exjesuiten in Teutschland wirksam gnug. — X. Und unter Russischem Schutze fand der Orden noch Mittel von neuem sich fortzupflanzen.

I. Für das catholische Teutschland waren noch von alten Zeiten her viele Beschwerden insonders

5) **Cathol. Kirchenverfassung.** 175

derheit gegen die Römischen Curialisten übrig. Ein besonderer Vorfall gab Gelegenheit, daß einige derselben aufs neue rege gemacht wurden.

Zwischen dem Bischofe und dem Domcapitel II. zu Speier waren vielerley Streitigkeiten, worüber im Jahre 1760. ein Vergleich im Werke war, dem sich aber der damalige Domdechant, Graf von Limburg-Styrum (seit 1770. selbst Bischof zu Speier) widersetzte. Seitdem kam es selbst zwischen dem Domcapitel und dem Domdechanten zu solchen Mißhelligkeiten, daß jenes den letztern von seiner Stelle suspendirte. Als dagegen der Domdechant vom erzbischöflichen Metropolitangerichte zu Mainz einen Herstellungsbefehl bewirkte, brachte das Domcapitel durch eine Appellation an die päbstliche Rota zu Rom es dahin, daß nicht nur eine päbstliche Inhibition nach Mainz ergieng, um jenen Herstellungsbefehl nicht zu vollziehen, sondern daß auch die Hauptsache selbst mit Vorbeygehung der Mainzer Instanz gänzlich nach Rom gezogen, und daselbst in der so genannten signatura iustitiae loco gratiae erörtert werden sollte.

Hierdurch hielt sich selbst der Mainzer Hof III. beschweret, daß gegen die von der Teutschen Nation acceptirten Schlüsse der Baseler Kirchenversammlung und die sich darauf beziehenden Concordate zu Rom verfahren würde. Bey der Wahl Josephs des II. wurde darüber ein churfürstliches Collegialschreiben an den Kaiser erlaßen, worin die Churfürsten äußerten: "wie hohe Noth es sey, die noch immer mehr sich ausbreitenden Eingriffe gegen die Freyheit der Teutschen Kirche abzu-

abzuschaffen, und fernerhin nicht mehr zu dulden; wie man zwar in die persönliche päbstliche Gesinnung keinen Zweifel setze, aber desto mehr über den Römischen Hof und die dortigen Tribunalien zu klagen habe; wie es insonderheit darauf ankomme die ungebührlich nach Rom gezogenen Appellationen und Evocationen, und die daselbst eingeführten ungewöhnlichen Gerichtsstellen nicht zu gestatten, sondern in solcher Absicht die schon auf dem Reichstage zu Augsburg 1530. versprochene Unterhandlung mit dem päbstlichen Stuhle zu bewerkstelligen, und das noch vom Jahre 1719. her rückständige Reichsgutachten zu erwirken ꝛc." (s). Dieses Collegialschreiben war von der Wirkung, daß

(s) Schon im R. A. 1530. §. 132. hatte der Kaiser Carl der V. versprochen, "wegen der bis dahin schon auf mehreren Reichstagen vorgekommenen Beschwerden der Teutschen Nation gegen den Stuhl zu Rom bey demselben mit allem höchsten Fleisse zu handeln, und die Sache dahin zu fördern, damit solche Beschwerden abgestellt, und der Teutschen Nation in diesem ihrem billigen Begehren statt gegeben werde." (Samml. der R. A. Th. 2. S. 326.) Diese seitdem noch nicht zum Zweck gediehene Handlung mit dem päbstlichen Stuhle ward also 1) in obigem Collegialschreiben von neuem empfohlen. Hernach hatte II) Kaiser Joseph der I. unterm 5. Sept. 1707. verschiedene Verordnungen an die Officialatgerichte zu Lüttich, wie auch zu Cölln, Paderborn und Münster erlaßen, um die Appellationen und Evocationen in weltlichen Sachen nach Rom und an die Nunciaturen nicht zu gestatten. (Sie finden sich als Beylagen des kaiserlichen Commissionsdecretes vom 24. May 1719. Num. 5:13. in Pachners von Eggenstorf Sammlung der Reichsschlüsse Th. 4. S. 84:91.) Diese Verfügungen ließ Carl der VI.,

5) Cathol. Kirchenverfassung. 177

daß selbst in der Speirischen Sache der päbstliche
Hof gleich nachgab, indem er die völlige Herstellung

in Beziehung auf das, was die Visitation des
Cammergerichts 1713. wegen Abstellung der un-
gebührlichen Appellationen und Evocationen an
höhere geistliche Gerichte in ihrem Berichte hatten einfließen laßen, in dem Commissionsdecrete
vom 24. May 1719. den Reichsständen mittheilen, mit der Aeußerung, wie Ihre kaiserliche Majestät nicht undienlich zu seyn vermeynten, wenn
auch das Cammergericht zu Beobachtung jener
Verfügungen angewiesen würde. (Samml. der
R. A. Th. 4. S. 342. Schmauß corp. iur. publ.
S. 1285.) Es ward aber in dem darauf erfolgten Reichsgutachten vom 15. Dec. 1719. über
diesen Punct keine Erklärung ertheilt, sondern
nur soviel geäußert: "Auf die übrigen in oban-
„geführtem kaiserlichen Commissionsdecrete enthal-
„tenen Puncte würde man nach vollbrachter Deli-
„beration den fernern Schluß demnächst auch er-
„öffnen, und darüber kaiserlicher Majestät das
„weitere Reichsgutachten erstatten." (Samml.
der R. A. Th. 4. S. 347. Schmauß am a. O.
S. 1293.) Das ist also das Reichsgutachten,
dessen Erwirkung in obigem Collegialschreiben empfohlen wird, und noch immer erwartet werden
kann. Die Zeit scheint doppelt gelegen dazu zu
seyn, da eben jetzt (1786.) die Errichtung einer
neuen Nunciatur in Baiern im Werke ist, und
Joseph der II. zur Beruhigung des catholischen
Teutschlandes sich schon erkläret hat, daß den
päbstlichen Botschaftern keine Gerichtbarkeit noch
andere Eingriffe in die Rechte der Bischöfe und
Erzbischöfe zu gestatten seyen. Es wäre wohl der
Mühe werth, daß ein förmlicher Reichsschluß
darauf das Siegel drückte. (Obiges Collegialschreiben vom 19. März 1764. findet sich übrigens
im Wahldiario Josephs des II. S. 68. und 87.
und nebst den vorhergegangenen churfürstlichen

lung des Domdechanten verfügte, und die Erörterung der Sache selbst nach Mainz zurückverwies (t). Das alles zeigte sich aber bald nur als ein Vorspiel weit größerer Dinge, die dem Römischen Hofe von Teutschland aus bevorzustehen schienen.

IV. Schon seit einiger Zeit konnte man es in der Litteratur des catholischen Teutschlandes wahrnehmen, daß man über den Werth der Isidorischen Decretalen (u), und eben deswegen auch über das Verhältniß der Teutschen Bischöfe und Erzbischöfe zum Römischen Stuhle, über die Immunität der Geistlichen, und über das Mönchswesen nicht mehr so dachte, oder doch nicht mehr so zurückhaltend war, wie in vorigen Zeiten. Selbst die Rechtssache des Speirischen Domdechanten mochte wohl einigen Antheil daran haben, daß im Jahre 1763. ein neuer Abdruck von den Concordaten zwischen dem päbstlichen Stuhle und der Teutschen Nation in ihrer Vollständigkeit erschien, wo zum erstenmal die wichtige Urkunde von der von Albrecht dem II. im Jahre 1439. geschehenen Acceptation der Baselischen Concilienschlüsse

Abstimmungen in Mosers Religionsverfassung S. 742=749. wie auch in Henr. Ferd. Christ. von Lynker Wahlcap. Josephs des II. mit beygefügtem Protocolle 2c. Arnst. 1783. 4. S. 184. u. 305.)

(t) Das päbstliche Erkenntniß vom 4. Sept. 1764. habe ich in meinen Rechtsfällen B. 1. Th. 2. S. 316. abdrucken laßen. Ein Vergleich, der hernach am 18. Jan. 1767. über die Sache selbst geschlossen worden, findet sich in Cramers Wetzlarischen Nebenstunden Th. 68. S. 100.

(u) Oben Th. 1. S. 88=93.

5) **Cathol. Kirchenverfassung.**

schlüsse zum Vorschein kam, und zugleich ins Licht gesetzt wurde, daß nicht bloß dasjenige, was im Jahre 1448. zu Aschaffenburg vorgegangen, sondern schon verschiedene päbstliche Bullen vom Jahre 1447. die vollständigen Concordate ausmachten; woraus sich weit ein mehreres, als bloß aus den Aschaffenburger Concordaten, zum Vortheile des catholischen Teutschlandes gegen den Römischen Hof behaupten ließ (v). In eben dem Jahre 1763. erschien aber noch überdies über den eigentlichen Zustand der Kirche und über die rechtmäßige Gewalt des Römischen Pabstes unter dem angenommenen Namen Justinus Febronius, vom Weihbischof Johann Nicolaus von Hontheim zu Trier, ein Buch (w), das in ganz Europa Aufsehen machte, und dem päbstlichen Stuhle äußerst unangenehm seyn mußte, weil es den Primat des Römischen Bischofs mit vieler gründlichen Gelehrsamkeit in sehr enge Gränzen zurücksetzte (x).

Das

(v) Oben Th. I. S. 296=299. und meine Litteratur des Teutschen Staatsrechts Th. 2. S. 486.

(w) Iustini FEBRONII *de statu ecclesiae et legitima potestate Romani pontificis liber singularis ad reuniendos dissidentes in religione Christianos compositus*, Bullion. 1763. 4.

(x) Der Herr von Hontheim ist zwar hernach genöthiget worden, unterm 1. Nov. 1778. eine Retractation der in seinem Buche dem päbstlichen Hofe mißfällig gewesenen Sätze auszustellen, die Pius der VI. am ersten Weinachtstage 1778. dem Cardinalscollegio feierlich bekannt gemacht hat. Ob aber damit der Eindruck, den die im Febronischen Buche enthaltenen Gründe, insonderheit die dadurch unter den Catholischen vom Ungrunde der Isidorischen Decretalen mehr verbreitete Aufklärung

V. Das alles schien endlich noch weit wirksamer zu werden, da im Jahre 1769. von den drey geistlichen Churfürsten drey Bevollmächtigte, worunter selbst der Herr von Hontheim war, zu Coblenz zusammenkamen, und 31. Artikel entwarfen (y), die dem kaiserlichen Hofe übergeben wurden, um darnach die Herstellung der Freyheit der Teutschen catholischen Kirche und die Abstellung der bisherigen Anmaßungen des Römischen Hofes nach ächten Grundsätzen zu bewirken. Dießmal wurde aber das Ungewitter, das hiermit über dem Römischen Stuhl zu schweben schien, noch dadurch abgewandt, daß zu Wien die Erklärung erfolgte: "Kaiserliche Majestät könnten sich zur Zeit in diese Beschwerden nicht mengen; Sie ertheilten den Herren Erzbischöfen demnach den Rath, daß sich ein jeder mit den ihn betreffenden Beschwerden für sich unmittelbar an den Pabst wenden möchte" (z). Doch wenige Jahre nachher ereignete sich noch eine Begebenheit, welche von neuem den Weg zu großen Veränderungen in der catholischen Kirche bahnte.

VI. Schon seit mehreren Jahren hatten sich in verschiedenen catholischen Reichen über die Jesuiten einige trübe Wolken zusammengezogen. Aber daß der ganze Orden seinem Ende so nahe seyn sollte,

als

rungen einmal gemacht haben, gehoben sey? ist eine andere Frage. Walchs neueste Religionsgeschichte Th. 7. S. 195. und 455. HONTHEIM *commentarius in suam retractationem*, Frf. 1781. 4.

(y) Joh. Fried. Le Bret Magazin zum Gebrauch der Staaten- und Kirchengeschichte Th. 8. (Ulm 1783. 8.) S. 1-21.

(z) Le Bret am a. O. S. 21.

5) **Cathol. Kirchenverfassung.**

als auf einmal (1773. Jul. 21.) dessen Aufhebungsbulle von Clemens dem XIV. erschien, das hatte nach mehrmaligen Beyspielen ähnlicher Unfälle, die den Orden in einzelnen Reichen betroffen hatten, und nach der Art, wie er sich selbst dem päbstlichen Stuhle und der ganzen Römischen Hierarchie als deren größte Stütze unentbehrlich gemacht hatte, kaum jemand erwarten können. Doch der Fall geschah. Die Bulle erschien nicht nur. Sie wurde fast in allen catholischen Staaten pünctlich vollzogen. Ihre Güter nahm an den meisten Orten der landesherrliche Fiscus zu sich, oder man widmete ihre Einkünfte wieder zu anderen milden Stiftungen oder Kirchen- und Schuldiensten.

Im Schulwesen ihre Stellen zu ersetzen fand vn. zwar nicht geringe Schwierigkeit. Inzwischen fanden sich doch hin und wieder theils andere Ordensgeistliche, theils Weltgeistliche, die den Abgang zu ersetzen suchten. Man errichtete selbst Schulseminarien, um für die Zukunft wenigstens weniger Mangel an tüchtigen Schulmännern zu haben. Schon erschienen hier und da merklich verbesserte Schulordnungen. Mit Freuden sah man die Hoffnung in kurzem mehr Aufklärung allgemeiner ausgebreitet zu sehen. Uebertriebene Begriffe von der päbstlichen Gewalt, abergläubische Achtung des Mönchswesens, viele Gattungen von Andächteleyen, Vorurtheile wider andere Glaubensgenossen, Unduldsamkeit und Verfolgungsgeist fiengen schon merklich an zu sinken (a).

Selbst

(a) Manche Ueberbleibsel finden sich in den schon mehr von mir angeführten lesenswürdigen

fünf

VIII. Selbst Maria Theresia genehmigte schon manche Schritte, an die nur wenige Jahre früher kaum zu denken gewesen wäre. Und doch waren das nur schwache Vorboten von dem, was hernach ihr großer Thronerbe mit Riesenschritten unternahm, ohne selbst durch einen persönlichen Besuch von Pius dem VI. (im Apr. 1782.) sich irre machen zu laßen.

IX. Inzwischen blieben an manchen Orten die nunmehrigen Exjesuiten nur in veränderter Kleidung und unter anderen Namen als Weltgeistliche völlig in ihrer bisherigen Einrichtung. Andere blieben doch wenigstens einzeln im Besitz der Beichtstühle vieler großen Herren, und der Canzeln in den besuchtesten Kirchen. Andere wurden Professoren, Schullehrer, Hofmeister, Reisegesellschafter, Schriftsteller, Journalisten, oder was sie auch sonst für Mittel und Wege fanden, nach wie vor in einer gewissen Thätigkeit und nicht ohne Einfluß in Geschäffte großer Höfe zu bleiben (b).

Bey fünf "Sendschreiben eines Laien über das während der Jesuiterepoche ausgestreuete Unkraut, Frf. u. Lpz. 1785. 1786. 4." von einer catholischen Feder mit vieler Geschicklichkeit und Freymüthigkeit beschrieben.

(b) Was insonderheit von Versuchen, durch geheime Gesellschaften unter Leitung unbekannter Oberen ꝛc. den Geist der jesuitischen Verbindung zu erhalten und selbst wo möglich unter Protestanten auszubreiten, seit einiger Zeit in der Berliner Monathsschrift, in einem Buche unter dem Titel: Antinicaise, und in mehr anderen Schriften vorgekom-

5) Cathol. Kirchenverfassung.

Bey allem dem verminderte zwar die Sterb: x.
lichkeit alle Jahre die Zahl der Exjesuiten, deren
völliges Ende dann doch endlich abzusehen seyn
würde. Allein — seit 1779. zeigt sich doch noch
eine Art von Unsterblichkeit der Gesellschaft, da
Catharina in dem ihr zugefallenen Theile von Polen nicht nur ihrer Trennung sich widersetzt, sondern endlich selbst veranstaltet hat, daß hier auch
mit Novizen, und unter der Befehlshabung eines
mit der vollkommenen Macht eines Generals von
neuem erwehlten Generalvicarien, der Orden für
die Zukunft fortgeführt werden kann (c).

gekommen ist, hat kürzlich ein ungenannter Ver-
faffer ziemlich vollständig beschrieben und gesamm-
let, unter dem Titel: "Vorläufige Darstellung
des heutigen Jesuitismus, der Rosenkreuzerey,
Proselytenmacherey und Religionsvereinigung,
Teutschland 1786. 8."

(c) Als bey der Polnischen Theilung 1773.
sechs Jesuiter-Collegien und Missionshäuser, die
zur Provinz Masuren gehört hatten, unter Ruf-
sische Herrschaft kamen, und hernach die Aufhebung der Jesuiten erfolgte; ernannte der bisherige Provincial von Masuren für das nunmehr an
Rußland gekommene Weißreussen den bisherigen
Rector Stanislav Czerniewicz zu Polozk zum Viceprovincial an seiner Stelle. Derselbe war 1728.
Aug. 15. aus einem angesehenen Geschlechte im
Großherzogthume Litthauen gebohren, zu Wilna
in seinem 15. Jahre in den Orden getreten, zu
Rom viele Jahre bey dem letzten Generale Lorenz
Ricci theils Substitut, theils Generalprocurator
der ganzen Polnischen Assistenz, und seit 1770.
Rector des Collegii zu Polozk gewesen. Hier wurde nun unter kaiserlich Russischem Schutze und
vermöge einer von Pius dem VI. am 15. Aug.
1773. ertheilten Vollmacht, am 28. Jun. 1779.
vom Erzbischofe zu Mohilow die Erlaubniß ertheilt,

theilt, ein Novitiat zu eröffnen. Hernach hielten in Gefolg einer Ukase vom 4. Jul. 1782. die Jesuiten aus Weißreussen eine Generalversammlung zu Polozk, und erwehlten daselbst am 17. Oct. 1782. den bisherigen Viceprovincial zum Generalvicarius mit der vollkommenen Macht eines Generals der Jesuiten. Nach seinem Tode († 1785. Jul. 18) ist Gabriel Lemkiewicz, bisheriger Rector und erster Assistent, an seine Stelle gekommen. Diese Nachrichten hat die Berliner Monathsschrift im Nov. 1785. S. 418. u. f. aus der Warschauer Zeitung geliefert. Auch finden sie sich in der vorläufigen Darstellung des heutigen Jesuitismus ꝛc. S. 183-196.

VI.

VI.

Abgang des Hauses Baiern und darüber entstandener Krieg bis zum Teschner Frieden 1777:1779.

I. Nach Abgang des Hauses Baiern behauptete Churpfalz die Erbfolge in dessen Staaten. — II. III. Allein Oesterreich machte jetzt Anspruch auf Niederbaiern, — IV. und auf Lehnstücke, die dem Reiche und der Krone Böhmen eröffnet seyen. — V. Der Churfürst von der Pfalz bequemte sich diese Ansprüche anzuerkennen. — VI. Aber der Herzog von Zweybrücken widersprach, und wurde, nebst anderen Ansprüchen des Churhauses Sachsen und des Herzogs von Mecklenburg, vom Könige in Preussen unterstützt. — VII-IX. Als es darüber zum Kriege kam, gab eine Erklärung des Russischen Hofes den grössten Nachdruck; — X. so daß es unter Russischer und Französischer Vermittelung zu Teschen bald zum Frieden kam; — vermöge dessen bekam Oesterreich nur den Strich Landes zwischen der Donau, dem Inn und der Salze. — XI. Chursachsen bekam für die Mobiliarverlassenschaft sechs Millionen Gulden. — XII. Dem Hause Mecklenburg wurde zu einer unbeschränkten Befreyung von allen Appellationen Hoffnung gemacht. — XIII. Ein gelegentlich erhobener Anstand wegen künftiger Wiedervereinigung der Brandenburgischen Fürstenthümer in Franken mit der Chur Brandenburg wurde gänzlich gehoben. — XIV. Ueber alles das enthielt der Teschner Friede nicht nur die Garantie von Frankreich und Rußland; — sondern es erfolgte auch die ausbedungene Einwilligung des Teutschen Reichs; — nur mit Vorbehalt eines jeden Dritten erweißlicher Rechte. — XV. wie namentlich theils schon zu Teschen, theils zu Regensburg verschiedene Reichsstände sich mit ihren Ansprüchen gemeldet hatten, — wovon z. B. die von Salzburg und wegen Donawerth noch durch besondere Vergleiche gehoben sind. — XVI. Wegen der erledigten Reichslehne erfolgte auch die erforderliche Einwilligung der beiden höheren Reichscollegien; — und über alles das die kaiserliche Genehmigung. — XVII. Der ganze Friede war nicht nur Französisch abgefasset, sondern auch in dieser Sprache ohne beygefügte Uebersetzung dem Reichstage vorgelegt worden.

XIII. Joseph II. 1764-1786.

I. Von politischen Begebenheiten, die unter Joseph dem II. vorfielen, war für das Teutsche Reich bisher keine wichtiger, als der Todesfall des Churfürsten Max Josephs von Baiern († 1777. Dec. 30.), mit dem der Mannsstamm seines Hauses völlig ausgieng. Auf diesen Fall hatte von jeher das Haus Pfalz ein stammvetterliches Erbfolgsrecht behauptet, weil es an Herzog Ludewig dem Strengen († 1294.) mit dem Hause Baiern einen gemeinsamen Stammvater hatte. Das war auch nicht nur in dem Hausvertrage von Pavia vom Jahre 1329. gegründet, sondern noch durch ganz neue gegenseitige Verträge in den Jahren 1766. 1771. 1774. von neuem bekräftiget worden. Selbst dazu, daß unmittelbar nach dem Tode des Churfürsten von Baiern im Namen des Churfürsten von der Pfalz Besitz ergriffen werden könnte, war schon die nöthige Ausfertigung zum voraus besorgt, die auch gleich nach dem Todesfall am 30. December 1777. zu München vollzogen wurde.

II. Jedoch zu der Zeit, als Ludewig von Baiern im Jahre 1329. mit seines Bruders Söhnen, den Pfalzgrafen am Rheine, den Vertrag zu Pavia geschlossen hatte, war Ludewig nur noch im Besitz von Oberbaiern gewesen. Eine Seitenlinie, die von seines Vaters, Ludewigs des Strengen, Bruder abstammte, besaß damals noch Niederbaiern, das erst 1340. nach Abgang dieser Linie mit Oberbaiern vereiniget wurde, und also freylich unter jenem Vertrage von Pavia nicht mit begriffen war. Seitdem war nun unter Ludewigs von Baiern Söhnen im Jahre 1353, eine neue

6) Bairischer Krieg ꝛc. 1778. 1779.

Theilung vorgegangen, vermöge deren Niederbaiern wieder von Oberbaiern getrennt ward, und von Ludewigs Söhnen Albrecht der IV. abermals eine neue Niederbairische Linie zu Straubingen stiftete. Von dieser Theilung behauptete man jetzt (1778.) zu Wien, es sey eine Todtheilung gewesen. Als daher dieser Straubingische Mannsstamm schon im Jahre 1425. mit Albrechts Sohne Johannes ein Ende genommen habe; hätten die Bairischen Stammsvettern zu dieser Erbfolge eigentlich kein Recht gehabt; sondern eines Theils habe des letzten Herzogs Johannes Schwester Sohn, Albrecht von Oesterreich, gegründeten Anspruch auf Niederbaiern machen können; anderen Theils habe der Kaiser Sigismund vermöge des kaiserlichen Oberlehneigenthums dieses abgetheilte Stück von Baiern nunmehr als heimgefallen ansehen können. Und in dieser Eigenschaft habe er in der Person seines Tochtermanns, welches eben vorgedachter Albrecht von Oesterreich war, das Haus Oesterreich damit belehnt. Dessen ungeachtet sey nun zwar die Oberbairische Linie damals zum Besitz von Niederbaiern gelanget. Allein nach nunmehriger Erlöschung dieser Linie trete jetzt das Recht des Hauses Oesterreich auf Niederbaiern wieder ein; ohne daß das Haus Pfalz ein Recht darauf behaupten könne.

III.

Daß aber jene Theilung (1353.) eine Todtheilung gewesen sey, wurde von der andern Seite widersprochen, ließ sich auch mit Grunde wohl nicht behaupten. Ein kaiserliches Urtheil vom Jahre 1429. hatte selbst zum Vortheile der Bairischen Stammsvettern den Ausspruch gethan.

Albrecht von Oesterreich hatte hingegen seinen Ansprüchen feierlich entsaget, und von demselben stammte ohnedem das jetzige Haus Oesterreich nicht ab.

IV. Inzwischen kam noch hinzu, daß man zu Wien diejenigen Stücke Landes in Baiern und in der Oberpfalz, welche das Haus Baiern theils vom Reiche, theils von der Krone Böhmen zu Lehn empfangen hatte, jetzt als eröffnete Lehne ansah, zu deren Besitznehmung also theils Joseph als Kaiser, theils Maria Theresia als Königinn in Böhmen sich berechtiget hielt.

V. Alle diese Ansprüche wurden in einer Convention, die der Churpfälzische Gesandte von Ritter zu Wien am 3. Jan. 1778. zeichnete, für richtig angenommen. Wie jedoch anfangs damit in Widerspruch zu stehen schien, daß dennoch zu München im Namen des Churfürsten von der Pfalz schon Besitz von ganz Baiern ergriffen war; so wurden schon Oesterreichische Kriegsvölker bereit gehalten, in Baiern einzurücken. Der Churfürst trug aber kein Bedenken, jene Convention zu genehmigen, und ließ also jene Besitznehmung theils im Namen des Kaisers, theils im Namen der Krone Böhmen und des Hauses Oesterreich ruhig geschehen.

VI. Dahingegen widersprach der Herzog von Zweybrücken als nächster Pfälzischer Stammsvetter, ohne dessen Einwilligung kein rechtsbeständiger Vertrag in dieser Angelegenheit statt finden konnte. Dann meldete sich das Churhaus Sachsen mit

6) Bairischer Krieg ꝛc. 1778. 1779.

mit großen Forderungen von wegen der Mobiliar- und Allodialverlaßenschaft, welche des letzten Churfürsten Schwester, die damals verwittwete Churfürstinn von Sachsen, für sich behauptete, aber ihrem Sohne, dem Churfürsten von Sachsen, übertragen hatte; die man zu Dresden auf 47. Millionen Gulden rechnete. Auch hoffte jetzt der Herzog von Mecklenburg eine seinem Hause bereits 1502. ertheilte, und 1647. unerfüllt gebliebene Anwartschaft auf die Landgraffschaft Leuchtenberg geltend zu machen. Diese drey Höfe ersuchten den König in Preussen, sich zu ihrem Vortheile zu verwenden; wozu sich derselbe um so mehr bereit finden ließ, je weniger er das Betragen des kaiserlichen Hofes in dieser Sache der Reichsverfassung gemäß hielt. Er glaubte nicht, daß solche Schritte, wie schon geschehen waren, ohne vorgängig erst mit der Reichsversammlung oder doch wenigstens mit den Churfürsten darüber Rath zu pflegen, reichsgesetzmäßig hätten geschehen können. Er hielt sich also selbst als Churfürst und als mitschließender Theil des Westphälischen Friedens berechtiget, die bisherige Reichsverfassung bey dieser Gelegenheit aufrecht zu erhalten.

VII. Nach einer lebhaften, aber am Ende fruchtlosen Negotiation zwischen den Höfen zu Wien und Berlin kam es im Jul. 1778. würklich zum Kriege, der zum Glück für Teutschland doch nur bey diesem Feldzuge bestehen blieb, ohne daß es auch nur zu einem entscheidenden Gefechte kam. Den grösten Nachdruck gab diesmal der Russische Hof im Dec. 1778. mit der merkwürdigen Erklärung: "Da es auf den Ausschlag der Waffen gesetzt werde,

de, könne die Kaiserinn von Rußland die Sache nicht mehr als eine bloße Mißhelligkeit betrachten, von welcher sie Hoffnung gehabt habe, selbige auf eine freundschaftliche Art geendiget zu sehen. Teutschland sey sowohl wegen seiner Lage, als auch wegen seiner Macht, der Mittelpunct aller Staatsgeschäffte und aller Angelegenheiten von Europa. Es müße also alle übrige Staaten im höchsten Grade interessiren, ob seine Regierungsform unverletzt erhalten werde, oder Veränderungen leide, ob es den Frieden genieße, oder durch Kriege zerrissen werde. Besonders müße hieran denen Staaten gelegen seyn, die, wie das Russische Reich, ausser dem Interesse und den Verbindungen, die ein Staat natürlicher Weise mit dem andern habe, und ausser den Freundschaftsverbindungen mit dem größten Theile der Reichsfürsten, auch noch die genaue Allianz mit derjenigen Macht in Betrachtung ziehen müßen, welche um dem thätlichen Verfahren des kaiserlich königlichen Hofes Widerstand zu thun, zu den Waffen gegriffen habe. Es stehe also nicht bey der Kaiserinn, in den anfänglichen und bisherigen Schranken der äussersten Schonung und Gleichgültigkeit in Ansehung der Untersuchung der Ansprüche auf die Bairische Erbfolge zu verbleiben; sondern sie sehe sich nun zum Gegentheile verpflichtet."

VIII. "Ohne sich auf das Teutsche Staatsrecht einzulaßen, nehme die Kaiserinn bloß die natürliche Billigkeit, und diejenigen Grundsätze, auf welchen jede Gesellschaft beruhe, zur Regel; und selbiger zufolge finde sie, daß alles bey der wichtigen Frage, die das ganze Reich in Bewegung setze,

6) Bairischer Krieg ꝛc. 1778. 1779.

darauf hinaus laufe, daß man von Seiten des Wiener Hofes alte Ansprüche, die mehrere Jahrhunderte aus der Acht gelaßen, und in dem Westphälischen Frieden vergessen worden, gegenwärtig, eben diesem Frieden, der den Grund und die Schutzwehr der Teutschen Reichsverfassung ausmache, zuwider, geltend machen wolle; ferner, daß die Art, wie man diese Ansprüche ausgeführet, diesem feierlichen und heiligen Frieden noch mehr entgegen sey; endlich, daß durch den Krieg, der jene erste Schritte des Wiener Hofes unterstützen solle, die ganze Reichsverfassung in augenscheinliche Gefahr gesetzet werde, und daß aus dessen Umsturz eine gewaltsame Erschütterung für alle an Teutschland gränzende Staaten, eine Verrückung der Ordnung und des Gleichgewichts für ganz Europa, und daher eine mögliche Gefahr für das Russische Reich, wäre solches auch erst in den entferntesten Zeiten, entstehen würde; welche ein weiser und guter Regent voraussehen müßte, und in welchem Stücke der Russische Hof keine andere Grundsätze und Maximen annehmen könne, als die der kaiserlich königliche Hof in gleichen Fällen selbst befolgen würde."

"Die Russische Kaiserinn ersuche also die Kaiserinn Königinn und den Kaiser, allen Grundsätzen von Billigkeit und Gesinnungen von Menschlichkeit, die ihnen so natürlich seyen, gemäß, den gegenwärtigen Unruhen des Teutschen Reichs ein Ende zu machen, und sich mit dem Könige in Preussen, und den übrigen interessirten Theilen, wegen der Bairischen Erbfolge, den Gesetzen des Reichs und dessen Verfassung gemäß, auf eine gesetz-

gesetzmäßige und freundschaftliche Art zu vergleichen. Widrigenfalls aber koste es sie, die Kaiserinn in Rußland, unendlich viel zu erklären, daß sie den in Teutschland ausgebrochenen Krieg sowohl wegen seines Gegenstandes, als wegen der damit verknüpften Umstände, und wegen seiner Folgen, nicht mit Gleichgültigkeit würde ansehen können, sondern daß sie in gehörige und ernsthafte Betrachtung würde ziehen müßen, was sie dem Interesse ihres Reichs, dem Interesse der Prinzen, die ihre Freunde seyen, und ihre Unterstützung nachgesuchet haben, vor allem aber ihren Verpflichtungen gegen ihre Alliirte, schuldig sey."

x. Diese Russische Erklärung war inzwischen noch nicht zu Wien angebracht, als der Wiener Hof durch seinen Gesandten zu Petersburg darauf antragen ließ, daß der Russische Hof nebst dem Französischen die Vermittelung übernehmen möchte. Beide Höfe ließen sich sowohl als der Berliner Hof darin willfährig finden. So kam es also nach einem kurzen Congresse zu Teschen erst zum Waffenstillstande, und am 13. May 1779. zum völligen Frieden. Dessen Hauptbedingung war, daß Oesterreich doch ein Stück von Baiern davon trug, nehmlich den Strich Landes, der zwischen der Donau, dem Inn und der Salza liegt. Alles übrige sollte künftig, wie bisher, bey Baiern bleiben. Zu dem Ende machte sich die Kaiserinn anheischig, nicht nur von wegen der Krone Böhmen dem Pfälzischen Hause die Böhmischen Lehne von neuem zu verleihen, sondern auch in gleicher Absicht der Reichslehne halber sich beym Kaiser zu verwenden. In so weit ward

also

6) Bairischer Krieg ꝛc. 1778. 1779.

also die Convention vom 3. Jan. 1778. aufgehoben. Hingegen wurden zwischen Churpfalz und Pfalzzweybrücken die Familienverträge von 1766. 1771. 1774. von neuem bekräftiget, und dem ganzen Hause Pfalz, namentlich auch mit Inbegriff der Birkenfeldischen Linie (d), von den Frieden schließenden und vermittelnden Mächten garantirt, in so weit selbige dem Westphälischen Frieden nicht zuwider seyen, und durch gegenwärtigen Frieden nicht abgeändert worden.

Zur Befriedigung der Churſächſiſchen Allodialanſprüche verſprach Churpfalz dem Dresdner Hofe in 24. halbjährigen Friſten ſechs Millionen Gulden im 24. Guldenfuße zu bezahlen. Auch wurden die Rechte, welche die Krone Böhmen bisher an den gräflich Schönburgiſchen im Churſächſiſchen Gebiete gelegenen Herrſchaften Glaucha, Waldenburg und Lichtenſtein ausgeübt, von der

---

(d) Wegen der Birkenfeldiſchen Linie hätte ein Anſtand ſeyn können, weil ſie aus einer ungleichen Ehe des Pfalzgrafen Johann Carls zu Gelnhauſen (geb. 1637. † 1704.) mit Maria Eſther von Witzleben (verm. 1696. † 1725.) abſtammte. Der Anſtand ließ ſich aber jetzt deſto eher überſehen, weil dieſe Linie doch nicht eher zur Succeſſion ſich Hoffnung machen durfte, als wenn alle andere Linien des Hauſes erloſchen ſeyn würden, von denen alſo keine alsdann mehr behaupten könnte, daß ihr ein Nachtheil dadurch zuwüchſe. Wäre auſſer der Birkenfeldiſchen Linie noch eine jüngere aus einer ſtandesmäßigen Ehe entſproſſene vorhanden geweſen, würde die Sache vielleicht eine andere Geſtalt bekommen haben.

der Krone Böhmen an Churpfalz und von diesem an Chursachsen abgetreten.

XII. Für das herzogliche Haus Mecklenburg versprach die Kaiserinn gemeinschaftlich mit dem Könige in Preussen ihre gute Dienste anzuwenden, damit der Kaiser demselben eine unbeschränkte Befreyung von Appellationen ertheilen möchte. (Dagegen ward zwar hernach am Reichshofrathe sowohl im Namen der gesammten Mecklenburgischen Landschaft als insonderheit von Seiten der Stadt Rostock ein weit getriebener Widerspruch eingelegt, weil sie behaupten wollten, daß es mit ihren vertragsmäßig erworbenen Rechten nicht bestehen könnte, wenn künftig von Mecklenburgischen Gerichten in der höchsten Instanz nicht weiter an die höchsten Reichsgerichte sollte appellirt werden können. Der Reichshofrath hat aber mit Genehmigung des Kaisers durch ein Conclusum vom 11. Apr. 1781. diese Einwendungen verworfen. Kaiserliche Majestät haben also das von den Herzogen von Mecklenburg nachgesuchte Privilegium de non appellando demselben zu verleihen beschlossen. Doch ist vor dessen Ausfertigung noch erst eine vorgängige Vereinbarung mit der Landschaft wegen Besetzung des zu errichtenden Oberappellationsgerichts und wegen landesgrundgesetzmäßiger Abfassung einer Oberappellationsgerichtsordnung vorbehalten worden. Und dann soll in Zukunft doch noch in folgenden Fällen der Weg an die Reichsgerichte offen bleiben, als 1) in fiscalischen und solchen Sachen, wo ein besonderes Interesse der Herzoge mit eintritt, wie auch insonderheit wenn die Herzoge einen oder meh-

mehrere von den Bürgern und Einwohnern zu Rostock vor dem dasigen Rathe belangen, und von dessen Urtheilen zu appelliren ist; sodann 2) in Nullitätsklagen oder Fällen, da das zu errichtende Oberappellationsgericht jemanden das Recht versagen oder mit Gefährde verzögern würde; und endlich 3) wenn die Herzoge entweder selbst oder durch die Ihrigen dem Erbvergleiche vom Jahre 1755. oder anderen Erbverträgen zuwider handeln, oder die auf Landtagen vorkommenden Beschwerden und aus gedachtem Erbvergleiche entstehenden Zweifel und Mißverstände nicht nach dessen Vorschrift erledigen und abthun, oder auf andere Weise jemand aussergerichtlich beschweren oder zu klagen Anlaß geben würden. Auch mit diesem Erkenntnisse noch unzufrieden, hat sowohl die Landschaft als die Stadt Rostock noch zu weiteren Rechtsmitteln ihre Zuflucht genommen. Es ist aber am Ende mit deren Verwerfung doch dabey geblieben (e). Nur die Ausfertigung ist noch nicht erfolget, weil obgedachte Vereinbarung wegen Bestellung des Gerichts und Abfassung der Oberappellationsgerichtsordnung noch nicht zu Stande gekommen ist.)

Die

(e) Am 12. Febr. 1785. erfolgte ein Reichshofrathsconclusum des Inhalts: "Fiat in Ansehung der von der Mecklenburgischen Ritterschaft sowohl als von der Stadt Rostock eingewandten Revision sententia conclusi de 11. Apr. 1781. confirmatoria cum condemnatione in expensas;" und: "Distribuantur sportulae." Diese Sporteln oder Succumbenzgelder hatten für die Ritterschaft 6000. Fl., für die Stadt Rostock 2000. Fl. betragen.

XIII. Die ganze Friedenshandlung zu Teschen hatte dadurch eine große Erleichterung gewonnen, daß der König in Preussen weder zu Vergütung seiner Kriegskosten noch sonst einige Vortheile für sich begehrte. Bey den Unterhandlungen war es aber einmal vorgekommen, daß der Wiener Hof alles, was er in Baiern in Besitz genommen hatte, zurückgeben wollte, wenn der König in Preussen sich anheischig machen würde, daß künftig auch Anspach und Baireuth nicht wieder mit dem regierenden Churhause vereiniget, sondern, wie bisher, immer wieder einem oder zwey jüngeren Prinzen vom Hause überlaßen werden sollte. Zu Wien schien man das selbst für eine in den Brandenburgischen Hausverträgen gegründete Nothwendigkeit zu halten. Der König hielt es hingegen für eine widerrechtliche Zumuthung, weil auch ältere Hausverträge unter solchen Umständen, wie sie hier einträten, wieder abgeändert werden könnten. Er bestand deswegen darauf, daß die Kaiserinn Königinn für sich und ihre Nachkommen sich verbindlich machen mußte, sich nicht dagegen widersetzen zu wollen, wenn der Berliner Hof es gut fände, die beiden Fränkischen Fürstenthümer nach Abgang des bisherigen marggräflichen Hauses wieder mit der churfürstlichen Primogenitur zu vereinigen.

XIV. Uebrigens ward der Friede nebst allen dazu gehörigen Conventionen nicht nur durch Russische und Französische Garantie befestiget, sondern auch Kaiser und Reich ersucht ihre Einwilligung dazu zu geben. Hiebey zeigte sich nur deswegen einige Schwierigkeit, weil verschiedene Reichsstände

theils

theils schon zu Teschen, theils seitdem noch zu Regensburg mit Ansprüchen, die sich auf den Abgang des Hauses Baiern bezogen, sich gemeldet hatten, ohne daß derselben im Frieden Erwehnung geschehen war. In einem Reichsgutachten vom 28. Febr. 1780. ward endlich des Reichs Beytritt und Einwilligung zum Frieden und zu den dazu gehörigen dem Reiche mit vorgelegten Acten und Conventionen erkläret; jedoch unter der bedinglichen Voraussetzung, daß dieser Teschner Friedensschluß, wie es sich von selbsten verstehe, den Rechten des Reichs, dem Westphälischen Frieden und übrigen Reichsgrundgesetzen, oder jemand andern an seinem erweislichen und gehöriger Orten gebührend auszutragenden Rechte für jetzt und künftig in keinem Falle zum Nachtheile gereichen solle.

XV. Unter andern hatte sich das Erzstift Salzburg mit verschiedenen Forderungen gemeldet, die es auf elf Millionen anschlug; die jedoch noch im Jahre 1780. auf 430. tausend Reichsthaler verglichen sind. Wegen der Stadt Donawerth meldete sich der Schwäbische Kreis, der aber ebenfalls in einem nachherigen Vergleiche (1782. Jun. 18.) seinen Ansprüchen entsaget hat (f). Andere Ansprüche von der Art, die meines Wissens nicht verglichen sind, waren vom Hause Würtenberg

(f) Dieser Vergleich ist hernach durch ein Reichsgutachten vom 17. Jan. 1785. und dessen kaiserliche Genehmigung vom 12. Febr. 1785. bestätiget worden. Reuß Staatscanzley Th. 10. S. 1=83.

berg wegen eines Antheils, den es nach Grund:
sätzen des Regredienterbschaftsrechts an der Mo:
biliarverlaßenschaft des erloschenen Hauses Baiern
zu haben begehrte; hernach vom Hochstifte Augs:
burg auf die Herrschaften Mindelheim, Schwa:
bel, Hohenschwangau, den Lechrain, und die
Stadt Schongau; von der Abtey Kempten we:
gen einer Entschädigung von 690727. Gulden
vom Jahre 1709. her; von einem Grafen von
Rechtern wegen einer Anwartschaft auf die gräf:
lich Wolfsteinischen Reichslehne; und von den
Grafen von Schönburg wegen ihrer Reichsafter:
lehnbarkeit (g).

XVI. Noch war zur völligen Berichtigung des Tesch:
ner Friedens erforderlich, daß die beiden höheren
Reichscollegien so, wie es die Wahlcapitulation
zur Nothwendigkeit macht, ihre Einwilligung ga:
ben, daß die mit dem Tode des letzten Churfür:
sten von Baiern erledigten Reichslehne, wie
sie derselbe besessen, dem Churfürsten von der
Pfalz und dem ganzen Pfälzischen Hause neuer:
lich verliehen werden möchten. Auch diese Ein:
willigung erfolgte in einem besonderen Gutachten
der beiden höheren Collegien unterm 29. Febr.
1780.

(g) Daß die Reichsafterlehnseigenschaft der
gräflich Schönburgischen Herrschaften Glaucha,
Waldenburg und Lichtenstein von Chursachsen nicht
verkannt werden solle, wie es auch in vorigen Zei:
ten von der Krone Böhmen nicht geschehen sey,
darüber ist auf ein von kaiserlicher Majestät geneh:
migtes Reichshofrathsgutachten am 24. März
1783. ein kaiserliches Rescript an Chursachsen er:
lassen worden. Reuß Teutsche Staatscanzley
Th. 2. S. 136.

1780. (Das reichsstädtische Collegium war zwar der Meynung gewesen, daß auch diese Einwilligung, da von einer im Frieden selbst enthaltenen Verfügung die Rede sey, von gesammten Reichs wegen hätte ertheilt werden können. Allein die Wahlcapitulation erfordert bey Dispositionen über churfürstliche und fürstliche Lehne nur der beiden höheren Collegien Einwilligung. Dabey blieb es also.) Unterm 8. März 1780. erfolgte hernach die kaiserliche Genehmigung sowohl dieses letztern Gutachtens, als jenes Reichsgutachtens über den ganzen Teschner Frieden.

XVII. Wegen der Sprache, worin der Teschner Friede abgefasset worden, ist endlich zu bemerken, daß man so, wie es schon in den 1742. zu Breslau, 1745. zu Dresden und 1763. zu Hubertsburg errichteten Friedensschlüssen geschehen war, sich der Französischen Sprache darin bedienet hat (h). In solchen Fällen pflegte aber sonst zugleich eine Teutsche Uebersetzung beygefüget zu werden, die man für gleich authentisch halten konnte, sofern sie von den dabey interessirten Theilen gemeinschaftlich bekannt

(h) In vorigen Zeiten wurden sonst unter Mächten, die nicht einerley Sprache hatten, die Friedensschlüsse Lateinisch abgefasset, wie noch in diesem Jahrhundert die Friedensschlüsse zu Baden 1714., und zu Wien 1725. und 1738. in dieser Sprache errichtet sind. Doch bediente man sich auch schon zu Rastadt 1714., zu Wien 1735. und zu Belgrad 1739. in den damaligen Friedenshandlungen der Französischen Sprache, die nunmehr in der Eigenschaft einer gemeinschaftlichen Staatssprache die Lateinische einmal verdrängt zu haben scheint.

kannt gemacht und gebilliget wurde. Letzteres geschah diesmal nicht. Es erschienen vielmehr zweyerley Uebersetzungen, eine zu Wien, die andere zu Berlin, die nichts weniger als aus einerley Feder geflossen waren, sondern merklich von einander abwichen (i). Wahrscheinlich mochte das auch

(i) Ein Beyspiel, wie sich die Uebersetzungen zum Originale und unter einander verhalten, kann der achte Artikel des Friedens abgeben. Derselbe heißt in der Urkunde: "Les hautes puiſſances contraĉtantes et médiatrices du préſent Traité ſont convenues de garantir, et garantiſſent formellement à toute la Maiſon Palatine, et nommément à la ligne de Birkenfeld les Traités et paĉtes de famille de 1766. 1771. et 1774., en tant qu'ils ſont conformes au Traité de paix de Weſtphalie, et qu'il n'y eſt pas dérogé par les ceſſions faites par le préſent Traité et Conventions, ainſi que l'acte ſigné aujourdhui entre le Sérénissime Electeur Palatin et Mr. le Duc des Deux-Ponts, ſur l'obſervation et l'exécution de leurs ſusdits paĉtes de famille, lequel eſt annexé au préſent Traité et cenſé en faire partie, comme s'il y étoit inſéré mot à mot." In der Wiener Uebersetzung iſt dieser Artikel so gefaſſet: "Die hohen contrahi-
„renden und vermittelnden Mächte des gegenwär-
„tigen Tractats sind übereingekommen, dem gan-
„zen Pfälzischen Hause, und namentlich der Bir-
„kenfeldischen Linie die Hausverträge von 1766.
„1771. und 1774, zu garantiren, und garantiren
„dieselben hiemit auch feierlich in so weit, als sol-
„che dem Westphälischen Frieden gemäß, und als
„sie nicht durch die in dem gegenwärtigen Frie-
„densschluß und Conventionen geschehenen Abtre-
„tungen, dann durch jene heute unterzeichnete
„Acte abgeändert worden, welche der durchlauch-
„tigste Herr Churfürst von der Pfalz und des Herrn
„Her-

auch die Ursache seyn, daß diesmal dem Reichstage der Friede nur in Französischer Sprache mitgetheilt wurde, ungeachtet es sonst sowohl den Gesetzen als dem Herkommen gemäß ist, daß in Reichstagshandlungen keine andere als Teütsche oder Lateinische Sprache gebraucht, oder doch sonst eine Uebersetzung in einer von diesen beiden Sprachen beygefügt werden soll (k).

„Herzogs von Zweybrücken Durchlaucht, über die
„Beobachtung und Vollstreckung der oberwehnten
„Hausverträge unter sich ausgestellet haben, und
„welche dem gegenwärtigen Tractate beygefüget
„worden, und für einen Theil desselben also zu
„betrachten ist, als ob sie in solchen von Wort zu
„Wort eingerücket wäre." In der Berliner Uebersetzung heißt es: "Sowohl die schließenden als
„auch die vermittelnden hohen Mächte sind übereingekommen, daß sie dem ganzen Pfälzischen
„Hause und namentlich der Birkenfeldischen Linie,
„die Tractaten und Familienverträge von den Jahren 1766. 1771. und 1774., in so weit selbige
„dem Westphälischen Friedensschluß nicht zuwider
„sind, und solche nicht durch die, durch den gegenwärtigen Tractat und obige Convention geschehene Abtretungen geändert worden, förmlich
„und in Kraft dieses Artikels garantiren wollen.
„Eben dieses soll auch in Ansehung desjenigen
„Tractats gelten, welcher am heutigen Tage zwi
„schen dem durchlauchtigsten Herrn Churfürsten
„von der Pfalz und dem Herrn Herzog zu Zweybrücken, über die Beobachtung und Vollziehung
„ihrer vorerwehnten Familienverträge geschlossen
„worden, welcher diesem Haupttractate mit ausgehängt ist, und eben dieselbe Kraft haben soll,
„als wenn er demselben von Wort zu Wort wäre
„einverleibet worden."

(k)

(k) Vermöge der Wahlcap. (1519.) Art. 23. §. 3. soll der Kaiser in Schriften und Handlungen des Reichs keine andere Zunge noch Sprache gebrauchen laßen, dann die Teutsche und Lateinische. An den Reichstag schreiben auswärtige Mächte zum Theil selbst in Lateinischer Sprache, wie Großbritannien und Rußland, oder man erwartet, daß zugleich Teutsche oder Lateinische Uebersetzungen beygefügt werden.

VII.

VII.

Neueste Vorfälle seit dem Teschner Frieden. Tod der Kaiserinn Maria Theresia. Fürstenbund 1785. Schluß des Zeitalters Friedrichs des II.

I. Josephs des II. Regierungsantritt und große neue Veranstaltungen in seinen Erblanden. — Irrungen mit den vereinigten Niederlanden wegen Eröffnung der Schelde ꝛc. — II. Besorgnisse wegen einiger bey der Gelegenheit geäußerten Grundsätze; — III. IV. wie auch wegen verschiedener Unternehmungen gegen das Hochstift Passau und das Erzstift Salzburg; — V. ingleichen wegen verschiedener in Reichssachen von älteren Zeiten her von neuem hervorgesuchter kaiserlichen Vorrechte, — VI. z. B. der so genannten Panisbriefe; — VII. ferner wegen ein und andern Betragens der Oesterreichischen Directorialgesandtschaft zu Regensburg; — VIII. und wegen einiger Unternehmungen gegen mindermächtige Nachbaren. — IX. Endlich dem Herzoge von Zweybrücken zugemuthete Einwilligung, Baiern gegen die Oesterreichischen Niederlande unter dem Titel eines Königreichs Burgund vertauschen zu lassen; — X. so zu Berlin dem Teschner Frieden zuwider gehalten wurde. — XI. Darüber geschlossener Fürstenbund; — eine der letzten Thaten Friedrichs des II., dessen Zeitalter hiermit einen merkwürdigen Abschnitt in der Geschichte macht. — Hoffnung und Wunsch die bisher entwickelte Reichsverfassung bis auf die spätesten Zeiten dadurch befestiget zu sehen!

Die völlige Berichtigung des Teschner Friedens überlebte Maria Theresia nicht lange mehr († 1780. Nov. 29.). Nun zeigte sichs bald, daß Joseph nicht nur regierender Kaiser, sondern auch regierender Monarch aller Erbstaaten seines Hauses war. Was in der letztern Eigenschaft seitdem in Religionssachen und in Ansehung der

der Kirchenverfassung geschehen ist, habe ich zum Theil schon oben erwehnt. Andere neue Einrichtungen in der innerlichen Verfassung des Königreichs Ungarn und der übrigen Oesterreichischen Erbländer, und dann, was auf der einen Seite zur Unterstützung Russischer Ansprüche an der Pforte geschehen, und was auf der andern Seite wegen Aufrufung des Barrieretractats, wegen Eröffnung der Schelde, wegen erneuerter Ansprüche auf Mastricht und sonst mit den vereinigten Niederlanden vorgegangen, und durch einen mit denselben geschlossenen Frieden mit einer Summe von 10. Millionen Gulden erlediget ist, — das alles gehöret in andere Theile der Geschichte.

II. Nur das fieng auch in Teutschland an einiges Aufsehen zu machen, daß man zu Wien solche Grundsätze aufzustellen schien, als ob ein so klarer Friedensartikel, wie derjenige, der in dem zu Münster im Jan. 1648. mit den Holländern geschlossenen Frieden die Schelde für die Oesterreichischen Niederlande für geschlossen erklärte (1), einseitig als unverbindlich angesehen werden könnte. Eine Besorgniß, daß ähnliche Grundsätze über kurz oder lang auch in Angelegenheiten Teutscher Reichsstände zum Nachtheile der bisherigen Reichsverfassung aufgestellt werden möchten, schien durch einige neuere Vorfälle nicht ganz ohne Grund veranlaßt zu werden.

III. Unstreitig war es ein schon von langer Hand her gemachter Entwurf, den Oesterreichischen Kirchenstaat, nur mit Ausnahme der von der catho-

(1) Oben Th. 2. S. 50. I.

catholischen Kirchenverfassung wesentlich unzertrennlichen Römischen Primatrechte, von aller andern geistlichen Gewalt, die nicht selbst unter Desterreichischer Hoheit stände, unabhängig zu machen; — Ein Entwurf, der, nach allgemeinen Grundsätzen der Staatsklugheit betrachtet, gewiß den höchsten Beyfall verdiente. Keinem im Staate befindlichen Orden eine Abhängigkeit von einem auswärtigen der höchsten Gewalt des Staates nicht unterworfenen Ordensgenerale zu gestatten, — keinem Prälaten nachzusehen, daß er sich einer auswärtigen höhern Gewalt zum Nachtheile der Unterthanenpflicht eidlich verbindlich mache, — keine geistliche Gesetzgebung oder andere geistliche Hoheitsrechte ohne Vorwissen und Genehmigung der höchsten Gewalt des Staats ausüben zu lassen, — das alles sind dem allgemeinen Staats- und Kirchenrechte und einer gesunden Staatsklugheit sehr angemessene Grundsätze. Aber wenn in Anwendung solcher Grundsätze ein catholischer weltlicher Reichsstand mit den bisherigen Gerechtsamen eines catholischen geistlichen Reichsstandes in Collision kömmt; ob alsdann der Reichsverfassung unbeschadet jener eigenmächtig Aenderungen zu des letztern Nachtheil vornehmen könne, das ist freylich eine andere Frage.

So war ungefähr der Fall, als im Jahre IV. 1783. nach Absterben des damaligen Bischofs zu Passau diesem Hochstifte nicht nur dessen bisherige bischöfliche Dioecesanrechte· im Oesterreichischen aufgekündiget, sondern auch die im Oesterreichischen gelegenen Güter des Bischofs und Domcapitels eigenmächtig eingezogen wurden, bis sich

das

das Hochstift bequemte eine Summe Geldes von 400. tausend Gulden zu bezahlen, und jenen Dioecesanrechten gänzlich zu entsagen (m). Dergleichen Collisionen kamen auch mit dem Erzstifte Salzburg zur Sprache, das sich jedoch bey einer Erklärung, die im Jahre 1767. zu Wien auf 29. Beschwerden des Erzstifts erfolgt ist, bisher möglichst beruhiget (n), und noch 1775. einige Districte in Steiermark und Kärnthen an die Bischöfe von Gurk und Seckau (o), wie auch 1782. an den Bischof von Wienerisch Neustadt den bisher zur Salzburgischen Dioeces gehörig gewesenen Neustädter District mit päbstlicher Genehmigung abgetreten hat. (p).

V. Schon bey mehreren Gelegenheiten war es deutlich wahrzunehmen gewesen, daß solche, die in Reichssachen zu rathen oder zu arbeiten gehabt, zum Grundsatze angenommen hatten, alles, wovon sich nur in Gesetzen oder Gebräuchen älterer Zeiten eine Spuhr gewisser kaiserlicher Vorrechte finde, ohne weitere Umstände gleich in der That geltend zu machen (q). Ein Grundsatz, der bey einem Reiche, das eine so verwickelte und mit jedem Jahrhunderte so vielen Veränderungen unter-

(m) Dohm über den Teutschen Fürstenbund S. 21. u. f. Einige Actenstücke finden sich in Reuß Staatscanzley Th. 2. S. 250., Th. 3. S. 415., Th. 4. S. 253.

(n) Nachrichten von Juvavia und dem heutigen Salzburg (Salzb. 1784. Fol.) S. 178.

(o) Nachrichten von Juvavia S. 179.

(p) Nachr. v. Juvavia S. 186.

(q) z. B. oben S. 126.

unterworfen gewesene Verfassung hat, wie das Teutsche, nicht bedenklicher gedacht werden kann. Wenn es angienge, ein Reichsgesetz oder Herkommen des XVI. Jahrhunderts ohne Rücksicht auf die nachher durch neuere Reichsgrundgesetze oder ein neueres Herkommen anders bestimmte Teutsche Reichsverfassung gleich mit der That von neuem geltend zu machen; so wäre nicht abzusehen, wie man weniger besorgt seyn dürfte, daß nicht auch aus den Capitularien Carls des Grossen oder aus einem ehemaligen Herkommen von den Zeiten der Ottonen her einmal plötzlich ein längst vergessenes, vielleicht auch nie einmal recht im Gange gewesenes Recht, von neuem geltend gemacht werden könnte.

VI. So mochten vor mehreren Jahrhunderten wohl Fälle vorgekommen seyn, da ein Kaiser jemanden, der etwa als Trabant oder sonst in seinem Dienste alt und abgängig geworden war, einem der Teutschen Stifter oder Klöster zur Versorgung empfohlen hatte, dergleichen Empfehlungen Panisbriefe genannt zu werden pflegten. Manche Stifter und Klöster mögen sich auch darin willfährig erzeigt haben. Aber daß es für alle Stifter und Klöster in ganz Teutschland jemals ein allgemeines Recht gewesen sey, läßt sich desswegen nicht behaupten, weil weder ein Reichsgesetz darüber vorhanden, noch ein allgemeines Herkommen erweislich ist, da von vielen Orten im Gegentheile sich beym Nachsuchen hervorgethan hat, daß daselbst nie dergleichen in Uebung gewesen. Ueberall aber war wenigstens seit Jahrhunderten kein Beyspiel solcher kaiserlicher Panisbriefe mehr

mehr erinnerlich. Also konnte es freylich nicht anders als Aufsehen machen, da auf einmal eine ganze Menge solcher Panisbriefe in allen Gegenden von Teutschland zum Vorschein kamen, wodurch Personen beiderley Geschlechts zu bestimmten Pensionen oder anderen Versorgungen in Klöstern und Stiftern angewiesen wurden. Die Sache schien manchen desto bedenklicher zu seyn, da zu Ausübung dieses Rechts kein Grund von der allgemeinen Wohlfahrt des Reichs hergenommen werden konnte, die doch eigentlich den Hauptgegenstand aller kaiserlichen Regierungsrechte ausmachen sollte. Hier schien es nur darauf abgesehen zu seyn, Personen aus den kaiserlichen Erblanden mit Pensionen zu begnadigen, die sie in anderer Reichsstände Ländern zu genießen haben würden. Natürlich konnte ein jeder Reichsstand auf die Gedanken kommen, daß es in seinem eignen Lande Personen gnug geben werde, denen er den Genuß solcher Pensionen vorzüglich vor fremden angedeihen zu laßen sich selbst zur Pflicht rechnen müßte.

VII. Auch in den neueren Reichstagshandlungen kam es manchen auffallend vor, daß bey verschiedenen Gelegenheiten anders zu Werke gegangen wurde, als man es nach der bisherigen Reichstagsverfassung gewohnt war. Es sollte z. B. eine so genannte Oesterreichische Parification mit den Churfürsten, vermöge deren alle churfürstliche Vorrechte auch dem Hause Oesterreich und dessen Ministern zum Vorzuge vor allen anderen fürstlichen Häusern und Ministern zu gute kommen sollte, wie aus gewissen Aeußerungen abzunehmen war, geltend

7) Neueste Begeb. Fürstenbund 1785.

rend gemacht werden. Bey einigen Vorfällen schien man einen Versuch machen zu wollen, Reichstagsschlüsse ohne förmliche Ablegung der reichsständischen Stimmen zu bewirken. Als einmal das Churmainzische Reichsdirectorium durch den Tod des Churmainzischen Gesandten erlediget war, wurde dasselbe dem Churböhmischen Gesandten geräume Zeit hindurch anvertrauet. Ein andermal schien der Oesterreichische Directorialgesandte währender Krankheit des Churmainzischen Gesandten an dessen Stelle Reichsdirectorialverrichtungen sich zu eigen machen zu wollen. Selbst in Schlüssen, die das Corpus der catholischen Reichsstände bey Gelegenheit der Gräfensache nach der Mehrheit der Stimmen faßte, wollte derselbe Schwierigkeiten machen, die manchen desto bedenklicher schienen, da die Unthätigkeit des Reichstages dadurch neue Nahrung bekam. Kurz das Betragen der Oesterreichischen Directorialgesandtschaft fieng an bey mehreren Gelegenheiten Aufsehen zu erregen; wiewohl eine ausdrückliche Aeusserung aus der Staatscanzley zu Wien diesen Minister, der sich übrigens schon seit mehreren Jahren, besonders auch bey Gelegenheit der Cammergerichtsvisitation, durch beträchtliche gelehrte Staatsschriften ausgezeichnet hatte (r), von allen Vorwürfen frey sprach (s).

Hier-

(r) Meine Litteratur des Teutsch. Staatsrechts Th. 2. S. 163.

(s) Reuß Staatscanzley Th. 4. S. 231. Oben S. 154. Not. e.

P. Entw. d. Staatsverf. Th. III.   D

VIII. Hierzu kam nun übrigens noch, daß die Art, wie man bey verschiedenen Gelegenheiten zum Theil schon unter der vorigen Regierung mit schwächeren Nachbaren zu Werke gegangen war, hin und wieder großen Eindruck machte. Eine Familie von Zedtwitz z. B., welche die Herrschaft Asch zwar von der Krone Böhmen zu Lehn trug, und einige bestimmte Rechte derselben anerkannte, übrigens aber offenbar im Besitz der Reichsunmittelbarkeit gewesen war, wurde nach einer über 8. Jahre ausgehaltenen militarischen Execution von 30. Mann endlich genöthiget, sich der völligen Böhmischen Landeshoheit zu unterwerfen. Viele Reichsstände und unmittelbare Mitglieder des Reichs wurden in dem Umfange der Vorderoesterreichischen Länder gleich Oesterreichischen Landsassen genöthiget, eine so genannte Dominicalsteuer zu entrichten. Insonderheit haben verschiedene Mitglieder des Schwäbischen Kreises und der Reichsritterschaft wegen ihrer in der Gegend der Markgrafschaft Burgau gelegenen Güter sich der von den Burgauischen Beamten und der Oesterreichischen Regierung zu Innspruck über sie behaupteten Hoheitsrechte nicht erwehren können, obgleich der Reichshofrath schon im Jahre 1740 sich ihrer angenommen hatte. Ueber alle diese Vorfälle sind zwar sowohl von Seiten des Wiener Hofes als von dessen Gegenpartheyen ausführliche Schriften bekannt gemacht worden. Es hat aber doch kein dritter unpartheyischer Richter darüber zu urtheilen gehabt.

IX. Hauptsächlich aber erregte über alles das eine beynahe allgemeine Aufmerksamkeit, als es bekannt

kannt wurde, daß es im Werk sey, ganz Baiern gegen die Oesterreichischen Niederlande, nur mit Ausnahme von Namür und Lüxenburg, unter dem Titel eines Königs von Burgund umzutauschen, und daß im Jan. 1785. der Russischkaiserliche Gesandte dem Herzoge von Zweybrücken den Antrag gethan habe, seine Einwilligung dazu zu geben, und sich in einer Zeit von 8. Tagen darüber zu erklären, mit der mündlich hinzugefügten Aeusserung, daß allenfalls auch ohne sothane Einwilligung die Sache doch vor sich gehen würde.

Der Berliner Hof war der Meynung, daß x. vermöge des Teschner Friedens in keinem Falle mehr die Frage davon seyn könne, die Bairischen Lande mit den Oesterreichischen zu vereinigen, weil bey den vorhergegangenen Unterhandlungen auch die Frage von solcher Umtauschung gänzlich von der Hand gewiesen sey, und der über die Bairische Erbfolge entstandene Krieg zur Hauptabsicht mit gehabt habe, daß durch eine so außerordentliche Rundung und eben damit zu bewirkende Vergrößerung der Oesterreichischen Erbstaaten das bisherige Gleichgewicht unter den Teutschen Reichsständen nicht gänzlich zernichtet werden möchte. Da nun der Teschner Friede das alles dahin, daß Oesterreich mit dem Innviertel sich begnügen solle, entschieden habe, und hierüber die Garantie sowohl des gesammten Teutschen Reichs als der beyden vermittelnden Mächte Rußlands und Frankreichs hinzugekommen sey; so glaubte der Preußische Hof es als eine Contravention gegen den Teschner Frieden ansehen zu müßen, wenn auf irgend eine Art dennoch Baiern mit Oesterreich vereiniget werden sollte. Am wenigsten könnte dergleichen Vertauschung ohne Einwilligung der zur künftigen Succession berechtigten Stammsvettern statt finden, oder auch einem Teutschen Reichsfürsten eine solche Einwilligung auf eine solche Art, wie es dem Herzoge von Zweybrücken geschehen sey, zugemuthet werden.

XI. In dieser Lage der Sachen haben die drey churfürstlichen Höfe Sachsen, Brandenburg und Hannover bloß zu Erhaltung der bisherigen Reichsverfassung ein Schutzbündniß geschlossen (t), welchem seitdem auch Churmainz und mehrere beträchtliche fürstliche Höfe beygetreten sind. Da die Absicht dieses Fürstenbundes nur auf die Erhaltung der bisherigen Reichsverfassung geht, welche sowohl dem allerhöchsten Oberhaupte als jedem Mitgliede des Teutschen Reichs heilig seyn muß, und selbst an zwey auswärtigen garantirenden Mächten des Westphälischen Friedens und allen übrigen Theilnehmern dieses Friedens eine mächtige Stütze hat; so ist zu hoffen und zu wünschen, daß das Band zwischen Haupt und Gliedern, das die göttliche Vorsehung soviele Revolutionen hindurch bisher so glücklich erhalten hat, noch ferner bis auf die spätesten Zeiten von neuem dadurch befestiget seyn möge. — Und womit könnte ich diese meine historische Entwickelung der

heuti-

(t) Die Unterzeichnung des Bundes ist am 23. Jul. 1785. zu Berlin geschehen. Die Genehmigungsurkunden der Höfe sind den 21. Aug. 1785. ausgewechselt worden. Reuß Staatscanzley Th. II. S. 383. Der Bund selbst ist meines Wissens noch nicht gedruckt.

7) Neueste Begeb, Fürstenbund 1785.

heutigen Staatsverfassung des Teutschen Reichs würdiger beschließen, als mit diesem auf deren fernere Erhaltung abzielenden Bunde, so zugleich eine der letzten glänzenden Unternehmungen war, womit Friedrich der II. († 1786. Aug. 17.), dessen Geistes- und Thaten-Größe die späte Nachwelt zu bewundern nie aufhören wird, die 46-jährige Laufbahn beschlossen hat, die mit eben dem Rechte das Zeitalter Friedrichs, wie ehedem ein Zeitalter Ludewigs des XIV. genannt worden, von ihm benannt zu werden verdienen wird! — Nur noch einige Zugaben, die dazu dienen können den Zustand des Teutschen Reichs, wie es jetzt würklich ist, noch genauer kennen zu lernen, werden hoffentlich nicht ganz überflüssig seyn. Manches, das sich nicht füglich nach der Zeitordnung anbringen ließ, wird dadurch noch ergänzt werden können.

Vierzehntes Buch.
Einige allgemeine Bemerkungen über die
Verfassung des Teutschen Reichs,
wie sie jetzt würklich ist.

I.

Einige Bemerkungen über die drey Orte Wien, Regensburg und Wetzlar, wo die Reichsverfassung noch am meisten sichtbar ist.

I. Noch immer fortwährende Einheit des Teutschen Reichs, wie sie besonders vorzüglich noch zu Wien, Regensburg und Wetzlar sichtbar ist. — II. Zu Wien werden die Reichssachen nur sehr durch das größere Gewicht der kaiserlichen Erblande verdunkelt. — III. Zur Geschäfftsbehandlung zwischen dem kaiserlichen Hofe und den Reichsständen dienen übrigens theils Reichshofrathsagenten oder reichsständische Gesandten zu Wien, theils kaiserliche Gesandten im Reiche. — IV. Am feyerlichsten zeigt sich zu Wien das Band zwischen Haupt und Gliedern in den Reichsbelehnungen; — V. VI. insonderheit über Thronlehne. — VII. Anstände, die sich dabey wegen der Entschuldigung, nicht in Person zu erscheinen, ereignet; — VIII. wie auch wegen Anfallsgelder und Laudemien. — IX. Zu Regensburg fällt der Reichstag mehr in die Augen, hat aber doch an der Zahl der reichsständischen Gesandten merklich abgenommen. — X. Auch in den Berathschlagungen ist nicht mehr so viele Thätigkeit, als ehedem. — XI. Zu Wetzlar ist das Cammergericht in beständiger Thätigkeit, — doch eigentlich nur in Rechtssachen; — XII. ausser wenn Fragen über die Verfassung des Cammergerichts selbst zur Sprache kommen.

1. Alles zusammengenommen, was ich von der Verfassung des Teutschen Reichs bisher historisch

1) Wien, Regensburg, Wetzlar.

storisch zu entwickeln gesucht habe, ist dieselbe in der Hauptsache noch jetzt eben so, wie ich sie von den Zeiten des Westphälischen Friedens her geschildert habe. Sie hat sich seitdem in manchen Stükken nur noch fester gesetzt, aber auch dann und wann schon solche Erschütterungen erlitten, daß man mehrmalen Ursache gehabt hat, wegen Erhaltung des Reichssystems besorgt zu seyn; — Eine Besorgniß, die noch immer jedem Teutschen Biedermanne nicht gleichgültig seyn darf. Noch immer hängt ganz Teutschland als ein unter einem gemeinsamen höchsten Oberhaupte vereinigtes Reich zusammen; aber die andere Betrachtung, wie ganz Teutschland aus lauter besonderen Staaten besteht, die meist eben so, wie die verschiedenen Staaten von Europa sich gegen einander verhalten, ist seit dem Westphälischen Frieden je länger je überwiegender geworden. Daher es oft schwer fällt noch jetzt die fortwährende Einheit des Teutschen Reichs überall wahrzunehmen. Unmittelbar ist sie eigentlich nur noch am kaiserlichen Hofe, am Reichstage, und am Cammergerichte, also an den drey Orten zu Wien, Regensburg und Wetzlar sichtbar. Einige Bemerkungen zur nähern Kenntniß dieser drey Orte werden deswegen auf die heutige Reichsverfassung vielleicht noch hin und wieder einiges Licht zurückwerfen.

Am kaiserlichen Hofe ist der Reichshofrath u. das einzige Collegium, das mit Reichssachen beschäfftiget ist (u), und der Reichsvicecanzler der

ein-

(u) Der Reichshofrath soll eigentlich mit Inbegriff des Präsidenten aus 18. Personen bestehen,

einzige, der die Stelle eines eigentlichen Staatsministers in Reichssachen beym Kaiser bekleidet (oben

hen, also auffer dem Präsidenten und Vicepräsidenten aus 16. Reichshofräthen. Wenn der letzteren auch mehrere sind, so haben doch die überzehligen keinen Antheil an Sporteln, die immer nur in 19. Theile vertheilet werden, wovon der Präsident 2. Theile bekömmt. Die Reichshofräthe werden nach zwey Bänken vertheilt; Die von altem Adel oder gräflicher Herkunft sitzen auf der Herren- und Ritterbank dem Präsidenten zur Rechten; die übrigen machen die Gelehrtenbank aus, und sitzen zur linken Seite. Das Collegium versammlet sich vier Tage in der Woche, und sitzt immer ungetheilt beysammen. Von Seiten der Partheyen muß alles schriftlich vorgetragen werden. Die Referenten thun ihre Vorträge mündlich; nur alsdann wenn ein Gutachten an den Kaiser ergeht, kann dieses die Stelle einer schriftlichen Relation vertreten. In jeder Session referirt einer von der Herrenbank, und einer von der Gelehrtenbank, worin auf jeder Bank die Reihe gehalten wird, oder der so genannte Turnus, worin ein jeder eine Woche hindurch zu referiren fortfährt. In den meisten Sachen wird ein Correferent bestellt, der auch die Acten zu lesen bekömmt. Die übrigen Stimmen werden erst auf der Gelehrtenbank, hernach auf der Herrenbank abgelegt. Der Präsident hat das Recht in Gleichheit der Stimmen durch die seinige den Ausschlag zu geben. Alle Mitglieder des Reichshofraths werden nur vom Kaiser ernannt, auch von ihm alleine besoldet. Sie sollen aber nicht bloß aus den kaiserlichen Erblanden, sondern mehrentheils aus dem Reiche genommen werden. Der evangelischen Reichshofräthe sind nie mehr als sechs. Gegen deren vereinigte Meynung gilt die Mehrheit der Stimmen nicht; aber wenn nur ein evangelischer Reichshofrath anderer Meynung ist, gilt die Mehrheit der Stimmen. Daß Sachen vom Reichshofrathe an

den

(oben S. 45.), und unter deſſen Direction ein Reichsreferendarius die Geſchäffte zu bearbeiten hat; ohne was die Canzleyausfertigungen und Archivgeſchäffte anbetrifft, die von einer beträchtlichen Anzahl Perſonen beſorgt werden, welche zur Reichshofcanzley und Regiſtratur von Mainz aus beſtellt werden. Allein wenn auch alle dieſe Stellen noch ſo zahlreich beſetzt ſind, was iſt das doch gegen die große Menge Oeſterreichiſcher erbländiſcher Collegien, und Staats- oder Hof- und Landesbedienten, die ſich zu Wien finden! Da verliehrt ſich das eigentlich von der Kaiſerwürde abhangende Perſonale ſelbſt am kaiſerlichen Hofe unter der Menge, welche zum erbländiſchen Perſonale gehören, dergeſtalt, daß ein Fremder, der ſich nicht beſonders darum bewirbt, ganz geraume Zeit zu Wien ſeyn kann, ohne beynahe wahrzunehmen, daß ein Reichshofrathscollegium und eine Reichshofcanzley daſelbſt im Gange ſind. Eben ſo natürlich iſt es, daß ſelbſt einem regierenden Kaiſer nach der großen Verſchiedenheit des Verhältniſſes, worin er gegen das Teutſche Reich und gegen ſeine eigne Erblande ſtehet, die Reichsſachen ungleich weniger, als die Angelegenheiten ſeines Hauſes und ſeiner Erblande zu Herzen gehen müßen. Daher es nicht zu bewundern iſt, wenn in Reichsſachen, die am kaiſerlichen Hofe vorkommen, bisweilen eine Rückſicht auf das Intereſſe

den Reichstag verwieſen wären, wie im Fall der Trennung beider Religionstheile, oder auch zu authentiſcher Erklärung zweifelhafter Stellen in Reichsgeſetzen geſchehen ſollte, davon iſt noch kein Beyſpiel bekannt geworden.

teresse des Hauses und der Erblande, oder auch eine Convenienz der Personen, die am kaiserlichen Hofe in Reichssachen gebraucht werden, einigen Einfluß haben mag.

III. Unter dem Reichshofrathe stehet eine Anzahl von ungefähr dreyßig Reichshofrathsagenten, die vom Reichshofrathspräsidenten ernannt werden, und eigentlich dazu bestimmt sind, die Geschäffte der Partheyen als deren Anwälde am Reichshofrathe oder auch überhaupt am kaiserlichen Hofe zu besorgen. Auch von Reichsständen werden wenige seyn, die nicht einen von diesen Agenten angenommen hätten. Doch kann auch ein jeder Reichsstand, wie bisweilen geschieht, seinen eignen Agenten am kaiserlichen Hofe bestellen. Einige größere Höfe pflegen selbst förmliche Gesandten an den Kaiser zu accreditiren. Oder wer von Reichsständen oder auch nur von Mitgliedern der Reichsritterschaft sich persönlich an den kaiserlichen Hof begibt, kann selbst vom Kaiser Audienz begehren, die ihm vermöge der Wahlcapitulation nicht versagt werden darf (v). Ein jeder Reichsstand hat es überdies in seiner Gewalt in verschlossenen Schreiben etwas an den Kaiser gelangen zu laßen; es sey nun, daß solche Schreiben unmittelbar mit der Post nach Wien abgesandt, oder auch durch den Agenten oder Gesandten, den der schreibende Reichsstand etwa zu Wien hat, im Reichshofrathe oder in der geheimen Reichshofcanzley übergeben werden. Hinwiederum hat der kaiserliche Hof in den meisten Kreisen eigne kaiserliche Gesandten, dergleichen auch wohl an ein und anderem grö-

(v) Wahlcap. (1612.) Art. 23. §. 2.

größeren Hofe noch besonders unterhalten zu werden pflegen. Das sind die Mittel der gegenseitigen Communication zwischen dem kaiserlichen Hofe und einzelnen Mitgliedern des Reichs, wodurch von dieser Seite noch die Reichsverfassung in merklicher Thätigkeit erhalten wird.

Eine der feierlichsten Gelegenheiten, wo zu IV. Wien die Vereinigung der vielerley Mitglieder des Reichs unter einem allerhöchsten Oberhaupte noch am sichtbarsten in die Augen fallen kann, äussert sich in der Belehnung, welche ein jeder Besitzer eines Reichslehns sowohl bey jeder veränderter kaiserlichen Regierung als so oft das Lehn aus einer Hand in die andere übergehet, mittelst Leistung des Lehnseides zu empfangen schuldig ist (w). Doch wird in der Art der Belehnung

zwi-

(w) Im Lehnseide verpflichtet sich der Fürst: "daß er dem Kaiser und dem heiligen Reiche getreu, hold, gehorsam und gewärtig, auch nimmermehr wissentlich in dem Rathe seyn solle noch wolle, da ichten etwas wider kaiserlicher Majestät Person, Ehre, Würde und Stand gehandelt oder vorgenommen würde, noch darein willigen oder gehelen in einige Wege; sondern der kaiserlichen Majestät und des heiligen Reichs Ehre, Nutzen und Aufnehmen betrachten und befördern, nach allem seinem Vermögen; und ob er indeß verstünde, daß etwas vorgenommen oder gehandelt würde, wider kaiserlicher Majestät Person oder das heilige Reich, demselben wolle er getreulich vor seyn, und kaiserliche Majestät dessen ohne Verzug warnen, und sonst alles thun, das einem gehorsamen Fürsten und getreuen Lehnmann gegen kaiserliche Majestät und dem heiligen Reich zu thun gebühre von Rechts oder Gewohnheits wegen, ge-

treu-

zwischen Thronlehnen und anderen ein großer Unterschied gehalten. Jene sind solche, bey deren Belehnung der Kaiser persönlich anwesend sich den Lehnseid schwören läßt. Von anderen wird dieser Eid nur im Reichshofrathe abgelegt. Nach der ursprünglichen Lehnsverfassung sollte auch der Vasall jedesmal persönlich den Lehnseid schwören. Nach einem neuern Herkommen pflegen aber sowohl vor dem kaiserlichen Throne als im Reichshofrathe die Lehnseide nur durch Bevollmächtigte abgelegt zu werden. Nur alsdann, wenn etwa derjenige, der die Belehnung zu empfangen hat, ohnedem selbst zu Wien anwesend ist, wird wohl noch darauf bestanden, daß er persönlich erscheinen solle (x).

V. Nur Fürstenthümer und Churfürstenthümer sind Thronlehne. Um darüber die Belehnung zu empfangen melden sich gewöhnlich zwey Bevollmächtigte, gemeiniglich ein besonders dazu bestimmter Gesandter und ein Reichshofrathsagent, oder auch nach Gutfinden eines jeden Hofes, der die Belehnung zu suchen hat, zwey besonders abgeschick-

treulich, ohne Argelist und Gefährde." Lünigs corp. iur. feud. Th. 1. S. 95. Neumanns Formularbuch des Reichsprocesses S. 401.

(x). So hat z. B. noch am 20. Nov. 1766. ein Graf von Weissenwolf den Lehnseid über den Blutbann bey der Herrschaft Erlach persönlich im Reichshofrathe geschworen. Moser von der Lehnsverfassung S. 252. Auch dem Fürsten von Lobkowitz wurde (1766. Aug. 18.) auferlegt: daß er "als in curia hic praesens" die Paulsdorfischen Reichslehne im Reichshofrathe in Person empfangen sollte. Moser am a. O. S. 251.

geschickte Gesandten. Wenn alles, was wegen der Vollmacht und sonst zu besorgen ist, nach des Reichshofraths Gutachten berichtiget ist, und der Kaiser Zeit und Stunde zur Belehnung angesetzt hat; so erscheinen beide Bevollmächtigte an der dazu bestimmten Zeit im feierlichen Aufzuge in der kaiserlichen Burg in einem dazu gewidmeten Saale, wo der Kaiser auf einem Throne sitzt, und auf einer Seite den Reichsvicecanzler, auf der andern die Obersthofämter neben sich stehen hat. Vor ihm schließt sich ein halber Kreis von Cammerherren und einer dieselben umgebenden Leibwache; übrigens kann jedermann zusehen.

Sobald die zur Lehnsempfängniß bestimmten Gesandten bey dem Eintritt in den Saal den Kaiser erblicken, fallen sie auf die Kniee, und mit noch zweymal wiederholter Kniebeugung nähern sie sich durch den sich öffnenden Kreis bis unmittelbar vor dem kaiserlichen Throne. Hier hält der erste Gesandte knieend eine Rede mit förmlicher Anrede an den Kaiser, und bittet zur Ablegung des Lehnseides zugelaßen zu werden. Der Reichsvicecanzler tritt zum Kaiser hinauf, um dessen Erklärung zu vernehmen, die er in einer kurzen Beantwortungsrede den Gesandten zu erkennen gibt. Der Kaiser nimmt alsdann den Hut ab, und gibt ihn einsweilen dem Obersthofkämmerer. Er bekömmt dagegen ein Evangelienbuch auf seinen Schoß zu legen. Um darauf ihre Finger legen zu können, rücken die Gesandten etliche Stuffen des Thrones hinauf, und so schwören sie knieend die Worte des Eides nach, die ihnen der Reichsvicecanzler vorsagt. Hernach setzt der Kaiser seinen

nen Hut wieder auf; an statt des Evangelienbuchs nimmt er nun ein bloßes Schwerdt in die Hand, dessen Degenknopf beide Gesandten küssen, und so wieder auf ihren vorigen Platz herunter rücken. Jetzt hält der zweyte Gesandte eine Danksagungsrede, nach deren Endigung beide bisher immer knieend gebliebene Gesandten rückwärts wieder mit dreymaliger Kniebeugung sich aus dem Angesicht des Kaisers entfernen, der darauf ebenfalls den Thron verläßt und damit dieser Feierlichkeit ein Ende macht.

VII. Sowohl in der Rede des ersten Gesandten als in der vorher schon übergebenen Bittschrift um die Belehnung ist bisher üblich gewesen, eine Entschuldigung einfließen zu laßen, daß der Fürst der die Belehnung zu empfangen hat, nicht in Person erscheine; da dann auch der Reichsvicecanzler immer seine Antwort mit darauf zu richten pfleget, daß kaiserliche Majestät für diesmal darin nachsehen wollten. Nur Reichsstände, die zugleich Kronen tragen, haben diese Entschuldigung weggelaßen (y). Auch mögen unter Carl dem VII.

mit

(y) Als im Jahre 1754. die Belehnung des Königs in Schweden wegen seiner Teutschen Lands im Werke war, erinnerte der Reichshofrath in seinem Gutachten an den Kaiser den Abgang sowohl der Entschuldigung wegen unterlaßener persönlicher Erscheinung, als der sonst erforderlichen Bescheinigung des zur Belehnung Anlaß gebenden Todesfalls. Er trug deswegen darauf an, daß der Belehnung noch Anstand gegeben, und der Gesandte wegen Beybringung der noch abgehenden Erforderniße belehret werden möchte. Der Kai-

1) Wien, Regensburg, Wetzlar.

mit einigen größeren Höfen wegen verschiedener Abänderungen im Ceremoniel Abreden getroffen seyn (z). Darüber scheint einige Aufmerksamkeit der altfürstlichen Häuser entstanden zu seyn, um erst den Vorgang mehrerer königlichen und churfürstlichen Höfe abzuwarten, ehe sie ihre Belehnung nehmen wollen. So sind viele Thronbelehnungen vom Kaiser Carl dem VII. her bis auf den heutigen Tag in Rückstand geblieben.

Es hat sich aber auch noch ein Umstand dazu ungesellt, der in der Sache Schwierigkeit macht. Wenn

Kaiser gab aber zur Resolution: Ich werde den Tag bestimmen; ciena also über jenen Anstand hinaus. Eben darauf bezog sich hernach ein Reichshofrathsgutachten vom 18. Nov. 1773., da unter ähnlichen Umständen von Belehnung des jetzigen Königs Gustavs die Frage war. Moser von der Lehnsverfassung S. 893. u. f. Diese letztere Belehnung ward hernach am 24. Nov. 1773. von zwey Schwedischen Gesandten, einem Grafen von Bork und einem Grafen von Oxenstierna, empfangen. Moser am a. O. S. 894. u. f.

(z) Ein zu R. den 23. März 1750. datirter Aufsatz enthält folgendes: "Chursächsischer Seits habe man dem Wiener Hofe zu erkennen gegeben, was bey der Lehnsverbindung das wesentliche und zufällige sey; zu welchem letztern man die Ceremonien rechne. In den Jahren 1741. und 1745. habe man die Mäßigung des Ceremoniels nicht allein zugesagt, sondern auch ganz eine andere Sprache darüber geführet. Da nun Carls des VII. Majestät, wie an Großbritannien und Preußen, so auch Ihro Polnischen Majestät eine Moderation des Ceremoniels zugestanden hätten; also beständen Sie darauf, daß jetzt regierende kaiserliche Majestät die Zusage Ihres Vorfahren confirmiren möchten." Moser am a. O. S. 310.

XIV. Heutige Verfassung.

Wenn ein Lehn nicht von Vater auf Sohn gehet, sondern Seitenverwandten, oder etwa durch Anwartschaften oder andere Wege fremden Besitzern, die nicht vom ersten Erwerber abstammen, zu Theil wird; so ist bey Lehnhöfen nicht ungewöhnlich, daß denen, die Bemühung damit gehabt haben, eine gewisse Erkenntlichkeit an Gelde dafür gereicht wird, so man Laudemien zu nennen pflegt. Hier ereignet sich aber am kaiserlichen Hofe eine Collision zwischen der Reichshofcanzley und dem Reichshofrathe, da jene in solchen Fällen so genannte Anfallsgelder, letzterer Laudemien fordert (a), beide Forderungen gleichwohl nur einer-

(a) Als im Jahre 1664. die Krone Schweden mit ihren Teutschen Ländern belehnt wurde, forderte (besage gewisser geschriebenen Nachrichten) die Reichshofcanzley 149. tausend Gulden, der Reichshofrath 24. tausend Rthlr. Letzterem wurde darauf 10. tausend, jener 20. tausend Rthlr. geboten. — Bey Gelegenheit des berichtigten Tauschgeschäffts über Oldenburg und Delmenhorst (1773.) erhielt die Reichshofcanzley zu Wien von wegen der Höfe zu Petersburg und Coppenhagen ein Geschenk von 100. tausend Gulden. Darauf forderte der Reichshofrath ein Laudemium von 150. tausend Gulden. Es fand sich aber, daß in vorigen Zeiten von wegen Oldenburg und Delmenhorst nur 18. tausend Gulden Laudemium gezahlt worden war. Mit genauer Noth wurde jene Forderung diesmal noch auf die Hälfte, also auf 75. tausend Fl. herunter gebracht. Das Reichshofrathsconclusum ergieng darüber (1776. May 13.) in folgenden Ausdrücken: "Mit Verwerfung der aus vermeyntlichen Rechtsgründen gegen das quantum laudemiale gemachten Einwendungen fiat de reliquo bewandten Umständen nach moderatio auf die Halbscheid des Ansatzes, jedoch irremissibili-
ter

einerley Gegenstand haben, und also beysammen nicht wohl bestehen können. Dazu kömmt, daß Reichsstände von wegen solcher Lehne, in Ansehung deren sie schon in der Mitbelehnung begriffen gewesen, sich überall zu keinen solchen Abgaben verbunden halten. Viel weniger wollen sie sonst ungewöhnlichen oder illiquiden Forderungen sich unterwerfen, noch geschehen laßen, daß von einer Belehnung, wenn gleich verschiedene Lehne empfangen werden, mehr als eine einfache Zahlung ihnen zugemuthet werde. Deren Vervielfältigung macht sonst selbst für die Hofämter und geringeren Hofbedienten schon beträchtliche Summen aus (b). Wider alles das sind nun schon in der

ter, und dergestalt, daß die baare Zahlung des moderirten quanti sofort und längstens binnen 2. Monathen erfolge." Mosers Zusätze zu seinem neuen Teutschen Staatsrechte Th. 2. S. 181.

(b) Bey jeder Thronbelehnung werden unter den Schweizern, die unter dem Thore die Wacht haben, 2. Rthlr., den Thürhütern in der Ritterstube 4., den Hatschieren 6., den Trabanten 6., den Cammerfourieren 6., den Tapezierern 6., dem Cammerheizer 2., den Cammertrabanten 4., dem Vorzimmersthürhüter 8., dem ältesten Cammerdiener, der das Evangelienbuch hält, 6., den Lakeien 4., den Trompetern und Paukern 10., den Hoffourieren 6., den Herolden 6., dem Reichshofrathsthürhüter 6., dem geheimen Raths Thürhüter 4., zusammen 86. Rthlr., oder 129. Gulden ausgetheilt. Daneben bekommen von jeder fürstlichen Belehnungen der Obersthofmeister, der Oberstkämmerer, der Reichsvicecanzler, der Hofmarschall, der Erbschatzmeister, der Erbmundschenk, der Erbtruchseß, und noch der Hofmarschall für sein Pferd, jeder 80. Rthlr. oder 120.

der beständigen Wahlcapitulation und in der von den beiden Kaisern Carl dem VI. und dem VII. besondere Verfügungen getroffen (c). Die Sache selbst hat aber noch nicht gehoben werden können (d), zumal da die Laudemialgelder unter den Mit-

Fl., ingleichen die Secretarien noch 48. Fl., die Taxatoren 23., die Registratoren 20., die Canzley 30. Fl., zusammen 1081. Gulden. Von dieser Zahlung an die Erb- und Hofämter sind die Churfürsten frey. Von der Krone Schweden forderten die Hofämter 1664. auf die vier Fürstenthümer Bremen, Verden, Pommern, Rügen fünf Fälle gerechnet 14. tausend Rthlr. Man gab ihnen 6000. Rthlr.

(c) Wahlcap. (1711.) Art. 11. §. 2.: "Vielweniger die Reichsbelehnung — wegen der illiquiden und streitigen Lehnstaxen (add. 1742.: oder Laudemiengelder und dergleichen) aufhalten." — Art. 17. §. 18. (1711.): "In der Lehnstaxe wollen wir bey der Verordnung der goldenen Bulle, vermöge deren von einer Belehnung, wenn gleich verschiedene Lehne empfangen werden, mehr nicht, als eine einfache Taxe zu entrichten, verbleiben, und dawider kein Herkommen einwenden, noch einige Erhöhung ohne der Stände Willen aufkommen laßen." — Art. 17. §. 19. (1711.): "vielweniger die Churfürsten, Fürsten und Stände mit den (1742.: Laudemien und) Anfallsgeldern von denen Lehnen, damit sie allbereits coinvestirt gewesen, oder sonst mit ungewöhnlichen und neuerlichen Anforderungen nicht beschweren, noch beschweren laßen."

(d) Schon am 13. Aug. 1749. ergieng ein Reichshofrathsconclusum die Thronlehne überhaupt betreffend, worin noch eine allgemeine Frist von 3. Monathen angesetzt wurde. Zugleich circulirten so genannte "Generalgründe, so sämmtliche hohe

1) Wien, Regensburg, Wetzlar.

Mitgliedern des Reichshofraths in 19. Theilen vertheilt, und von denselben als ein Theil ihres Gehaltes angesehen werden (e). Die Thronbeleh-

hohe Fürsten und Stände, so noch bisher die Thronbelehnung nicht genommen, allerdings vermögen sollten sich hierzu zu bequemen." Allein diese Gründe fanden wenig Eingang. Moser von der Lehnsverfassung S. 305=311. Noch im Jahre 1767. ließen die altfürstlich weltlichen Häuser, jedes ins besondere, ein P. M. zu Wien übergeben, wo sie sich bereit erklärten die Belehnung zu empfangen, wenn sie eines Theils die gewöhnlichen Taxen und Remunerationsgelder nur einfach bezahlen dürften, ohne mit mehreren Anforderungen gegen die Wahlcapitulation beschweret zu werben; und wenn sie andern Theils in Ansehung des Ceremoniels erst den Vorgang einiger geistlichen und weltlichen Churfürsten vor sich sähen. Moser am a. O. S. 296. In einer vom Reichsvicecanzler darauf ertheilten vorläufigen Antwort ließ derselbe einfließen: "daß die Laudemien und Anfallsgelder zur Recognition entrichtet würden, und eigentlich kaiserlicher Majestät gehörten, von Dero Vorfahren aber erstere dem Reichshofrathe, und letztere der Canzley überlaßen worden, mithin für Gerechtsame des Kaisers zu achten wären, und in kaiserlicher Majestät Mächten stehe, solche sich wieder zuzueignen." Moser am a. O. S. 297. u. f.

(e) In Mosers Zusätzen zu seinem neuen Staatsrechte S. 166=173. finden sich Verzeichniße der Laudemialgelder, die unter Joseph dem I., Franz dem I. und in den ersten 2½ Regierungsjahren Josephs des II. eingegangen sind. Nach selbigen betrug das, was ein jeder Reichshofrath zu seinem Antheile davon bekam, ein Jahr ins andere gerechnet, unter Joseph dem I. jährlich 1342. Fl. 18. Kreuzer, unter Franz 1068. Fl. 53. Kr., unter Joseph dem II. 1140. Fl. 34. Kr. Die stärksten

XIV. Heutige Verfassung.

lehnungen über Brandenburg-Culmbach (f) und über das Herzogthum Holstein von Seiten des Königs

sten Posten waren von Savoyen unter Franz 85. tausend, unter Joseph dem I. 36. tausend, von Mirandola unter Joseph dem I. 32. tausend, von Holstein-Plön unter Franz 27. tausend, von Sachsenweimar unter Franz 20. tausend, von Fürstenberg 14. tausend, von Badenbaden 12375., von Dänemark wegen des Weserzolls 12. tausend, von Mörs 12. tausend, von Würtenberg 10. tausend Gulden u. s. w. Ein lesenswürdiges Gutachten einer fürstlichen Regierung über diese Materie findet sich in Mosers Lehnsverfassung S. 288:295. Am Ende desselben wird gezweiflet, ob etwas fruchtbarliches wegen der Laudemien auszurichten, und der Reichshofrath von dieser schon so fest eingewurzelten Gewohnheit abzubringen seyn dürfte. "Ja, wenn man auch (fährt das Gutachten fort) nicht nur in puncto iuris Recht, sondern auch einige Hoffnung hätte es durchtreiben zu können; so wäre doch die Frage, ob es rathsam wäre; indem sehr zu besorgen ist, es würden die Mitglieder des Reichshofraths, denen diese Summe aus ihrem Beutel entgienge, dadurch dergestalt disgustirt werden, daß dieselben Ew. hochfürstlichen Durchlaucht in Dero vielen wichtigen an dem kaiserlichen Reichshofrathe bereits anhängigen und vielleicht noch weiter bekommenden Angelegenheiten einen weit größern und irreparablen Schaden thun würden."

(f) Auf ein den 18. Jan. 1770. vom Marggrafen von Anspach wegen der ihm zugefallenen Marggrafschaft Brandenburg-Culmbach (oder Baireuth) zu Wien eingekommenes Lehnsansuchungsschreiben ist erst am 25. Apr. 1786. ein Reichshofrathsconclusum erfolgt, worin zu Beybringung sämmtlicher Lehnserfordernisse und ad praestandum praestanda ein Termin von 2. Monathen ausgesetzt worden. Reuß Staatscanzley Th. 13. S. 411.

1) Wien, Regensburg, Wetzlar.

Königs in Dänemark (g) ſind noch im Jahre 1786. von neuem in Bewegung gekommen, jedoch noch nicht vor ſich gegangen.

Bey der allgemeinen **Reichsverſammlung** zu Regensburg iſt das noch fortwährende gemeinſame Band der Reichsverfaſſung in ſo weit noch am meiſten ſichtbar, als hier das dazu gehörige Perſonale noch vor allen andern hervorſticht, und nicht ſo, wie zu Wien, unter einer andern Menge ſich verliehrt. Gegen ältere Zeiten ſcheint die heutige Reichsverfaſſung hier ſelbſt noch einen Vorzug zu haben, da ehedem nur von Zeit zu Zeit ein nur kurz währender Reichstag gehalten wurde, an ſtatt daß jetzt derſelbe immerwährend fortgeführet wird. Jedoch auf der andern Seite hat der Reichstag ſelbſt dadurch ſowohl an ſeinem Glanze als an ſeiner wirkſamen Thätigkeit merklich verlohren, da che-

---

(g) Vom Könige in Dänemark als Herzoge von Holſtein wurde mittelſt Schreibens an den Kaiſer vom 3. Febr. (präſentirt den 1. May) 1786. eine fernere Lehnsmuthung über die ſämmtliche Landesantheile des Herzogthums Holſtein überreicht, und zugleich um Beſtimmung der Zeit zu Empfangung der Belehnung gebeten. Nach vorgängigem Reichshofrathsgutachten ergieng die kaiſerliche Reſolution am 26. May 1786. dahin: "Würde der König von Dänemark wegen Glückſtadt, Gottorp, und Plön die requiſita inveſtiturae in termino duorum menſium beybringen, und wegen Gottorp binnen beſagtem Termine praeſtanda präſtiren, ergehet ſowohl überhaupt, als wegen der gebetenen einfachen Belehnung über das geſammte Herzogthum Holſtein weitere kaiſerliche Verordnung." Reuß Staatscanzley Th. 13. S. 410.

ehedem noch Churfürsten, Fürsten und Grafen sowohl als der Kaiser selbst sich persönlich dabey einzufinden pflegten und dann gleich auf der Stelle ihre Meynung erklären konnten, jetzt aber lauter Bevollmächtigte da sind, die für sich nichts thun können, sondern alles auf die jedesmal einzuholende oder doch erst nachzusehende und genau zu befolgende Instruction müßen ankommen laßen. Da nun überdies nicht nur solche Stände, die jetzt mehrere Stimmen haben, solche gemeiniglich nur durch einen Gesandten führen laßen, sondern vielfältig auch ein Gesandter mehrere Höfe zu bedienen hat; so ist der ganze Reichstag nach und nach so zusammen geschmolzen, daß zu den hundert Stimmen im Reichsfürstenrathe kaum noch 20. Gesandten vorhanden sind. Das ganze reichsstädtische Collegium besteht gar nur größtentheils aus einigen Regensburgischen Rathsherren, die zugleich als Stimmführer mehrerer Reichsstädte angestellt sind. Wenn also auch gleich noch ein jeder Churfürst seinen eignen Gesandten hat; so pflegt doch der ganze Reichstag jetzt kaum aus mehr als 30. Comitialgesandten zu bestehen.

x. Nun sind es zwar noch immer für ganz Teutschland wichtige Gegenstände, die hier zur Berathschlagung kommen können, da hier eigentlich der Ort ist, wo noch alle Hoheitsrechte, wenn sie auch nicht mehr der kaiserlichen Majestät alleine überlaßen sind, von Kaiser und Reichs wegen ausgeübt werden können; wie sich das insonderheit zeigt, wenn neue Gesetzgebungen für die gesammte Reichsverfassung in Frage kommen, oder wenn Fragen von Krieg oder Frieden entschieden, wenn Steuern bewil-

1) Wien, Regensburg, Wetzlar.

bewilliget, oder wenn auch nur wichtige Angelegenheiten einzelner Reichsstände hier entschieden werden sollen. Allein selbst solche Gegenstände werden jetzt immer seltener zur würklichen Reichstagsberathschlagung gebracht. Und dann ist Regensburg zwar der Ort, wo die Abstimmung zum Behuf abzufassender Reichsschlüsse geschieht, auch höchstens wohl durch vorläufige Besprechung einiger Comitialgesandten und durch ihre Berichte bisweilen reichsständische Stimmen vorbereitet und einigermaßen gelenket werden können. Aber die wahre Bestimmung eines jeden Geschäffts, wie sie ein jeder Reichsstand durch sein Votum gefasset zu haben wünscht, hängt doch eigentlich von der Vorschrift eines jeden Hofes ab, wie er seinem Gesandten zu votiren befiehlt. Daher gemeiniglich jetzt die Seele solcher Unterhandlungen mehr auf unmittelbarer Communication solcher Höfe, die das Zutrauen zu einander haben, als auf den Personen der Comitialgesandten beruhet. Das hingegen mag zu Regensburg selbst sich leicht ein Umstand ereignen, der oft auf geraume Zeit die Thätigkeit des ganzen Reichstags unterbricht. Oder wenn das auch nicht ist, fehlt es doch oft dergestalt an Gegenständen, die zur Comitialberathschlagung reif sind, daß nicht selten Jahre hingehen, ohne daß nur Sitzungen und Protocolle am Reichstage oder in einem der drey Reichscollegien gehalten werden. Man darf sichs also nicht befremden laßen, wenn man zu Regensburg häufiger und längere Ferien als sonst vielleicht irgendwo wahrnimmt.

XI. Ungleich lebhafter läßt sich deswegen die Reichsverfassung noch endlich zu Wetzlar in der beständig fortgehenden Thätigkeit des Cammergerichts erkennen. Hier leuchtet nicht nur das ganze Personale, so dazu gehört, vor allen übrigen Einwohnern dieser sonst sehr mittelmäßigen Reichsstadt ungleich mehr hervor; sondern die ganze Machine ist, nur gewisse bestimmte Ferien abgerechnet, Jahraus Jahrein in beständig gleicher Thätigkeit. Aber die Gegenstände dieser Thätigkeit sind eigentlich nur einzelne Rechtssachen, und zwar verhältnißmäßig ungleich mehr Rechtssachen bloßer Privatpartheyen, als solche, die Reichsstände betreffen, und in ihrer Art zugleich als Staatssachen angesehen werden können. Denn seitdem mit dem Westphälischen Frieden dem Reichshofrathe die Eigenschaft einer Gerichtsstelle gesichert, und zugleich dem Fürstenrechte ein Ende gemacht ist, hat der Reichshofrath theils privative Gerichtbarkeit in Sachen, die ganze Länder betreffen; theils geschieht es auch da, wo der klagende Theil die Wahl hätte, doch häufiger, daß wichtige Sachen zu Wien als zu Wetzlar anhängig gemacht werden.

XII. Nur in so weit hat das Cammergericht außer der Erörterung der daselbst angebrachten Rechtshändel auch noch andere die Reichsverfassung näher betreffende Beschäfftigungen, als häufig Dinge vorkommen, welche die Verfassung des Cammergerichts selbst betreffen, die theils seinem eignen Ermessen überlaßen, theils wenigstens zu einer provisorisch gesetzgeberischen Bestimmung dem=

1) **Wien, Regensburg, Wetzlar.**

demselben heimgestellt sind. Da gibt es oft häßliche Fragen, wo bald Kaiser und Reich, bald Fürsten und Churfürsten, bald beide Religionstheile, bald selbst die Mitglieder des Cammergerichts unter sich nicht gleiche Grundsätze hegen; und worüber dann am Ende selbst dem Reichstage der Ausschlag der Sachen überlaßen werden muß, der aber auch da nicht immer erfolget.

II.

Ein Hauptzweck, der in der bisherigen Reichsverfassung zur allgemeinen Sicherheit und Wohlfahrt noch immer durch reichsgerichtliche Erkenntniſſe erreicht wird.

> I. Ein wichtiger Vortheil der Reichsverfaſſung iſt noch, daß gegen alle Mitglieder des Reichs richterliche Hülfe ſtatt findet; — II. III. ſelbſt zum Vortheile der Unterthanen gegen ihre Landesherrſchaften; — IV. wie auch zum Vortheile der Gläubiger gegen verſchuldete Reichsſtände; — beſonders in ſo genannten Debitcommiſſionen. — V. Nur wegen der Recurſe, die von Reichsſtänden gegen widrige reichsgerichtliche Erkenntniſſe häufig an den Reichstag genommen werden, wäre eine genauere geſetzliche Beſtimmung zu wünſchen; — VI. VII. die aber auch ihre Schwierigkeiten hat. — VIII. Bis dahin beruhet der Ausgang eines jeden Recurſes auf der Mehrheit der Stimmen in den drey Reichscollegien.

1. In dem allgemeinen Bande, das ganz Teutſchland, ungeachtet ſeiner Abtheilung in ſo viele beſondere Staaten, unter Kaiſer und Reich und den beiden höchſten Reichsgerichten doch noch immer auf die bisher beſchriebene Art zuſammen erhält, wird allemal ein Hauptzweck der ganzen Reichsverfaſſung noch dadurch erreicht, daß unter ſo vielerley Staaten und Mitgliedern des Teutſchen Reichs, unter denen ſonſt das Recht der Selbſthülfe bald den Mindermächtigen dem Stärkern Preis geben würde, dennoch keine Selbſthülfe ſtatt findet, ſondern einem jeden ohne Unterſchied hier noch Mittel und Wege angewieſen ſind, durch richterliche Hülfe im Seinigen ge-
ſichert

2) Vortheil reichsger. Erkenntniſſe.

ſichert zu ſeyn, oder, wo es ihm vorenthalten wird, zu ſeinem Rechte zu gelangen.

So werden noch immer Streitigkeiten, die ein II. Reichsſtand mit dem andern hat, durch Rechtsſprüche entſchieden, wo über ähnliche Streitigkeiten unabhängiger Mächte, nichts als die Macht der Waffen entſcheiden kann. Und wo in unabhängigen Staaten auch eines jeden Unterthanen Sicherheit doch nur von der Gerechtigkeit abhängt, die man ihm im Lande ſelber widerfahren läßt, da enthält unſere Reichsverfaſſung noch Mittel und Wege, wie ſelbſt Unterthanen gegen ihre Landesherrſchaft bey einem höhern Richter Schutz finden können; es ſey nun, daß ſie in einzelnen Rechtsſachen noch zu Appellationen (ſo fern ſolche nicht etwa durch kaiſerliche Privilegien eingeſchränkt ſind,) oder doch zu Klagen über Nichtigkeit oder verſagtes Recht ihre Zuflucht nehmen, oder daß ſie gerade zu ſelbſt wider ihre Landesherrſchaft als den beklagten Theil Beſchwerde führen, wie ſo gar über Mißbrauch der Landeshoheit überhaupt geſchehen kann, wo in unabhängigen Staaten nichts als Gedult und Gehorſam übrig bleibt, wenn anders nicht ein noch größeres Uebel von Aufſtand und bürgerlichem Kriege daraus erwachſen ſoll.

Aus dieſem Geſichtspuncte kann man es noch III. immer als ein eigenthümliches Stück der Teutſchen Reichsverfaſſung anſehen, wenn man ſolche Fälle erlebt, daß es ſelbſt Teutſchen Reichsſtänden, die ihre landesherrliche Gewalt mißbrauchen, von einer höhern Macht fühlbar gemacht wird,

daß

XIV. Heutige Verfassung.

daß sie nicht unabhängig sind. So haben mehrmalen beide höchste Reichsgerichte auf angebrachte Klagen ganzer Landschaften z. B. der Reichshofrath gegen Mecklenburg und Würtenberg, das Cammergericht gegen Nassau-Weilburg und Lippe-Detmold solche Erkenntnisse erlaßen, welche die Ausübung der landesherrlichen Gewalt in gewiße Gränzen zurückzuhalten zur Absicht hatten. So sind aber vollends erst in den Jahren 1770. (b) 1775.

(h) Am 22. Aug. 1770. ergieng wider den regierenden Grafen Friedrich von Leiningen-Günteroblum (geb. 1715.) wegen seines ärgerlichen Betragens, auf einen von den Churfürsten zu Mainz und Pfalz als ausschreibenden Fürsten des Oberrheinischen Kreises an den Kaiser abgestatteten Bericht, in Gemäßheit eines Reichshofrathsgutachtens an gedachte Churfürsten ein kaiserliches Rescript des Inhalts: "Kaiserliche Majestät hätten aus der von ihnen allergehorsamst geschehenen Anzeige mißfällig ersehen müßen, was für abschenungswürdigste Laster und Schandthaten der Graf Friedrich zu Leiningen-Güntersblum sich zu Schulden gebracht habe. Kaiserliche Majestät könnten dergleichen gemein ärgerliches und die Würde eines Reichsstandes höchst verunehrendes Betragen von reichsoberrichterlichen Amts wegen keineswegs ungestraft laßen, fänden sich vielmehr die deßhalbige genaue Untersuchung mit dem schärfsten Einsehen allergerechtest vorzukehren verbunden, und befählen ihnen, kreisausschreibenden Herren Fürsten, aus besonderem in sie setzenden allerhöchsten Zutrauen hiermit allergnädigst und ernstlich, daß sie vor allen Dingen den Grafen zur Captur, jedoch in Rücksicht seiner reichsständischen Würde, einsweilen in Civilverwahrung in seinem eigenen Hause zu Güntersblum selbsten, mit militärischer Kreismannschaft bewachen laßen, und für seine nothdürftige Verpfle-

2) Vortheil reichsger. Erkenntniſſe. 237

1775. (i) 1778. (k) gegen drey regierende Reichs⸗
grafen nach einander nach vorgängigen Reichshof⸗
raths⸗

pflegung Sorge zu tragen, alsdann ohne weite⸗
res wider denſelben mit einer General⸗Criminal⸗
inquiſition über die hier angeführte geſchuldigte
ſchreckbare Gottesläſterung, attentirte homicidia,
veneficium, Bigamie, crimen laeſae maieſtatis,
concuſſionis ſeiner Unterthanen, und unerlaubter
Mißhandlungen fremder auch geiſtlicher Perſonen,
rechtlicher Ordnung nach von nun an fürſchreiten,
die in den eingeſchickten Actenſtücken benannten,
auch andere etwa noch weiter vorfindlichen Zeu⸗
gen eidlich vernehmen, den Inculpaten über Ein⸗
gangs erwehnte Verbrechen zum Protocolle or⸗
dentlich conſtituiren, und ſämmtliche deßhalb ver⸗
handelte Acten an kaiſerliche Majeſtät zu ſeiner
Zeit und mit Gutachten einſenden ſollen, um als⸗
dann in puncto inquiſitionis befindenden Dingen
nach, die ferner nöthige Verfügung treffen zu
können. Uebrigens hätten die preisausſchreiben⸗
den Herren Fürſten in Anſehung der einsweiligen
geſammten Landesadminiſtration den zu dieſem
Geſchäffte tauglichen nächſten Stammsverwandten
des inhaftirten Grafen mit pflichtmäßiger Beob⸗
achtung aller hierbey eintretender Abſichten und
Bedenklichkeiten ſelbſt auszuwehlen und dieſem ſo⸗
thane Landesadminiſtration tam quoad camerale
quam quoad iurisdictionalia auctoritate commiſ⸗
ſionis caeſareae proviſoriſch, jedoch dergeſtalt zu
übertragen, daß alles, was hierunter vorzuneh⸗
men und zu verordnen nöthig ſeyn wird, nicht in
des anzuſtellenden Adminiſtrators, ſondern in
ſeinem des inhaftirten Grafen eigenem Namen
vorgenommen und gefertiget werde, auch letztlich
gedachter Adminiſtrator über die ihm anvertraute
Landesverwaltung von Zeit zu Zeit die gehörige
genaue Rechenſchaft Sr. kaiſerlichen Majeſtät ge⸗
ben ſolle. Wie nun ſie Herren Churfürſten die⸗
ſem allerhöchſten Auftrage die gebührende Folge
geleiſtet, hierüber erwarten kaiſerliche Majeſtät
Dero

rathsgutachten kaiserliche Erkenntnisse ergangen, vermöge deren dieselben wegen Mißbrauchs ihrer landes-

Deroselben ebenmäßigen gehorsamsten Bericht." Der Graf ist hernach am 22. Sept. 1774. als der letzte seines Stammes mit Tode abgegangen.

(i) Wider den Wild- und Rheingrafen Carl Magnus zu Rheingrafenstein (geb. 1718.) ergieng am 21. Jul. 1775. in Gefolg eines Reichshofrathsgutachtens der kaiserliche Außspruch dahin: "daß derselbe der von ihm selbst eingestandenen schändlichen Betriegereyen, unverantwortlichen Mißbrauchs der landesherrlichen Gewalt, und vielfältig begangener, befohlner und zugelaßener Fälschungen halber zehn Jahre lang auf einer im Römischen Reiche gelegenen Festung in peinlichen Haften zu halten, der bisher genoßenen Competenz gänzlich zu priviren, und statt derselben ihm nichts als der höchst nothwendige Unterhalt aus seiner Concursmasse abzureichen sey." Regensburgische Merkwürdigkeiten 1775. B. 2. S. 243. Mosers Zusätze zu seinem neuen Staatsr. Th. 2. S. 455. Zur Gefangenschaft wurde ihm hernach die Festung Königstein angewiesen. Auf verschiedene Fürbitten sind ihm jedoch durch ein Reichshofrathsconclusum vom 18. Nov. 1782. die noch rückständigen 3¾ Jahre von der zehnjährigen Gefängnißstrafe erlaßen worden. Reuß Staatskanzley Th. 3. S. 431. Mit seiner am 13. März 1780. verstorbenen Gemahlinn hat er nur Töchter erzeuget.

(k) Wider den Reichserbtruchseßen, Grafen Gebhard Xaver zu Wolfegg-Waldsee (geb. 1727.) ergieng am 13. Febr. 1778. wegen der ihm zur Last gelegten Vergehungen auf ein Reichshofrathsgutachten die kaiserliche Entschließung dahin: daß der Fürst von Fürstenberg den Auftrag bekam, von kaiserlichen Commissionswegen "sein ihm zur Last fallendes allerdings ahnbungswürdiges

2) Vortheil reichsger. Erkenntniſſe.

landesherrlichen Gewalt und anderer Vergehungen ſelbſt in perſönliche Haft genommen worden; wiewohl ſonſt in der kaiſerlichen Wahlcapitulation noch die beſondere Verfügung enthalten iſt, daß ohne der Churfürſten, Fürſten und Stände vorhergehende Bewilligung Reichsſtände, die Sitz und Stimme in Reichscollegien hergebracht, davon weder proviſoriſch noch in ſonſtige Weiſe ſuspendirt und ausgeſchloſſen, noch ihrer Landesregierung, es geſchehe gleich proviſoriſch oder auf irgend eine andere Weiſe, entſetzt werden ſollen (1).

IV. Es gibt aber auch noch eine Art kaiſerlicher Erkenntniſſe, vermöge deren über verſchuldete Reichsſtände ſo genannte Debitcommiſſionen verordnet werden, die den Auftrag bekommen, ſowohl den Zuſtand der Schulden als der Zahlungsmittel zu unterſuchen, und ſolche Anſtalten zu treffen, daß dem verſchuldeten Reichsſtande nur eine gewiſſe Competenz gelaßen werde, aus den übrigen Landeseinkünften aber die Gläubiger in der Ordnung, wie ſie concursmäßig nach einander

diges Betragen ernſtgemeſſenſt zu verweiſen, dieſemnächſt aber denſelben zur wohlverdienten Strafe unaufhaltlich auf zwey Jahre nach Waldburg in Verwahrung zu bringen, und wegen deſſen ſicherer Detention daſelbſt die erforderlichen ergiebigen Anſtalten zu treffen, ſich aber, bevor er dieſen ſeiner Eigenſchaft nach in möglichſter Geheim zu haltenden kaiſerlichen Befehl in Vollziehung ſetze, mit dem kaiſerlichen Adminiſtrator und Curator, Grafen von Wolfegg-Wolfegg, in allem vertraulich zu beſprechen." Moſers Zuſätze zu ſeinem neuen Staatsr. Th. 2. S. 460.

(1) Wahlcap. Art. 1. §. 3. 4.

anber angesetzt sind, nach und nach ihre Befriedigung erhalten (m). Solche Debitcommissionen werden gemeiniglich einem dritten Reichsstande oder auch einem Stammsvetter des Hauses aufgetragen, der dann zwar die eigentliche Regierung dem verschuldeten Reichsstande überläßt, jedoch alles, was zur Einnahme und Ausgabe gehöret, unter seine Aufsicht, und die dazu gehörigen Cammerräthe und Rechnungsbedienten in kaiserliche Pflichten nimmt. Auf solche Art können Gläubiger, die Teutschen Fürsten geborgt haben, auch bey der übermäßigsten Schuldenlast zu ihrer Befriedigung gelangen; nur mit dem großen Unterschiede von anderen Concursen, daß in diesen die Güter des Schuldners selbst angegriffen, und, soweit dieselben reichen, alle Schulden auf einmal bezahlt werden; bey fürstlichen Debitcommissionen hingegen die Bezahlung der Schulden nur aus den Einkünften geschieht. Darüber können dann hundert und mehr Jahre hingehen, ehe die Gläubiger oder vielmehr ihre Erben zum Ihrigen gelangen, aber auch auf der andern Seite, ehe der Landesfolger zum Genusse des Landes kömmt, das doch vom ersten Erwerber her so gut für ihn als für seine Vorgänger in der Regierung bestimmt seyn sollte. Wäre es nicht für beide Theile besser, wenn unsere regierende Herren (nur Nothfälle, wo Stammsvettern und Landschaften einwilligten, ausgenommen) lieber ganz Creditlos wären?

(m) Von dieser Materie haben wir ein an erlauchten Beyspielen sehr reichhaltiges Werk: Moser vom reichsständischen Schuldenwesen, in zwey Quartbänden, Frf. u. Lpz. 1774. 1775.

2) Vortheile reichsger. Erkenntniſſe. 241

wären? Immer bleibt es ein Glück, daß ſie doch noch einen Richter über ſich haben.

Das einzige, ſo bey reichsgerichtlichen Er- V. kenntniſſen, wodurch Reichsſtände verurtheilet werden, noch zu Zeiten einigen Anſtand machen kann, beſteht nur darin, daß es oft ſchwer hält, dergleichen Urtheile zur würklichen Vollziehung zu bringen; und zwar nicht bloß deswegen, weil es einigen Reichsſtänden nicht an einer ſolchen Macht gebricht, daß ſie allenfalls denken können, es dar- auf ankommen zu laßen, ob man ſie zu zwingen im Stande ſeyn werde, — ſondern auch noch aus einem ganz beſonderen Grunde, weil es unver- merkt beynahe zu einer Art von Herkommen ge- worden iſt, daß ein Reichsſtand, gegen den ein widriges Erkenntniß zu Wien oder Wetzlar ergan- gen iſt, noch einen Recurs an den Reichstag nimmt, um noch auf eine oder andere Art Hülfe und Rettung gegen ein ſolches Erkenntniß zu er- langen (n). In dieſer Rückſicht wäre allerdings zu wünſchen, daß nach der ſchon in der Wahlca- pitulation erkannten Nothwendigkeit von Kaiſer und Reichs wegen durch eine neue Geſetzgebung die Fälle genau beſtimmt werden möchten, in wel- chen noch ein Recurs an den Reichstag ſtatt fin- den ſolle (o).

Allein auch hier zeigen ſich neue Schwierig- VI. keiten, die zum Theil ſelbſt in der Beſchaffenheit unſerer Reichsgerichte, wie ſie würklich ſind, zum
Theil

(n) Oben S. 47. u. f.
(o) Oben S. 51.

p. Entw. d. Staatsverf. Th. III. Q

Theil auch überhaupt in unserer besonderen Teutschen Verfassung ihren Grund haben. Wenn das, was die Reichsgesetze vom Cammergerichte enthalten, alles in würklicher Uebung wäre, insonderheit was die jährliche Visitation desselben und das damit verbundene Rechtsmittel der Revision betrifft; so würde kaum an Recurse von Cammergerichtsurtheilen zu denken seyn; wenigstens das Ziel derselben sehr enge gesteckt werden können. So aber muß der Umstand, daß schon seit zwey Jahrhunderten die Visitationen und damit verbundenen Revisionserörterungen ins Stecken gerathen sind, wenigstens häufig zum Vorwande dienen, daß es Reichsständen nicht zu verdenken sey, wenn sie in Ermangelung jenes Mittels an die Quelle der gesetzgebenden Gewalt und höchsten Aufsicht selbst ihre Zuflucht nähmen. Beym Reichshofrathe sind die Bedenklichkeiten noch grösser, da derselbe in seinen eignen Revisionssachen selbst Richter ist (p). Also wird der kaiserliche Hof zwar immer suchen, den Recursen ein möglichst eingeschränktes Ziel zu setzen; aber von Seiten der Reichsstände wird man nicht gern die Hand zu solchen Einschränkungen bieten, die manchen in Verlegenheit setzen könnten, wenn er einmal würklich in den Fall kommen sollte, daß er gegründete Beschwerden über eines der beiden Reichsgerichte zu führen hätte.

VII. Insonderheit verdient hieben in Betrachtung gezogen zu werden, daß bey unseren höchsten Gerichtsstellen ganz andere Gattungen von Rechtssachen, als in anderen Reichen, vorkommen können.

(p) Oben Th. 2. S. 102.

nen. Wenn anderswo nur Privatperſonen um
Geld und Gut oder Privatgerechtigkeiten vor Gerichten ſtreiten, ſo kommen hier Sachen vor, die
Land und Leute betreffen und in die Verfaſſung
ganzer Länder und Staaten einſchlagen. Da ſind
Reichsſtände freylich ebenfalls wie andere Partheyen in dem Falle noch einen höhern Richter
über ſich zu haben. Aber wenn andere Partheyen
bloße Privatperſonen ſind, ſo gibt es hier Partheyen, die zugleich ganze Staaten zu regieren
haben, und in eben der Eigenſchaft ſelbſt an der
Regierung des geſammten Reichs Theil zu nehmen berechtiget ſind. Daß da Beſchwerden, die
einem Reichsſtande von einem der höchſten Reichsgerichte zugefügt werden, noch in einem andern
Verhältniſſe gegen die höchſte Gewalt der Geſetzgebung und obern Aufſicht ſtehen, als in anderen
Reichen, kann allerdings nicht widerſprochen
werden.

So ſehr es alſo zu wünſchen wäre, daß ein ge- VIII
wiſſes Normativ, wornach man ſich in Anſehung
der Recurſe zu richten hätte, zu Stande kommen
möchte; ſo wenig ſcheint ſich noch jetzt eine nahe
Hoffnung dazu zu zeigen. Vielleicht dürfte ſie weniger entfernt ſeyn, wenn es möglich wäre, bey
den Reichsgerichten ſelbſt einige von den Quellen
zu verſtopfen, aus welchen bisher die meiſten
Gründe zu Rechtfertigung der Recurſe gefloſſen
ſind. Nach der würklichen Praxi kömmt es inzwiſchen in jedem Falle nur darauf an: ob die
Mehrheit der Stimmen am Reichstage, inſonderheit in den beiden höheren Collegien, für einen
Recurs ſich bewirken läßt? Bisher iſt das noch

wenigen gelungen, und wenn man hoffen darf, daß ein jeder Reichsstand seine Stimme in Recurssachen ohne alle andere Rücksichten bloß nach unpartheyisch geprüfter Gerechtigkeit der Sache ablegen läßt, so wird zum Nachtheil der Gerechtigkeit im Ganzen von Recursen so viel Unheil nicht zu besorgen seyn. Es mag aber wohl nicht an Beyspielen fehlen, da mehr politische als rechtliche Gründe ein oder andere Stimmen gelenkt haben, und da insonderheit mancher Reichsstand, indem er sich um des andern Stimme beworben, demselben hinwiederum die seinige zu Unterstützung seiner Recurse versprochen hat (q). In solcher Rücksicht würde sich für die Handhabung der Gerechtigkeit in unserer Reichsverfassung nicht die beste Aussicht eröffnen, wenn dergleichen gegenseitige Recursunterstützungen allgemeiner werden sollten.

(q) Oben Th. 2. S. 50.

III.

III.
Noch einige Bemerkungen von Wahlconventen, Kreisversammlungen und Trennung der beiden Religionstheile.

I. II. Auſſer den drey Orten Wien, Regensburg und Weßlar, wo die Reichsverfaſſung noch immer fortwährend ſichtbar iſt, zeigt ſich dieſelbe von Zeit zu Zeit auch bey Kaiſerwahlen oder Römiſchen Königswahlen; — III. und bey Reichsdeputationen, inſonderheit zur Viſitation des Cammergerichts. — IV. Auch können beſondere colegialiſche Verſammlungen angeſtellt werden, wie ſonſt häufiger von Churfürſten und Reichsſtädten geſchehen iſt, — V. beſonders von altweltlichen Fürſten, Reichsprälaten und Reichsgrafen. — VI. So ſtehen mit der Reichsverfaſſung auch noch die beſonderen Kreisversammlungen in Verbindung, inſonderheit in Schwaben, Franken, Baiern und den Rheiniſchen Kreiſen; — VII. wie auch die abgeſonderten Berathſchlagungen eines jeden Religionstheils; — VIII. IX. wozu inſonderheit das evangeliſche Corpus wegen der gegenſeitigen Mehrheit der Stimmen und intoleranten Geſinnungen bisher die größte Urſache gehabt hat. — X. XI. Wenn gleich aufgeklärte Catholiken anders denken, ſo ſind doch die Quellen der Intoleranz noch nicht verſtopft; — XII. XIII. wovon die bisherigen Folgen und deren weitere Beſorgniſſe unvermeidlich ſind. — XIV. Doch muß man wünſchen und hoffen, daß das Teutſche Reich noch zum Beyſpiele dienen möge, wie verſchiedene Religionsverwandten auch in einem Reiche friedlich und glücklich bey einander wohnen können.

Wie die Reichsverfaſſung an den drey Orten zu Wien, Regensburg und Weßlar auf die bisher beſchriebene Art ſich noch vorzüglich in ihrer fortwährenden Thätigkeit zeiget, ſo gibt es doch außerdem von Zeit zu Zeit auch noch beſondere Vorfälle, wo ſie ebenfalls noch ſichtbar erſcheinet.

11. Von der Art ist vorzüglich die Bestimmung des Thronfolgers, welche die Eigenschaft des Wahlreichs bey jeder Erledigung des Thrones nothwendig macht, es sey nun, daß erst alsdann, wenn der Thron schon würklich erlediget ist, eine Kaiserwahl, oder zu einer Zeit, da die kaiserliche Regierung noch im Gange ist, schon zum voraus eine Römische Königswahl angestellt werde. In beiden Fällen hat zwar nur das churfürstliche Collegium das ganze Geschäfft zu besorgen. Es verfährt aber doch in der That im Namen des ganzen Reichs. Und sowohl das Wahlgeschäfft an sich, als die bey der Gelegenheit von neuem zu berichtigende Wahlcapitulation stehet offenbar in solcher Beziehung auf das ganze Reich, daß hier fast immer die wichtigsten Auftritte zu erwarten sind, die bey unserer Reichsverfassung noch vorkommen können. Selbst der Einfluß, den vorzüglich das churfürstliche Collegium in Lenkung der Geschäffte sowohl am kaiserlichen Hofe als am Reichstage und bey anderen Höfen zu haben pfleget, und den es zum Theil schon zum voraus durch Collegialschreiben bey der Wahl eines Kaisers oder Römischen Königes geltend machen kann (r), gibt oft Anlaß, daß hier noch manche Angelegenheiten vorkommen, die sonst unmittelbar und gerade zu mit dem Wahlgeschäffte in keiner Gemeinschaft stehen würden. Der Glanz dieser churfürstlichen Wahlversammlungen wird auch dadurch nicht wenig erhöhet, daß von einem jeden churfürstlichen Hofe hier mehrere Botschafter zu erscheinen pflegen, die sammt und sonders als Gesandten vom ersten Range qualificirt werden, und wor-

(r) Oben S. 19. u. f.

worunter gemeiniglich würkliche Staatsminister von ein oder anderem churfürstlichen Hofe zu seyn pflegen. Auch ist bisher noch immer gewöhnlich gewesen, daß hier einige Churfürsten in Person sich einfinden, wie noch bey der Wahl Josephs des II. alle drey geistliche Churfürsten anwesend waren, und nach vollzogener Wahl auch der Churfürst von der Pfalz sich noch persönlich einstellte.

Eine andere Art Versammlungen, wo sich die Reichsverfassung noch in ihrer Thätigkeit zeigen kann, besteht in Reichsdeputationen, wie solche hauptsächlich zur Visitation des Cammergerichts und zu Reichsfriedensschlüssen nach Vorschrift der Reichsgesetze bestimmt seyn sollen, auch ausserdem bey anderen ausserordentlichen Veranlaßungen statt finden können. Selbige haben aber verschiedentlich schon solche Schwierigkeiten gefunden, daß erst manche Steine des Anstoßes gehoben werden müßen, wenn diese an sich preiswürdigen Anstalten ihrer Bestimmung entsprechen sollen (s); wie man davon nur die Geschichte der letztern Cammergerichtsvisitation zum Beyspiele anführen darf (t).

III.

Endlich gibt es auch besondere Versammlungen, die nur von gewissen Gattungen mit einander verbundener Reichsstände gehalten werden; die also nicht das gesammte Reich vorstellen, noch auch für dasselbe verbindliche Schlüße faßen können;

IV.

(s) Oben Th. 2. S. 124=129.
(t) Oben S. 140. u. f.

nen; die aber doch so ins Ganze verwebt sind, daß ihre Thätigkeit in das Leben der ganzen Reichsverfassung einen merklichen Einfluß hat. Dahin gehören erstlich die besonderen collegialischen Berathschlagungen der Churfürsten, Fürsten, Prälaten, Grafen und Reichsstädte. Hierzu gibt die Beständigkeit unserer jetzt immer fortwährenden Reichsversammlung die Bequemlichkeit, daß Churfürsten, Fürsten und Städte, wie sie am Reichstage ohnedem nach diesen drey Reichscollegien abgetheilt sind, ohne besondere Zusammenkünfte anzustellen, solche collegialische Berathschlagungen jede unter sich halten können. Doch ist ihnen auch nicht verwehrt, ausser dem Reichstage, wann und wo sie es gut finden, zusammen zu kommen, wie ehedem, da noch kein beständiger Reichstag war, von Seiten der Churfürsten und Reichsstädte sehr häufig geschehen ist, und von den Churfürsten bey Kaiserwahlen oder Römischen Königswahlen noch immer geschieht.

v. Das fürstliche Collegium, wie es im Reichsfürstenrathe mit Inbegriff der Prälaten und Grafen zusammensitzt, ist ausser dem Reichstage noch nie besonders versammlet gewesen; wohl aber sind von wegen der altfürstlichen Häuser, auch wohl mit Zuziehung ein oder anderer geistlichen Fürsten, zu Zeiten eigne Fürstentage gehalten worden, wie noch 1741. zu Offenbach geschehen ist (u). Sie haben es aber auch überdies in ihrer Gewalt durch ihre Comitialgesandten zu Regensburg Conferenzen halten zu laßen, wie und wann sie wollen. Mit den Reichsprälaten und Grafen hat es in

Anse-

(u) Eben S. 18.

Ansehung ihrer collegialischen Berathschlagungen nur darum eine andere Bewandtniß, weil eine jede der beiden Prälatenbänke und ein jedes der vier reichsgräflichen Collegien zu Regensburg nur einen Stimmführer hat; daher hier solche Berathschlagungen, wozu ein jeder Prälat oder Graf seine eigne Stimme geben soll, nicht statt findet. Da bleibt also nichts übrig, als entweder besondere collegialische Zusammenkünfte anzustellen, oder durch schriftliche Mittheilung collegialische Schlüsse zu fassen.

Nebst solchen Berathschlagungen der Reichsstände nach ihren collegialischen Verbindungen können sie auch nach ihrer Eintheilung in Kreise Zusammenkünfte und Berathschlagungen anstellen; wie solche insonderheit in den Kreisen Schwaben, Franken, Oberrhein, Churrhein und Baiern noch gewöhnlich sind. Da werden dann hauptsächlich solche Dinge berichtiget, welche in die innere Verfassung eines jeden Kreises einschlagen, oder gemeinschaftlich von jedem Kreise behandelt werden. Es kann aber auch über Dinge, deren völlige Berichtigung erst von Kaiser und Reich zu erwarten ist, hier eine Art von Vorberathschlagung geschehen, oder umgekehrt die Art, wie Reichsschlüsse vollzogen werden sollen, in Frage kommen.

Noch eine der wichtigsten Abtheilungen in reichsständischen Berathschlagungen wird endlich durch die Trennung der beiden Religionstheile veranlaßt. Einem jeden derselben ist unstreitig unbenommen, wo und wann sie wollen, besondere Zusammenkünfte anzustellen, wie in vorigen

Zeiten mehrmalen die catholischen Stände zu Dessau, Würzburg, die evangelischen zu Schmalkalden und anderswo dergleichen Versammlungen gehalten haben. Jetzt, da ohnedem bey dem nunmehr beständigen Reichstage auch beide Religionstheile immer von selbsten beysammen sind, haben sie die Bequemlichkeit, daß sie durch ihre Comitialgesandten nach Belieben Conferenzen halten laßen können; ohne daß weder besondere Legitimation, noch Ceremoniel dabey erfordert wird.

VIII. Das evangelische Corpus hat insonderheit Ursache auf seiner Hut zu seyn, theils damit durch die Mehrheit der Stimmen, welche die catholischen Stände in den beiden höheren Reichscollegien auf ihrer Seite haben, nicht Dinge zu ihrem Nachtheile durchgesetzt werden, theils damit sie durch gemeinschaftlichen Beystand solche Beschwerden, welchen ihre Glaubensgenossen sonst einzeln unterliegen müßten, zu verhüten oder abzuhelfen suchen können. Leider hat es die bisherige Geschichte nur zu sehr an den Tag gebracht, was die Grundsätze für Folgen gehabt haben, welche der päbstliche Stuhl in besonders kräftiger Mitwirkung aller Mönchsorden, insonderheit der Jesuiten, der catholischen Kirche zu eigen zu machen gewußt hat, als ob außer der Römischen Kirche keine Seligkeit zu hoffen sey, und daß es daher die Pflicht eines jeden Christen sey, das zu glauben, was die Kirche glaube, d. i. was vom Römischen Bischofe, und denen, die von seiner Gesinnung beseelt sind, zu glauben befohlen wird; daß eine jede Abweichung davon ein Verbrechen sey, das unter dem verhaßten Namen der Ketzerey

3) Kaiserw., Kreist., Religionstheile.

rey nicht gnug verfolgt und geahndet werden könne; daß es unrecht sey, denen, die nicht mit der Römischen Kirche gleichförmig denken wollen, nur irgend einige Duldung oder irgend einen Genuß bürgerlicher Rechte und Freyheiten angedeihen zu laßen; daß es vielmehr Pflicht sey, einen jeden anders denkenden, allenfalls auch mit Gewalt und allen möglichen Zwangsmitteln wieder in den Schoß der Römischen Kirche zurückzubringen (v); daß das selbst Wohlthat für ihn sey, weil er sonst ewig verdammt seyn würde; daß aber, wenn es sich nicht thun laße, solche anders denkende in den Schoß der Römischen Kirche zurückzubringen, nichts übrig bleibe, als sie, wo nicht zu haßen, doch zu bedauern, und wenigstens bey vorkommens

(v) Zu einem auffallenden Beyspiele, wie zum Theil selbst nach dem Westphälischen Frieden die Grundsätze vom Rechte catholischer Landesherren ihre evangelische Unterthanen zur catholischen Religion zu zwingen noch weiter als vorher getrieben worden, kann folgendes dienen. In einer Verbindung, die der Bischof von Basel im Jahre 1579. mit den sieben catholischen Cantons der Schweiz errichtet hatte, war nur davon die Frage gewesen: "die noch nicht von der catholischen Kirche abgefallenen Unterthanen dahin zu halten, daß sie bey der catholischen Religion bleiben möchten, auch durch fügliche Mittel daran zu seyn, damit die abgestandenen mit der Zeit soviel möglich zum alten christlichen Gehorsame zurückgeführt werden möchten." Aber vermöge eines neuen Bündnißes, das nun am 16. Sept. 1655. der Bischof Johann Franz mit den catholischen Cantons schloß, sollten diese gerade zu "dem Bischo-"fe helfen, seine abgefallene Unterthanen wieder "zum catholischen Glauben und Gehorsame zu "zwingen." Lünigs Reichsarchiv B. 21. S. 974. 979.

XIV. Heutige Verfassung.

menden Gelegenheiten in Schulen, Kirchen und dazu gehörigen Gütern und Einkünften ihnen allen möglichen Abbruch zu thun; das alles dann selbst als ein Gottgefälliges und zur ewigen Seligkeit verdienstliches Werk angesehen und gepriesen werden müße.

IX. Diesen Grundsätzen sollte nun freylich in Teutschland in der Anwendung alle Kraft benommen seyn, da im Westphälischen Frieden und allen unsern heiligsten Reichsgrundgesetzen auf alle mögliche Art vorgebauet ist, daß die evangelische Religion nicht als ketzerisch behandelt werden solle. Allein nach dem wahren Systeme der Römischen Kirche, wie es insonderheit die Jesuiten durchaus behauptet und ihren Zöglingen unabfällig beyzubringen gesucht haben, hat das alles zum Nachtheile der Kirche von keiner Kraft seyn können (w). Gesetzt auch, daß Vorstellungen von der Verbindlichkeit feierlicher Grundgesetze oder gar eidlicher Versicherungen jemanden im Gewissen einen Scrupel dagegen erregen sollten, so bliebe der päbstlichen Gewalt nach jenem Systeme doch unbenommen, auch von den theuersten Eidesleistungen aus göttlich statthalterischer Machtvollkommenheit völlige Ent-

(w) So ward zu Rom noch im Jahre 1782., da man sich wegen Aufhebung der Cöllnischen Dioecesanrechte im Herzogthum Cleve auf den Westphälischen Frieden Art. 5. §. 48. berief, von Seiten des päbstlichen Hofes geantwortet: "Non può valutarsi — l'Art. V. della pace Westfalica, giacche è noto che la santa sede non ha mai riconosciuta questa pace, contro di cui Innocenzo X. si protesto." Berliner Monathschrift 1786. Aug. S. 119.

3) Kaiserw., Kreist., Religionstheile. 253

Entbindung zu ertheilen, wie auf solche Art Pabst Paul der IV. den König Philipp den II. von Spanien von aller Verbindlichkeit des Eides, den er den Niederländischen Provinzen zu Erhaltung ihrer Freyheit und Religion geleistet hatte, lossprach, um nun ungehindert alle Protestanten in den Niederlanden verfolgen zu können.

Zur Ehre der Menschheit muß man zwar bemerklich machen, daß es von je her auch unter den Catholischen nicht an solchen gefehlet hat, die aufgeklärt gnug waren, um den Ungrund solcher intoleranten Grundsätze einzusehen, und redlich gesinnt gnug, um die daraus hergeleiteten Gesinnungen zu verabscheuen. Aber in welchem Verhältnisse stand die Zahl dieser Aufgeklärten gegen den unübersehlich großen Haufen derer, die nicht vermögend waren, darüber nachzudenken, und über die von Jugend auf eingesogenen Vorurtheile, wodurch jene Grundsätze einmal tiefe Wurzeln bey ihnen geschlagen hatten, sich hinauszusetzen? Wie große Hindernisse wurden deswegen überall jedem Mittel, das nur zu einiger Aufklärung über diese Dinge führen könnte, in Weg gelegt? Wie sorgfältig suchte man Lesung solcher Schriften, die hierüber einiges Licht verbreiten möchten, Besuchung protestantischer hoher und niederer Schulen, oder auch nur jeden vertrauten Umgang mit Protestanten verdächtig zu machen, und als äußerst gefährlich zurück zu halten? Und wenn dann auch hier und da ein aufgeklärter Catholik anders dachte, so durfte er es doch nicht wagen, solche Gesinnungen nur blicken zu laßen, ohne sich selbst den größten Verfolgungen auszusetzen, so weit nur Jesuiten

oder

ober ähnlich Gesinnte reichen konnten, um anders denkende Eltern, Ehegatten, Verwandte, Freunde, Gönner, Oberen, kurz alles gegen einen solchen aufzubringen.

XI. Diese Umstände waren, wie durch unsere Geschichte mit tausend Thatsachen beleget werden kann, bisher in Teutschland unverkennbar; insonderheit so lange der Jesuiterorden noch in seinem völligen Gange war. Seit dessen Aufhebung haben sich allerdings im catholischen Teutschlande weit mehr tolerantere Gesinnungen verbreitet. Doch stehet dahin, ob die Quelle schon ganz für versieget zu halten sey, so lange es noch ehemaltgen Zöglingen der Jesuiten schwer fällt, die ihnen beygebrachten Vorurtheile zu überwinden, — so lange noch Exjesuiten nicht alle Thätigkeit verlohren haben, solche Grundsätze ferner zu unterhalten und auszubreiten, — so lange noch andere Mönchsorden Mittel und Wege finden werden, eben das zu thun, — ja so lange überhaupt noch weltliche Mächte in geistlichen Sachen einer auswärtigen höhern Gewalt unterworfen sind, — und so lange von Rom aus noch der wirksame Einfluß bleibt, zu verhüten, daß nicht der Unterschied zwischen christlich catholischer Religion und Römisch päbstlicher Abhängigkeit allgemeiner erkannt werde.

XII. Unter solchen Umständen und bey den so sehr verwickelten Verhältnissen, worin die verschiedenen Religionsverwandten in Teutschland gegen einander stehen, darf man sich's wohl nicht befremden laßen, wenn es so häufige Vorfälle gegeben hat und zum Theil noch gibt, wo unter einem catholischen

schen Landesherrn evangelischen Unterthanen, bey catholischen Gerichten evangelischen Partheyen, unter Mitgliedern einer Familie, einer Stadt, einer Gemeinde, einer Landschaft, einer reichsständischen Versammlung, wo die Mehrheit der Stimmen auf catholischer Seite ist, den minder zahlreichen Evangelischen Stoff zu Beschwerden gegeben wird. In welchem Lichte muß da nicht erst jedem Unpartheyischen die Wichtigkeit der Verordnungen erscheinen, welche der Westphälische Friede von der Gleichheit der Stimmen bey Reichsgerichten, Deputationen und Commissionen, und von Hemmung der Mehrheit der Stimmen in Fällen, wo in reichsständischen Versammlungen ein Religionstheil von des andern Meynung abgeht, so weislich fest gesetzt hat? Wie wenig kann es also Beyfall verdienen, wenn man selbst diesen Verordnungen nicht ihre volle Wirksamkeit angedeihen laßen wollen?

XIII. Was alles das in unsere allgemeine Reichsverfassung für einen Einfluß hat, wie schwer es insonderheit hält, ein den gemeinnützigsten Geschäfften und Absichten oft hinderliches gegenseitiges Mißtrauen zu verhüten, das bedarf wohl keiner weitern Ausführung, wenn man nur das Innere der Geschichte des Teutschen Reichs mit offenen Augen ansieht Unter andern wird keinem leicht die Bemerkung entgehen, wie man bey mehreren Gelegenheiten solche Gesinnungen auszubreiten gewußt hat, als ob catholisch und kaiserlich gesinnt seyn eben so unzertrennlich sey, als man jeden Protestanten gegen die kaiserliche Hoheit für widrig gesinnt halten müße; so daß das Interesse des gesammten catholischen Religionstheils erfordere, in allen Fällen, wo von Erweiterung der kaiserlichen Vorrechte die Frage sey, dieselbe mit allen Kräften zu befördern, und daß hinwiederum der kaiserliche Hof Ursache habe, allem dem, was das evangelische Religionswesen aufrecht erhalten könnte, entgegen zu arbeiten.

XIV. Möchten doch endlich nur alle solche Vorurtheile verschwinden, und allgemein erkannt werden, daß die Rechtschaffenheit, ohne welche keine ächte Religion bestehen kann, erfordere, einem jeden ohne Rücksicht auf die Religion das seinige zu laßen, und daß Mitglieder eines Staats, wenn auch in Religionssachen ihr Glaube nicht übereinstimmt, dennoch als Brüder bey einander leben können! Freylich mögen einem Staate, deßen Haupt und Glieder einerley Religion zugethan sind, vor andern, wo verschiedene Religionen neben einander stehen, in Ansehung deßen, was daraus für Eifersucht und andere Folgen entstehen können, gewisse Vorzüge nicht abgesprochen werden. Daher allerdings die Frage entstehen kann, ob es rathsam sey, fremde Religionsverwandten, die noch nicht in einem Lande sind, darin aufzunehmen. Aber wo ein Religionsunterschied nur daraus erwächst, daß im Lande selbst eine Veränderung vorgeht, und wo nun einmal verschiedene Religionsverwandten neben einander im Staate sind, da bleibt nichts übrig, als einen jeden seiner Ueberzeugung nachgehen zu laßen. Wäre diese Gesinnung allgemeiner, wie man hoffen muß, daß sie

von

von dem erhabenen Beyspiele des Monarchen, den jetzt das Teutsche Reich als sein Oberhaupt verehret, sich auf alle Glieder des Reichs immer weiter verbreiten werde; so würde Teutschland vielleicht selbst noch zum Beyspiele dienen können, wie ein so zusammengesetzter Staatskörper des Unterschiedes der Religionen ungeachtet dennoch den Hauptzweck seiner gemeinsamen Sicherheit und Wohlfahrt immer vollkommener zu erreichen ganz wohl vermögend sey.

IV.

Einige Bemerkungen, wie weit noch jetzt in Regierung der besonderen Teutschen Staaten Verfügungen des Reichstages oder des kaiserlichen Hofes erforderlich sind, und was davon abhängt.

I. Jedes einzelne Teutsche Gebiet wird jetzt meist nur nach seiner eignen Convenienz, nicht etwa in Gleichförmigkeit des ganzen Reichs, regiert. — Höchstens zeigt sich noch etwa einige Rücksicht auf Nachbarschaft oder Kreisverfassung. — II. Allgemeine Reichsschlüsse über Dinge, die in die innere Verfassung der besonderen Staaten einschlagen, werden immer seltener und schwieriger. — III. Daraus erwächst nun eine immer größere Verschiedenheit in sothaner Verfassung jeder einzelnen Gebiete; — IV. wovon zu ihrem Glücke ein vortheilhafter Gebrauch gemacht werden kann. — Doch gibt es noch einige kaiserliche Reservatrechte, die hier in Betrachtung kommen. — V. So hat der Kaiser noch jetzt in ganz Teutschland das Recht Standeserhöhungen zu ertheilen, — ingleichen kaiserliche Hofpfalzgrafen und Notarien zu ernennen; — VI. Zölle hat zwar der Kaiser selbst nicht mehr; es kann sie aber auch kein Reichsstand ohne kaiserliche Concession haben; — so auch das Recht der Münze; — VII. und Universitäten. — VIII. Einige Gegenstände sind streitig, oder doch einer genauern Bestimmung unterworfen, — als Jahrmärkte und Messen; — IX. X. Stadtrecht und Zünfte; — XI. XII. Moratorien. — XIII. Bisweilen gilt noch eine Concurrenz gewisser kaiserlicher und landesherrlicher Hoheitsrechte, — als in Ergänzung der Volljährigkeit und Legitimation unehelicher Kinder. — XIV. Kaiserliche Concessionen für ganz Teutschland können den Reichsständen in ihren Ländern nicht vorgreifen. — XV. Auch mit Bücherprivilegien hat es eine ganz eigne Bewandtniß. — XVI. So läßt sich ungefähr zwischen kaiserlichen Reservatrechten und landesherrlichen Rechten eine richtige Gränzlinie ziehen. — XVII. Außerdem werden unsere Reichsstände in ihren Regierungsrechten andern Europäischen Mächten meist gleich gehalten; — XVIII. selbst in Kriegen, Bündnissen, Repressalien, und allen Gattungen gegenseitiger Verträge. — XIX. Ein Verzeichniß aller Europäischen Mächte darf deswegen die Teutschen besonderen Staaten nicht auslassen. — XX. XXI.

Nur

4) Kaiſ. u. Reichsverfüg. für Länder.

Nur gibt es unter ihnen auch noch Staatsdienſtbarkeiten häufiger und aus anderen Quellen, als unter Europäiſchen Mächten. — XXII. Selbſt Reichsgeſetze können gewiſſe Einſchränkungen der Landeshoheit begründen. — XXIII. Einige geiſtliche Länder haben noch beſondere Ueberbleibſel von ehemaligen Vogteyen; — XXIV. wie auch einige Reichsſtädte.

Von der Art, wie unſere beſondere Teutſche Staaten jetzt regiert werden, kann man als eine Regel annehmen, daß jedes einzelne Land, jede Reichsſtadt, jedes noch ſo kleine Gebiet, das einen eignen beſonderen Staat ausmacht, ſeine Convenienz ſo gut zu befördern ſucht, als es ſich thun läßt, ohne auf die Verbindung, worin alle Teutſche Stände als Mitglieder eines Reichs ſtehen, weiter, als es die höchſte Noth und ihr eigenes Intereſſe erfordert, große Rückſicht zu nehmen. Wann ſonſt noch manche Angelegenheiten, als Juſtitz, Polizey, Münze, ꝛc. wie ſie auch in jedem Lande am beſten einzurichten ſeyn möchten, als Gegenſtände angeſehen wurden, die am füglichſten mittelſt einer gemeinſamen Reichsberathſchlagung behandelt werden könnten; ſo gehet jetzt in allem dem ein jeder mehrentheils ſeinen eignen Weg. Nur was etwa Beyſpiele guter Geſetzgebungen oder anderer neuen Einrichtungen, die ſich im Erfolge bewährt finden, von einem auf den andern wirken können, oder was Nachbarſchaft, Verwandtſchaft, Gleichheit des Standes und der Religion oder andere Umſtände etwa für Bewegungsgründe an die Hand geben, um gewiſſe Geſchäffte nach einerley Grundſätzen zu behandeln, das kann noch allenfalls Anlaß geben, daß mehrere Reichsſtände auch in ihren Landeseinrichtungen auf einander Rückſicht nehmen. Oder ſo kann auch endlich die Kreisverfassung da, wo sie noch in ihrer Thätigkeit ist, zwischen Mitgliedern eines Kreises oder auch zwischen mehreren benachbarten Kreisen zu gegenseitigen Mittheilungen und nach Befinden zu fassenden Schlüssen Anlaß geben.

11. Daß von gesammten Reichs wegen über solche Dinge, die in das Innere der Verfassung einzelner Länder oder Städte einschlagen, gemeinsame Schlüsse gefasset würden, geschieht immer seltener; gewiß nicht leicht anders, als wenn einzelne Reichsstände darunter leiden würden, wenn sie durch besondere Verordnungen nur in ihren Ländern etwas durchsetzen wollten. So war z. B. der Fall von Handwerksmißbräuchen, worüber ein jeder Reichsstand zwar Verfügungen in seinem Lande machen kann, aber doch besorgen muß, daß sein Land von wandernden Gesellen gemieden wird, wenn sie darin mehr als in andern Ländern eingeschränkt seyn sollen. So ließ sich freylich begreifen, wie noch 1771. selbst der Berliner Hof darauf antrug, daß ein Reichsschluß darüber abgefaßt werden möchte, den blauen Montag für die Handwerksleute abzustellen (x). Und doch läßt sich auch aus diesen Beyspielen abnehmen, wie schwer es hält, selbst allgemeine Reichsschlüsse von der Art für ganz Teutschland würklich in Gang zu brin-

(x) So erfolgten als Ergänzungen des Reichsschlusses von Handwerksmißbräuchen (1731. oben Th. 2. S. 449.) noch zwey Reichsgutachten: 1771. Jul. 15. wegen Abstellung des blauen Montags, und 1772. Febr. 3. wegen Ehrlichmachung der Abdeckerskinder und genauerer Beobachtung des Reichsschlusses von Handwerksmißbräuchen. Beide hat der Kaiser am 30. Apr. 1772. genehmiget.

bringen. Nicht selten gibt es an manchen Orten besondere Hindernisse in der Vollziehung solcher Reichsschlüsse; oder wenn auch ohne besondere Gründe dazu zu haben, ein Reichsstand sich dabey unthätig beträgt; was für Mittel sollten da wirksam seyn, um die Vollziehung allgemeiner zu machen? Von Amts wegen wird von Kaiser und Reich in solchen Fällen nicht leicht ein Schritt geschehen. Es müßten schon ganz besondere Umstände eintreten, wenn ein Reichsstand nur zu besorgen haben sollte, daß etwa der Reichsfiscal deshalb wider ihn zu klagen bewogen werden möchte. Und wenn das auch wäre, was würde allenfalls für ein Ausgang davon zu erwarten seyn? (y)

Hieraus entspringt nun ganz natürlich die Folge, daß sich die Verschiedenheit in der innern Verfassung der Länder kaum so groß denken läßt, wie sie in Teutschland würklich ist. Eine allgemeine Gleichförmigkeit ist jetzt so wenig zu erwar-

III.

(y) Ist doch die ben richtigsten Grundsätzen der Theorie des Processes so sehr gemäße Vorschrift des jüngsten Reichsabschiedes, daß der beklagte Theil mit seinen verzögerlichen Einreden gleich die hauptsächliche Handlung auf die Klage verbinden solle, noch an vielen Orten (selbst zu Hamburg) so wenig im Gange, daß noch jetzt da selten ein Beklagter in der Hauptsache sich einläßt, wenn nicht erst bloß über seine dilatorische Einreden ein besonderer Schriftwechsel geführet, und wohl gar in mehr als einer Instanz darüber gesprochen ist! Ohne zu gedenken, wie wenig von Reichs = und Kreisschlüssen, die schon über das Münzwesen gefasset sind, zur Erfüllung gebracht werden können!

warten, daß fast keiner unserer besonderer Staaten dem andern mehr ähnlich sieht. Nicht nur in der Regierungsform, da Reichsstädte von Territorien, wie Republiken von Monarchien unterschieden sind, und jede Reichsstadt wieder in ihrer mehr oder minder eingeschränkten oder unbeschränkten aristocratischen oder democratischen Verfassung, ingleichen jedes Land, nachdem es gewehlte geistliche, oder erbliche weltliche, Landesherren mit oder ohne Landstände hat u. s. w., von allen anderen sich unterscheidet, sondern auch fast in allen und jeden Gegenständen der Regierung, als im Gerichtswesen, in Bestrafung der Verbrechen, in Polizeyanstalten, in der Steuer, im Kriegswesen, in der Münze u. s. w. hat jedes Land, jede Reichsstadt, fast jedes reichsritterschaftliche Gebiet, seine ganz besondere Eigenheiten.

IV. Im Grunde ist das gewiß kein Unglück, wenn auf solche Art ein jeder Staat seine eigne Wohlfahrt nach seinen besonderen Umständen zu befördern suchen kann, ohne von aussen irgend einiges Hinderniß besorgen zu dürfen; so wie eben darin die Unabhängigkeit der Europäischen Mächte sich zu ihrem Vortheile zeiget, daß eine jede ihre innere Einrichtungen nach ihrer Convenienz machen kann, ohne daß irgend eine andere Macht darin Ziel und Maß setzen darf. — Nur wenige Fälle sind es, wo noch jetzt so genannte kaiserliche Reservatrechte eintreten, da entweder noch jetzt der Kaiser allein in ganz Teutschland gewisse Hoheitsrechte auszuüben hat, oder doch ein Reichsstand solche nicht anders als vermöge einer kaiserlichen Concession auszuüben berechtiget ist.

So

4) Kaif. u. Reichsverfüg. für Länder.

So ist von jener Art kaiserlicher Reservatrechte eigentlich nur noch das Recht der Standeserhöhungen übrig. Sowohl Adelsbriefe als freyherrliche, gräfliche und fürstliche Standeserhöhungen werden noch jetzt vom Kaiser ausgefertiget, nicht von Reichsständen aus landesherrlicher Gewalt. Und doch gibt es auch Reichsstände und andere, die zu kaiserlichen Hofpfalzgrafen mit der größern Comitiv bestellt sind; die ebenfalls dergleichen Begnadigungen ertheilen können. Einige andere Würden, die auch bis jetzt nicht anders als aus kaiserlicher Macht verliehen werden können, werden nicht einmal vom Kaiser selbst mehr gesucht, sondern nur von Hofpfalzgrafen, denen durch kaiserliche Aufträge oder so genannte Comitive solche Rechte verliehen sind, als kaiserliche Notarien zu ernennen u. d. g. Mehrmalige Mißbräuche solcher Comitive (z) haben so gar Anlaß gegeben, daß doch der Wirksamkeit solcher Begnadigungen in einzelnen Ländern nicht einmal Platz gegeben wird, wenn nicht erst eine besondere landesherrliche Genehmigung, nach Befinden nach vorgängiger Prüfung, hinzukömmt (a).

Meh-

(z) Von einem Baron Wöhlin, der vermöge einer großen Comitiv, die seine Vorfahren 1417. vom Kaiser Sigismund erhalten hatten, war z. B. ein Chirurgus zu Augsburg zum kaiserlichen Hofpfalzgrafen ernannt worden, mit der Gewalt, so gar die Doctorwürde zu vergeben. Schlözers Briefwechsel Th. 10. S. 258., Staatsanzeigen B. 2. Heft 6. S. 151.

(a) Zu Dresden war ein Fleischer Notarius worden. Daher ergieng am 19. Febr. 1721. eine Churfächsische Generalverordnung keine Notarien in

VI. Mehrere Hoheitsrechte, die ehedem dem Kaiser in ganz Teutschland allein zustanden, sind der kaiserlichen Gewalt nur noch in so weit vorbehalten geblieben, daß sie der Kaiser selbst zwar nicht mehr ausübt, sondern daß sie jetzt ebenfalls nur von Reichsständen ausgeübt werden, doch nicht aus allgemeiner eigner landesherrlichen Gewalt, sondern nur vermöge besonderer kaiserlicher Begnadigung. So hat z. B. der Kaiser selbst, in der Eigenschaft als Kaiser, keinen einzigen Zoll weder zu Wasser noch zu Lande in ganz Teutschland; hingegen sind wenige Reichsstände, die nicht einen oder mehrere Zölle besäßen. Nichts desto weniger ist das Recht der Zölle noch jetzt kein Theil der Landeshoheit, daß ein jeder Reichsstand aus landesherrlicher Gewalt dergleichen anlegen könnte; sondern zu einem jeden Zolle wird eine kaiserliche Begnadigung erfordert; auch keine Erhöhung oder Veränderung darf mit einem Zolle ohne kaiserliche Einwilligung vorgenommen werden; selbst diese ist nicht einmal hinlänglich, wenn sie nicht zugleich mit der Einwilligung sämmtlicher Churfürsten begleitet ist (b). (Nur das Haus Brandenburg behauptet aus einer besonderen Begnadigung vom Kaiser Friedrich dem III. das Recht, nach Gut-

fin-

in Gerichten zuzulaßen, die nicht von ihrer Geschicklichkeit von einer Chursächsischen Juristenfacultät ein Attestat aufzuweisen hätten, und sodann bey der Landesregierung immatriculiret seyen. Chursächs. neuverbesserte Proceßordn. in den Beylagen S. 69. Für die Churbraunschweigischen Länder war eben das schon in der Oberappellationsgerichtsordnung 1713. vorgeschrieben. Willichs Churbraunschweigische Landesgesetze Th. 2. S. 833.

(b) Wahlcap. Art. 8.

finden in seinen Landen Zölle anlegen zu dürfen.) Eine ähnliche Bewandtniß hat es mit dem Rechte der Münze, das fast jeder Reichsstand ausübt, und der Kaiser für sich nicht mehr in Uebung hat; Dennoch gebührt es von Rechts wegen keinem Reichsstande, wenn er nicht eine besondere kaiserliche Concession darüber erhalten hat, die ebenfalls ohne Einwilligung der Churfürsten nicht einmal zu Recht beständig seyn soll (c).

VII. Höhere und niedere Schulen oder gelehrte Gesellschaften von allen Gattungen in seinem Lande anzulegen, hat zwar ein jeder Reichsstand in seiner Gewalt, sofern es auf Ernennung, Besoldung und Befreyung der dazu gehörigen Personen ankömmt. Sobald aber eine hohe Schule mit dem Rechte academische Würden, nach Abtheilung der so genannten Facultäten der Gottesgelehrtheit, der Rechtsgelehrsamkeit, der Arzneywissenschaft, und der Weltweisheit, zu ertheilen begabt seyn soll, wie das eigentlich den unterscheidenden Begriff unserer Universitäten ausmacht; so wird hierzu ein kaiserliches Privilegium erfordert; wie auf solche Art noch die neuesten Universitäten 1733. zu Göttingen, 1742. zu Erlangen, 1781. zu Stuttgard mit kaiserlichen Privilegien versehen sind; (wiewohl letztere ohne eine theologische Facultät mit darunter zu begreifen, und mit der Einschränkung, daß die academischen Würden nur an diejenigen, die auf eben der Universität studiret haben, ertheilet werden sollen.)

Bey

(c) R. A. 1570. §. 132., Wahlcap. Art. 9. §. 6. 7.

VIII. Bey einigen Rechten gibt es noch Zweifel, ob und wie weit sie aus landesherrlicher Macht, oder erst vermöge einer kaiserlichen Concession ausgeübt werden können. In älteren Zeiten sind nicht selten Zunftrechte, Jahrmärkte und Wochenmärkte durch kaiserliche Privilegien erhalten worden. Da aber hiermit keine Rechte und Verbindlichkeiten verknüpft sind, worüber nicht ein jeder Reichsstand in seinem Lande hinlängliche Verfügungen treffen könnte; so hat ein neueres Herkommen hierin einem jeden Reichsstande völlig freye Hände gelaßen. Was aber so genannte Messen sind, wie die zu Frankfurt am Main und an der Oder, zu Leipzig, Naumburg und Braunschweig, da ist noch zur Zeit eine jede erst durch ein kaiserliches Privilegium zu ihrer völligen Consistenz gekommen, wozu auch noch immer erhebliche Gründe vorhanden sind, die sich aus dem Unterschiede zwischen Messen und Jahrmärkten leicht abnehmen laßen (d).

(d) Mit Jahrmärkten hat es eigentlich nur die Absicht, daß die Einwohner eines Orts nicht schlechterdings bloß an den dortigen Kramergilden und Handwerkszünften gebunden seyn sollen, die sonst vermöge ihres Gilden- und Zunftrechts nicht zuzugeben brauchen, daß Waaren, die sie führen oder verfertigen, von Fremden genommen werden. Wenn dieses ausschließliche Recht keine Ausnahme litte, so würden die Einwohner theils manche Bedürfnisse entbehren müßen, welche bey einheimischen Kaufleuten oder Handwerkern entweder gar nicht, oder doch nicht in eben der Güte zu haben sind; theils würden letztere ihre Preise auch für schlechtere Waare nach eignem Gutdünken erhöhen können. Solchem Uebel abzuhelfen wird an den zum Jahrmarkt bestimmten

4) Kaif. u. Reichsverfüg. für Länder.

In mittleren Zeiten ist es wohl geschehen, daß IX. Landstädte ihr Stadtrecht von Kaisern erhalten haben;

Tagen jedem fremden Verkäufer gestattet, seine Waaren zu Markte zu bringen, damit sowohl die Einwohner des Orts, als diejenigen, die etwa von benachbarten Orten hinzukommen, alsdann die Wahl haben ihre Bedürfnisse bey fremden oder einheimischen sich anzuschaffen. Zu dem Ende begnügt man sich, wenn nur solche Verkäufer von anderen Orten sich einfinden, welche dergleichen Waaren, wie sie jeder Käufer für sein eignes Bedürfniß braucht, nach Ellen, Maaß oder Gewicht in einzelnen Stücken verkaufen. Was dazu nöthig ist, durch obrigkeitlichen Schutz zu bewirken, hat unstreitig ein jeder Reichsstand vermöge seiner Landeshoheit in seiner Gewalt. Er kann es den Gilden und Zünften zur Pflicht machen, daß sie von ihrem sonst ausschließlichen Rechte diese Ausnahmen sich müssen gefallen laßen. Er kann auch am besten ermessen, ob und wie weit und zu welcher Zeit es am zuträglichsten sey, solche Jahrmarktsfreyheiten zu gestatten. Und es wird ihm nicht an Mitteln fehlen, für die nöthige Ruhe und Ordnung zu sorgen. Was wir Messen nennen, da gilt es nicht bloß darum, den Einwohnern der Stadt und benachbarter Orte die Bequemlichkeit zum Ankaufe ihrer Bedürfnisse zu verschaffen, sondern vielmehr einen Handel ins Große in Gang zu bringen, wozu nicht nur fremde Verkäufer sondern auch fremde Käufer, die anderswo wieder zu verkaufen gedenken, eingeladen werden. Da erwartet man nicht bloß solche Verkäufer, die nach Ellen, Maaß und Gewicht verkaufen, sondern vielmehr solche, die ihre Waaren nur in größeren Stücken, als Dutzend= oder Großweise, oder in ganzen Fässern, Ballen, Centnern u. s. w. weggeben; Käufer hingegen, die nicht nur für ihre eigne Bedürfnisse, sondern um anderswo wieder damit zu handeln, sich Waaren anschaffen. Beide wünscht man in so großer Anzahl,

und

haben; wie z. B. die Stadt Schweinsberg in Hessen vom Kaiser Ludewig von Baiern. Allein alle die Rechte, welche Städte von Flecken und Dörfern unterscheiden, kann unstreitig ein jeder Reichsstand heutiges Tages vermöge der Landeshoheit ertheilen; es sey, daß eine ganz neue Stadt erbauet, oder auch ein bereits vorhandenes Dorf oder ein so genannter Flecken mittelst Anlegung gepflasterter Straßen und Umgebung desselben mit Mauern und Thoren, wie auch mit Gestattung eines eignen Stadtraths und des Rechts der Zünfte, Jahrmärkte, Bierbrauereyen und anderer bürgerlicher Nahrungszweige, in eine Stadt verwandelt werde. Alles das kann jetzt, ohne der Landeshoheit vorzugreifen, vermöge der kaiserlichen Gewalt nicht geschehen.

x. Ein anderes ist es, wenn vielleicht von älteren Zeiten her ein kaiserliches Privilegium, oder ein Vertrag, oder irgend ein anderer Rechtsgrund einem Reichsstande ein Recht zu widersprechen verschafft hat, im Fall in einem gewissen Bezirke in seiner Nähe eine neue Stadt angelegt werden sollte, wie z. B. die Stadt Frankfurt am Main auf solche Art nicht zugeben will, daß ein benachbarter Ort Offenbach im Isenburgischen zur Stadt

und mit so vielerley Waaren, aus so vielerley nahen und entfernten Gegenden, als es seyn kann, herbeyzuziehen. Da läßt sich begreifen, daß Begnadigungen und Befreyungen, denen ein Reichsstand nur, so weit die Gränzen seines eignen Landes gehen, Nachdruck geben kann, bey weitem nicht so zweckmäßig sind, als wenn das kaiserliche Ansehen für ganz Teutschland die Gewähr leisten kann.

Stadt gemacht werde. So widersprach auch die Stadt Hamburg, als zunächst bey derselben auf Holsteinischem Grund und Boden Altona zur Stadt gemacht wurde. Bey solchen Gelegenheiten sind wohl noch in neueren kaiserlichen Ausfertigungen solche Ausdrücke eingeflossen, als ob ohne kaiserliche Begnadigung keine Stadt neu errichtet werden könnte (e). Allein das sind mehr Canzleyformulare, als daß sie gegen eine so klare Analogie der heutigen Verfassung und des neueren Herkommens zum Beweise dienen könnten.

Noch eine Art Begnadigungen, die ehedem auch mittelbare Mitglieder des Reichs häufig von Kaisern suchten und erhielten, waren die so genannten Moratorien, wodurch Schuldner gegen gerichtliche Hülfe, die ihre Gläubiger wider sie bewirken möchten, auf eine gewisse Anzahl Jahre gesichert werden. Insonderheit scheint das noch jetzt den Umständen sehr gemäß zu seyn, wenn jemand

XI.

(e) So schrieb z. B. Max der I. am 6. Febr. 1514. an den Grafen Albrecht von Mansfeld, als derselbe einem Dorfe bey Eisleben Stadtrecht geben wollte: "Wann nun Dir noch jemand anders nicht geziemet, Stadtrecht oder anderes, so der hohen Obrigkeit anhängt, ohne sondere Erlaubniß aufzurichten ꝛc." STEPHANI *de iurisd.* part. 2. p. 54. n. 115. Und so schrieb noch Leopold am 14. Nov. 1664. an den König Friedrich den III. von Dänemark auf Klage der Stadt Hamburg wegen Altona: "Wann nun unsere kaiserliche Hoheit und Reservat auch in dem bestehet, daß ohne unsere Verwilligung kein Stand einen Ort zur Stadt machen, und derselben das Stadtrecht geben kann ꝛc." PFEFFINGER *ad Vitriar.* tom. 3. p. 144. 164.

jemand nicht nur den einheimischen Mitbürgern eben des Ortes oder Landes, sondern auch fremden Unterthanen aus anderen Ländern schuldig ist, zu deren Nachtheil ein dritter Reichsstand es nicht in seiner Gewalt zu haben scheint, seinen eignen Unterthanen Gnadenbriefe zu ertheilen. Allein der wahre Grund der Moratorien beruhet darauf, daß einem jeden, von dem ein anderer eine Verbindlichkeit behauptet, in seinem eignen Gerichtsstande nach den Gesetzen seines Landes belanget und beurtheilet werden muß. Daher ein klagender Gläubiger nicht nur die Gesetze des Landes, wo er klagt, sondern alle Vorschriften der höchsten Gewalt, welchen der beklagte Schuldner unterworfen ist, sich gefallen laßen muß. Wenn also diese höchste Gewalt in der Wohlfahrt ihres Staats hinlängliche Gründe zu finden glaubt, den Gerichten die Weisung zu geben, daß sie wider einen Schuldner, der vielleicht durch unveranlaßte Unglücksfälle zurückgekommen, und mit einiger Fristung noch gerettet werden kann, binnen gewisser Zeit keine Hülfsvollstreckung erkennen sollen; so müßen sich das auch ausländische Gläubiger eines solchen Schuldners gefallen laßen. Freylich kann ein anderer Staat, wenn er darunter Unrecht zu leiden glaubt, in ähnlichen Fällen Retorsionsweise es auch so machen; oder, was eine noch natürlichere Folge ist, wenn etwa mit Moratorien in einem Lande Mißbrauch getrieben wird, werden überhaupt Fremde sich wohl vorsehen dessen Unterthanen ferner Credit zu geben. Inzwischen sofern nur vom Rechte der höchsten Gewalt die Frage ist, können jene Grundsätze nicht bezweifelt werden, nach welchen Moratorien, die ein Reichs-

stand

stand seinen Unterthanen gibt, eben sowohl, als die, welche eine unabhängige Macht ertheilt, auch von Ausländern respectirt werden müßen.

XII. Nach solchen Grundsätzen ist es wenigstens eine überflüßige Cautel, wenn mittelbare Mitglieder des Reichs sich nicht mit Moratorien von ihrer Landesherrschaft begnügen, sondern noch an den Kaiser solche Gesuche gelangen laßen. Wollte aber jemand überhaupt mit Vorbeygehung seiner Landesobrigkeit mit einem solchen Gesuche sich nur an den Kaiser wenden, so ist in neueren Reichsgesetzen wenigstens dafür gesorget, daß mittelbaren Unterthanen aus kaiserlicher Macht keine Moratorien ertheilt werden sollen, es sey dann erst von deren ordentlicher Obrigkeit Bericht darüber gefordert worden (f). Was sollte nun noch jemanden bewegen können, nicht lieber gleich selbst bey seiner Landesobrigkeit sein Gesuch anzubringen, da ohne deren beyfälligen Bericht der Kaiser selbst doch eben dem Gesuche nicht willfahren wird?

XIII. Einige wenige Fälle gibt es noch, wo sich von der ehemaligen allgemeinern Concurrenz kaiserlicher und landesherrlicher Hoheitsrechte noch Ueberbleibsel erhalten haben, als in Ergänzung der Volljährigkeit und Legitimation unehelicher Kinder. Beide kann ein jeder Reichsstand in seinem Lande ertheilen; beide werden aber auch noch häufig von kaiserlichen Hofpfalzgrafen erbeten und erhalten; doch so, daß auch in diesen Fällen von der Obrigkeit des Landes, wo Gebrauch davon gemacht werden soll, eine Anzeige davon begehret werden kann,
um

(f) R. A. 1654. §. 175.

um nach Befinden die landesherrliche Genehmigung darüber zu ertheilen oder sonst das nöthige zu verfügen.

XIV. Alle andere Gnadenverleihungen, die demjenigen, der sie bekömmt, ein Recht geben, und anderen eine sich darauf beziehende Verbindlichkeit auflegen, kann nur ein jeder Reichsstand in seinem Lande ertheilen. Bisweilen werden wohl noch kaiserliche Concessionen, z. B. um gewisse Arzneyen, gebrannte Wasser u. d. g. unter kaiserlicher Protection verkaufen zu dürfen, für ganz Teutschland gesucht. Das kann aber doch keinem Reichsstande Ziel und Maß setzen, daß er deswegen wider seinen Willen dergleichen Verkauf in seinem Lande gestatten müßte. Es versteht sich immer eine solche kaiserliche Concession, wenn sie in ganz Teutschland in Anwendung gebracht werden soll, erst unter der Voraussetzung, sofern ein jeder Reichsstand bey deren Zulaßung in seinem Lande nichts zu erinnern findet. Am wenigsten kann irgend eine Gattung von Alleinhandel oder Monopol für ganz Teutschland aus kaiserlicher Macht verliehen werden (g). Sonst könnte freylich mancher einzelner Artikel alleine schon von unendlichem Werthe seyn, wenn ein kaiserlich Privilegium einem alleine für ganz Teutschland den Handel z. B. mit Salz, Taback, Spielcharten u. d. gl. zuzuwenden vermögend wäre.

XV. Ein besonderer Umstand scheint hier nur noch bey Bücherprivilegien einzutreten, die noch immer aus kaiserlicher Gewalt für ganz Teutschland ertheil-

(g) Wahlcap. Art. 7. §. 3. 4.

ertheilet werden. Doch in der That geschieht das eigentlich nnr in der Absicht, dadurch eine Ausnahme von der Meßfreyheit der Stadt Frankfurt am Main zu machen, damit selbige keinem Nachdrucke solcher privilegirten Bücher zu statten kommen solle. Was den jetzt weit stärkeren Buchhandel auf der Leipziger Messe betrifft, da wird nur Chursächsischen Bücherprivilegien eben die Kraft zugestanden, die deswegen heutiges Tages auch noch häufiger als kaiserliche in Uebung sind. Ueberall aber werden eigentlich nur solche Bücher, deren Nachdruck zum Nachtheile des darin steckenden gelehrten Eigenthums und rechtmäßigen Verlagsrechtes ohnedem unrecht seyn würde, mit kaiserlichen Privilegien gegen den Nachdruck versehen, um nicht nur dessen Einführung auf die Frankfurter Messe verwehren zu können, sondern auch den Nachdrucker selbst straffällig zu machen. Wenn ein Bücherprivilegium die Wirkung haben soll, zum Druck und Verlage eines Buches, das sonst ein jeder zu drucken gleich berechtiget seyn würde, jemanden ein ausschließliches Recht zu geben; so kann das nicht anders als aus landesherrlicher Macht von jedem Reichsstande in seinem Lande geschehen, wie bey Calendern, Bibelabdrücken, Gesangbüchern, Römischen und anderen alten Schriftstellern, Schulbüchern u. s. w. oft der Fall ist. Ein kaiserliches Privilegium würde nie über ein solches Buch ein ausschließliches Recht für ganz Teutschland begründen können.

XVI. Alles das kann schon hinlänglichen Stoff dazu hergeben, um zwischen den kaiserlichen und landesherrlichen Rechten eine der Teutschen Verfassung

sung gemäße Gränzlinie zu ziehen. Man sieht nehmlich, daß allerdings noch immer gewisse für ganz Teutschland dem Kaiser vorbehaltene oder so genannte Reservatrechte statt finden. Aber sie beruhen allemal auf besonderen Gründen, die gemeiniglich darin bestehen, daß es Gegenstände betrifft, die sich nicht auf eines Reichsstandes Land oder Gebiet einschränken, und doch schon von älteren Zeiten her, ehe noch die Landeshoheit ihre Vollkommenheit erreicht hatte, im Gange gewesen waren. Alles dasjenige, dessen rechtliche Wirkung sich nur innerhalb der Gränzen eines Landes äußert, ist in eines jeden Reichsstandes Landeshoheit begriffen. Alles, was seit der Zeit, als die Landeshoheit zu ihrer Vollkommenheit gediehen ist, erst neu in Gang gekommen ist, oder künftig noch erdacht werden mag, gehört ohnedem für die Landeshoheit. Und alle Rechte der Landeshoheit sind ausschließlich zu verstehen, daß sie nur ein jeder Reichsstand in seinem Lande auszuüben hat, ohne daß der Kaiser darin vorgreifen darf (h).

XVII. Ein jeder Teutscher Reichsstand hat demnach eben so, wie eine jede unabhängige Macht, zu besorgen, zu bestimmen, und zu verfügen, was die Wohlfahrt eines jeden gemeinen Wesens erfordert. Ja in eben dem Verhältnisse, wie die ver-

(h) In der Wahlcap. Art. I. §. 8. verspricht der Kaiser "nicht zu gestatten, daß den Ständen in ihren Territorien in Religions-, politischen, Justiz- Cameral- und Criminal-Sachen unter irgend einem Prätexte — vor- oder eingegriffen werde."

verschiedenen Europäischen Mächte in vielen
Dingen eine gewisse gegenseitige Gleichheit beobachten, wird der Regel nach von denselben auch
Teutschen Reichsständen ein Gleiches gestattet;
z. B. ein gleiches Recht der Gesandtschaften, nur
die vom ersten Range ausgenommen, ausser was
ich auch dieserhalben oben von Churfürsten bemerklich gemacht habe (i); und selbst eine gegenseitige
Anerkennung des Ranges, wie er insonderheit
nach den verschiedenen Stuffen des Kriegsdienstes
in ganz Europa üblich ist. In diesem letztern
Betrachte wird z. B. einem Sächsischen, Braunschweigischen, Hessischen General-Lieutenant in
Concurrenz mit anderen, die in königlichen Diensten sind, der Rang nach dem Dienstalter nicht
bestritten; daher es freylich auffallend scheint, daß
nicht auf ähnliche Art auch ein Teutscher Fürst
Adelsbriefe ertheilen oder einen Doctor oder Ma-
gister aus landesherrlicher Macht ernennen könne.
Es löset sich aber dadurch auf, daß unsere heutige
Einrichtung der Kriegsdienste erst in Gang gekommen ist, da die Landeshoheit schon im Gange
war, und alle erst neu entstandene Rechte mit in
sich faßte; an statt daß ältere Rechte, von denen
man schon gewohnt war, daß sie der Kaiser in
ganz Teutschland ausübte, demselben als Reservatrechte eigen blieben.

Auch das hat keinen Zweifel, daß ein einzel- XVIII.
ner Teutscher Reichsstand mit einer auswärtigen
Macht in Krieg verfallen, und seine Macht alsdann durch Bündnisse mit anderen auswärtigen
Mäch-

(i) Oben Th. 2. S. 188.

Mächten verstärken kann; wie z. B. der Bischof Bernhard von Münster die Holländer angriff, und die Krone England zu Bundesgenoſſen hatte. Oder ſo, wie unabhängige Mächte nach Befinden nur durch Repreſſalien ſich zu helfen ſuchen, ſo hatte es z. B. keinen Anſtand, daß im Jahre 1772., als zu Straßburg ein nach Kehl gehöriges Schiff angehalten war, der Marggraf von Baden hinwiederum Straßburger Schiffe zu Schreck anhalten laßen konnte, bis jenes losgegeben wurde. Oder was auch für Gattungen gegenſeitiger Verträge unter unabhängigen Mächten vorkommen können, die ſind eben ſo wohl nicht nur unter Teutſchen Reichsſtänden unter ſich, ſondern auch mit Europäiſchen Mächten gewöhnlich. Zur Berichtigung der Gränze zwiſchen Frankreich und Teutſchland hat die Krone Frankreich ſeit 1766. mit den Biſchöfen von Lüttich und Baſel, mit dem Fürſten von Naſſau-Saarbrükken, und mit den Gräfen von der Leyen in eben der Form, wie mit dem Hauſe Oeſterreich, förmliche Tractate geſchloſſen; dergleichen auch über Aufhebung des Droit d'Aubaine mit mehreren Ständen geſchehen iſt.

XIX. Alle dieſe Betrachtungen machen, daß ſelbſt ein Verzeichniß der Europäiſchen Mächte, wie ſie jetzt ſind, unvollſtändig ſeyn würde, wenn man unſere Teutſche Reichsſtände davon ausſchließen wollte. Fehlt gleich Teutſchen Fürſten und Churfürſten die völlige Unabhängigkeit; ſo berechtiget ſie doch ihre Kriegsmacht und der Gebrauch, den ſie davon in ihrer Gewalt haben, ſich anderen Europäiſchen Mächten mit eben dem,

wo

wo nicht mit größerem Rechte, anzuschließen, wie man die ebenfalls nicht unabhängigen Fürstenthümer in der Lombardey oder das Herzogthum Curland in Hererzehlung der Europäischen Staaten nicht auszulaßen pflegt. Sind auch gleich nicht alle Teutsche Reichsstände von einerley Macht und Gewicht; so verändert das an sich in der Eigenschaft des Rechts, worauf es hier ankömmt, eben so wenig, als man Ragusa, Sanmarino und Gersau aus der Zahl der Freystaaten nur darum, weil sie minder mächtig sind, auslaßen darf.

Nur noch eine Einschränkung der landesherrlichen Gewalt unserer Reichsstände kann durch so genannte Staatsdienstbarkeiten (seruitutes iuris publici) begründet werden, vermöge deren die natürliche Freyheit eines Staates zum Vortheile eines andern eingeschränkt wird, um etwas nicht thun zu dürfen, was er sonst thun könnte, oder etwas leiden zu müßen, was er sonst zu leiden nicht schuldig wäre. Dergleichen Dienstbarkeiten können zwar auch unabhängige Europäische Mächte unter einander haben; aber doch nicht leicht anders, als aus eignen Friedensschlüßen oder anderen Tractaten, wodurch doch allemal ungern eine Macht der andern dergleichen zugesteht; daher sie auch da nur selten vorkommen. In Teutschland macht aber theils das so vielfache nahe Verhältniß unserer verschiedenen besonderen Staaten dergleichen Beyspiele häufiger. Theils haben sie auch außer Tractaten in älteren Zeiten durch kaiserliche Verleihungen, oder vermöge der gemeinen Rechte, die allen Mitgliedern des Teutschen Reichs zur Richtschnur dienen, auch durch Verjährung entstehen können.

XXI. So ist es in Teutschland gar nichts ungewöhnliches, daß ein Reichsstand in eines andern Reichsstandes Lande oder Gebiete eine oder mehrere Poststationen, einen Zoll, Geleitsrecht, peinliche Gerichtbarkeit, Besatzungsrecht, Patronatrecht u. d. g. hat; oder daß ein Reichsstand sich gefallen laßen muß, daß von seinen Rechtssprüchen an einen andern (z. B. von der Reichsstadt Worms an den Bischof zu Worms) appellirt wird. So darf auch mancher in seinem eignen Lande zum Vortheile eines andern Reichsstandes gewiße Dinge nicht vornehmen, z. B. keine Festung bauen, keine Stadt, keine Meße anlegen u. d. g. Oder ein so genanntes Stapelrecht gibt einem Reichsstande oder einer Stadt das Recht, daß keine Kaufmannswaaren in einem gewißen Bezirke vorbeygefahren werden dürfen, wie insonderheit die Stadt Leipzig hauptsächlich dadurch in Aufnahme gekommen ist, daß in 15. Meilen umher allen Kaufmannsfuhren die Verbindlichkeit aufgelegt worden, ihren Weg über Leipzig zu nehmen, und ihre Waaren erst den dortigen Kaufleuten feil zu bieten; Oder an Ströhmen haben einige Städte das Recht, daß keine fremde Schiffer vorbeyfahren dürfen, sondern ihre Ladungen auf dortige Schiffe umladen müßen; Dergleichen Rechte haben am Rheine die Städte Speier, Mainz, Cölln; an der Donau Regensburg, Ingolstadt, Passau; an der Elbe Magdeburg und Hamburg; an der Weser Münden und Bremen; an der Oder Breslau und Frankfurt.

4) Kais. u. Reichsverfüg. für Länder. 279

Einige Beschränkungen können so gar in XXII. Reichsgesetzen oder in der allgemeinen Verbindung, worin alle Reichsstände als Mitglieder eines Reichs unter einander stehen, gegründet seyn, die unter unabhängigen Mächten nicht statt finden; als z. B. daß kein Reichsstand an einem Strohme, der noch schiffbar gemacht werden könnte, Hindernisse dawider in Weg legen darf (k); daß Bündnisse nicht zum Nachtheile des Landfriedens oder der Verbindung gegen Kaiser und Reich gemacht werden dürfen (l); daß gewisse Hoheitsrechte, die sonst eine unabhängige Macht in Ansehung des Religionszustandes ihrer Unterthanen und über Klöster oder andere geistliche Stiftungen vielleicht unbeschränkt ausüben könnte, für Teutsche Reichsstände durch das im Westphälischen Frieden festgesetzte Entscheidungsziel beschränkt sind (m), u. s. w.

Ehedem hatten alle geistliche Stifter ein je= XXIII. des seinen Vogt oder Schutzherrn, der die weltlichen Angelegenheiten des Stifts zu besorgen hatte. Aus dieser Vogteygerechtigkeit mag hin und wieder wohl eine landesherrliche Gewalt über jetzige mittelbare Stifter erwachsen seyn. Bisthümer und Erzbisthümer oder Abteyen, die jetzt unmittelbar sind, haben fast alle Mittel gefunden, solcher Vögte und Schutzherren sich zu entledigen. Doch gibt es noch Ueberbleibsel davon, wie z. B. das Haus Brandenburg noch jetzt in den fürstli=
chen

(k) Wahlcap. Art. 8. §. 7.
(l) Osnabr. Friede Art. 8. §. 2. Wahlcap. Art. 6. §. 4.
(m) Oben Th. 2. S. 68. u. f.

chen Abteyen Quedlinburg und Essen die Erb-vogtey ausübt.

xxiv. Auch Reichsstädte hatten ehedem ihre Vögte, die ihnen der Kaiser gab, um in seinem Namen gewisse Hoheitsrechte in der Stadt auszuüben. Die meisten haben diese Vogteyrechte durch kaiserliche Begnadigungen oder Verpfändungen an sich gebracht, und mit der eignen Stadtobrigkeit vereiniget. Einige Reichsstädte gibt es jedoch noch jetzt, in welchen benachbarte Reichsstände dergleichen Vogteyrechte haben, als zu Aachen das Haus Pfalz von wegen des Herzogthums Jülich, zu Wetzlar das Haus Hessendarmstadt, zu Goslar das Haus Braunschweig u. s. w. Den Umfang oder die Beschränkung dieser Rechte muß man gemeiniglich nach eines jeden Orts Verträgen und Herkommen beurtheilen. Gemeiniglich ist das Recht einen eignen Beamten in der Stadt zu halten, auch Besatzung hineinzulegen, gewisse Abgaben zu erheben, u. s. w. damit verbunden.

V.

V.
Einige besondere Quellen der großen Mannigfaltigkeit der besonderen Teutschen Staaten.

I. Ungemein häufig sind mehrere Länder auf gar vielerley Art unter einen Herrn gekommen; — II. welches sowohl auf die größere Macht einiger Häuser als auf die Verfassung der Länder Einfluß gehabt hat; — III. besonders in Ländern, die ihre Landesherren nicht mehr bey sich haben. — IV. Mehrere geistliche Länder sind oft bloß zufälliger Weise und nur auf Lebenszeit unter einem Herrn vereiniget. — V. In weltlichen Ländern kann sich zu Zeiten etwas ähnliches mit Vormundschaften und Debitcommissionen zutragen; — So können auch apanagirte Herren und Wittwen oder Erbtöchter dazu kommen, Regierungen zu führen. — VI. Hinwiederum hat oft ein Land mehrere Herren, von denen es gemeinschaftlich regiert wird; — VII. oder mit abwechselnden Regierungen. — VIII. Noch gibt es besondere Verfassungen in Ländern, welche in einigen Häusern jüngere Linien in gewisser Abhängigkeit von der ältern regierenden Linie besitzen. — IX. X. Eine andere Art von Abhängigkeit kann sich in einzelnen reichsritterschaftlichen Gebieten von den Cantons oder Kreisen der Reichsritterschaft äußern; — wie auch in reichsständischen Ländern von Collegialverfügungen oder Kreisschlüssen. — XI. XII. Hin und wieder gibt es Streitigkeiten über den Zustand der Unmittelbarkeit und Reichsfreyheit einzelner Glieder des Reichs, — oder so genannte Exemtionsstreitigkeiten; — wodurch manche, die sich für unmittelbar gehalten, in mittelbare Reichsmitglieder verwandelt worden. — XIII. Bey einigen sind durch Vergleiche noch besondere Verhältnisse eingeschränkter Freyheiten oder Unterwürfigkeiten entstanden. — XIV. XV. In einer so großen Verschiedenheit der vielerley besonderen Teutschen Staaten gibt es auch natürlich eine große Mannigfaltigkeit mehr oder minder glücklicher Länder. — XVI. Eben das gilt auch von reichsritterschaftlichen Gebieten, — XVII. und von Reichsstädten. — XVIII. Im Ganzen behält die Staatsverfassung des Teutschen Reichs noch immer unverkennbare Vorzüge, — die jeden Teutschen zu frohen Aussichten in die fernere Zukunft beleben können.

I. Ein Hauptumstand, ohne welchen man sich vom heutigen Zustande des Teutschen Reichs und dessen besonderer Staaten keinen richtigen Begriff machen kann, beruhet darin, daß so viele Länder, deren jedes sonst seinen eignen Landesherrn gehabt hat, in neueren Zeiten mit anderen Ländern unter einen Herrn gekommen sind. Davon enthält schon der Westphälische Friede eine beträchtliche Anzahl in den secularisirten Ländern, die damals der Krone Schweden, und den Häusern Brandenburg, Mecklenburg und Hessen zu Theil wurden (n); wozu hernach noch die den Häusern Sachsen und Brandenburg eigen gebliebenen Bisthümer des Obersächsischen Kreises kamen (o). Hauptsächlich war es aber dem erst in neueren Zeiten so allgemein gewordenen Rechte der Erstgebuhrt zuzuschreiben, daß seitdem weit öfter als zuvor regierende Häuser erloschen sind, weil gemeiniglich nur der Erstgebohrne in jedem Hause sich standesmäßig vermählen und den Stamm fortsetzen kann; den meisten nachgebohrnen Herren hingegen nur übrig bleibt, in Kriegsdiensten oder Stiftern ihr Leben unvermählt hinzubringen. Darüber sind nun häufig mehrere Linien, in welche sonst reichsständische Häuser vertheilt gewesen, nach und nach zusammengestorben. Oder es sind auch ganze Häuser erloschen, deren Länder durch Erbverbrüderungen, Anwartschaften, Lehnsconsolidationen oder andere Rechtsbegründungen wieder anderen Reichsständen zu Theil geworden sind.

II. Auf solche Art haben nun vors erste viele reichsständische Häuser nach und nach einen solchen Zuwachs bekommen, daß zwischen der Macht, deren

(n) Oben Th. 2. S. 55. 57. 59.
(o) Oben Th. 2. S. 69.

ren sich mehrere derselben jetzt zu erfreuen haben, und derjenigen, deren sich ehedem einzelne Reichsstände rühmen konnten, wenigstens seit Henrichs des Löwen Zeiten (p), kein Vergleich mehr ist. Es hat aber auch auf die Verfassung der Länder selbst meist nicht geringen Einfluß gehabt. Manche Grafschaften oder ehemalige unmittelbare Reichsherrschaften sind jetzt größeren Ländern als Aemter einverleibt, von welchen oft kaum noch das Andenken übrig ist, daß sie ehedem besondere Staaten unter eignen Landesherren gewesen sind. Hin und wieder sind auch wohl zwey oder mehrere ursprünglich verschieden gewesene Länder nach Art einer gleichen Realunion (wie England und Schottland im nunmehrigen Großbritannien,) in Eines gezogen worden, wie z. B. mit Jülich und Berg, mit den verschiedenen Ländern des Churhauses Sachsen und mehr anderen der Fall gewesen. Einige Länder haben endlich, wenn sie gleich anderen Reichsständen zu Theil geworden sind, doch ihre eigne Regierungs- und Justiz-Collegien, eigne Landschafts- und Steuerverfassung, eigne Gesetze u. s. w. behalten; nur daß sie dann doch ihre eigne Landesherrschaft nicht mehr bey sich haben, sondern einem Landesherrn, der sich anderwärts aufhält, unterworfen sind, wie davon die vielen erst in neuesten Zeiten ausgestorbenen Häuser, als Sachsen-Eisenach, Ostfriesland, Brandenburg-Baireuth, Baden-Baden und andere zu Beyspielen dienen können. Oder es hat sich auch nicht selten so gefügt, daß ein Reichsstand, dem ein größeres Land zugefallen, seine bisherige Residenz verlaßen und mit der im größern Lande ver-
wechs-

(p) Oben Th. I. S. 185. u. f.

wechselt hat, wie z. B. mit Verlegung der Residenz von Manheim nach München, und von Hanau nach Cassel, noch erst kürzlich der Fall gewesen ist.

III. Daraus erwächst nun schon eine merkliche Verschiedenheit solcher Länder, die ihre Landesherrschaft bey sich haben, und anderer, von denen dieselbe entfernt lebt. Letztere entbehren dadurch nicht nur die Vortheile, die in Ansehung des Nahrungsstandes mit der Nähe einer Hofhaltung verbunden zu seyn pflegen; sondern sie kommen gemeiniglich in den Fall, durch ein eignes Regierungscollegium, oder durch einen Statthalter, aber allemal in Abhängigkeit von einem auswärtigen Herrn und denen, die demselben in der Nähe sind, regieret zu werden. Manche Länder haben ihren Landesherrn selbst außer den Gränzen des Teutschen Reichs, wie mit Schwedisch-Pommern, und den Churbraunschweigischen und Nassauoranischen Ländern der Fall ist. Doch noch weit zahlreicher sind jetzt die Fälle, da fast alle unsere große Häuser, wenn sie gleich in Teutschland ihren Sitz behalten, dennoch Länder zu regieren haben, von denen sie entfernt leben, und die ehedem ihren eignen Herrn bey sich hatten. Auch von geistlichen Ländern fehlt es nicht an solchen Beyspielen, wie z. B. Churmainz das Eichsfeld und die Stadt Erfurt, und Churcölln das Herzogthum Westphalen auf solche Art zu regieren hat.

IV. Bey den geistlichen Ländern gibt es noch eine besondere Art von Vereinigungen, die bloß zufällig, und oft nur für die Lebenszeit eines Herrn be-

5) Mannchfaltigk. d. bes. T. Staaten.

bestimmt sind. Das ist nehmlich der Fall, so oft mehr als eine unmittelbare geistliche Stiftung in einerley Hände kömmt. Der ursprünglichen Verfassung der Kirche ist es zwar nicht gemäß, daß eine Person mehr als ein Bisthum oder Erzbisthum haben soll, wie es auch in anderen catholischen Reichen unerhört seyn würde, einem Manne mehr als ein Bisthum oder Erzbisthum anzuvertrauen. Wie aber keine Ausnahme von der Regel des Kirchenrechts so groß ist, die nicht von Rom aus, wenn es das Interesse des päbstlichen Hofes zu erfordern scheint, gut geheissen werden könnte; so ist es in Teutschland schon längst hergebracht, daß ein Teutscher Bischof oder Erzbischof noch zu mehreren bischöflichen Stellen postulirt, und durch päbstliche Genehmigung dazu auctorisirt werden kann (q). Ein Prinz von Brandenburg hatte im An-

---

(q) Bey den Westphälischen Friedenshandlungen äusserten die evangelischen Stände (im Febr. 1646.): "Die Erzbisthümer, Bisthümer, und andere Prälaturen und Pfründen im Reiche seyen von einheimischen Fürsten, Grafen, Adelichen und anderen unter andern auch darum gestiftet, daß ihre Nachkommen in und von denselben ihren Ehrenstand und Unterhaltung haben möchten. Es sey also der Absicht der Stifter ganz zuwider, daß Eine Person oft zwey, drey, vier, fünf und mehr solche Stiftungen besitze; als wodurch die Nachkommen der Fundatoren fast von den vornehmsten Stiftern ausgeschlossen, und andere dazu erhoben würden, deren Voreltern nichts dazu beygetragen hätten. Man möchte also verordnen, daß ein jeder Erzbischof, Bischof, Prälat oder Canonicus sich mit einer Pfründe begnügen laßen solle." Die Catholischen wollten sich aber darauf nicht einlaßen. Mosers Teutsches Staatsrecht Th. 11. S. 350:358.

Anfange des XVI. Jahrhunderts so gar die zwey Erzbisthümer Mainz und Magdeburg in seiner Person vereiniget (r). Doch zwey geistliche Churfürstenthümer hat man noch nie in einer Person vereinigen laßen (s); da vielmehr überhaupt der Teutschen Verfaßung es nicht gemäß gehalten wird, daß ein Herr zwey Churfürstenthümer zusammen besitzen könne, (wiewohl kein Gesetz darüber vorhanden ist.) Desto häufiger sind aber andere Beyspiele, da es bey einigen beynahe zum Herkommen geworden ist, daß z. B. Bamberg und Würzburg, Cölln und Münster, nun schon so oft nach einander einerley Herrn gehabt haben, obgleich freylich ein jedes von diesen Domcapiteln noch immer das Recht behaupten wird, unabhängig vom andern sein eignes Oberhaupt wehlen zu können; so wie es bloß zufällig und weit veränderlicher ist, wenn dermalen Mainz und Worms, Trier und Augsburg, Hildesheim und Paderborn einerley Herrn haben.

v. Dergleichen bloß auf eine Zeitlang statt findende Vereinigungen mehrerer Länder können sich in weltlichen Häusern nicht so leicht zutragen. Doch auch da ist der Fall nicht ganz unmöglich, wenn z. B. ein regierender Fürst als Vormund eines

(r) Oben Th. 2. S. 346.

(s) Als Lotharius Franz von Schönborn Churfürst zu Mainz war, bekam er 1710. den Pfalzgrafen Franz Ludewig von Neuburg zum Coadjutor, der inzwischen 1716. Churfürst von Trier wurde. Nach des erstern Tode ward er nun zwar 1729. Churfürst zu Mainz, resignirte aber das Erzstift Trier, wo jetzt Franz Georg von Schönborn erwehlet wurde.

andern die Landesadministration zu führen hat, wie auf solche Art (1749. u. f.) der Herzog von Gotha eine Zeitlang das Herzogthum Eisenach und der Herzog von Coburg das Herzogthum Weimar zu regieren gehabt hat (t), auch dermalen wieder der Bischof von Lübeck zugleich Administrator des Herzogthums Oldenburg ist. Gewisser maßen kann man auch noch die Fälle dahin rechnen, wenn einem Reichsstande eine kaiserliche Debitcommission über einen andern verschuldeten Reichsstand aufgetragen wird, da wenigstens derjenige Theil der Landesregierung, der die Einnahme und Ausgabe betrifft, alsdann von wegen der Debitcommission besorget wird. Doch können auch sowohl Debitcommissionen als Vormundschaften anderen, die sonst nicht regierende Herren sind, aufgetragen werden. So hat z. B. der Prinz Joseph von Sachsen-Hildburghausen die Debitcommission zu Hildburghausen bekommen; so ist der Prinz Xaver von Sachsen als Vormund des jetzigen Churfürsten in seiner Minderjährigkeit Administrator des Churfürstenthums gewesen; und so bekommen oft fürstliche Wittwen als Vormünderinnen ihrer Söhne deren Länder zu regieren, wie erst kürzlich noch die verwittweten Herzoginnen zu Weimar und Meinungen in dem Falle gewesen sind. So können also auch bald apanagirte Herren, bald Dames Länder zu regieren haben; wozu, was letztere betrifft, auch noch die Fälle gehören, wenn nach Abgang des Mannsstamms von einem ganzen Hause Erbtöchter zur Erbfolge gelangen, wie das erhabene Beyspiel der vierzigjährigen Regierung der Oesterreichischen Erbstaaten von Maria Theresia war.

Er-

(t) Mein Handbuch der Reichshistorie S. 1219.

VI. Ergibt sich nun aus den bisher erklärten Fällen, wie häufig und auf wie vielerley Art in Teutschland ein Herr mehr als ein Land besitzen könne; so gibt es umgekehrt auch nicht weniger häufige Fälle, da ein Land mehrere Herren hat. Dieses kann auf die Art geschehen, daß ein ganzes Land von mehreren Herrschaften in ungetheilter Gemeinschaft regiert wird, wie noch vor kurzem zwey Brüder zu Sachsen-Meinungen, fünf Brüder zu Solms-Braunfels und eine ganze Anzahl gräflich Limburgischer Allodialerben verschiedener fürstlicher und gräflicher Häuser beiderley Geschlechts gemeinschaftlich die Regierung führten. Oder es kann sich auch fügen, daß zwey oder mehrere Linien eines Hauses, die sonst ihr Land unter sich vertheilet haben, noch in Gemeinschaft gewisser Stücke geblieben sind, wie z. B. die herzoglich Sächsischen Häuser die Universität und das Hofgericht zu Jena, ingleichen Hannover und Wolfenbüttel einen Theil des Harzes noch jetzt in Gemeinschaft haben. Oder es können auch endlich unter Reichsständen, die sonst einander nichts angehen, gewisse Orte oder Districte gemeinschaftlich seyn, wie z. B. Churmainz, Chursachsen und Hessen das Amt Trefurt, Churbrandenburg und Lippedetmold die Stadt Lippstadt, Churtrier und Nassauoranien die Stadt Camberg gemeinschaftlich besitzen; ohne noch solcher so genannter Ganerbschaften zu gedenken, die etwa von einer ehemaligen gemeinschaftlichen Eroberung her oder nach Art einer Stiftung für adeliche Familien mehreren Geschlechtern zu gute kommen können, wie von solcher Art die Ganerbschaft Gelnhausen, Staden und andere waren, und

die

5) Mannchfaltigk. d. bef. T. Staaten. 289

die Burg Friedberg in der Wetterau noch jetzt zum
Beyspiele einer solchen Stiftung dienen kann (u).

In anderen Fällen haben sich mehrere Linien VII.
eines reichsständischen Hauses bisweilen auf gewisse Abwechselungen oder so genannte Mutschie-
rungen verglichen, vermöge deren mehrere Herren
von einem Jahre zum andern, oder auch von sechs
zu sechs oder einer andern bestimmten Anzahl Jahre
in der Regierung abzuwechseln haben. So gibt
es

(u) Die Burg Friedberg, die von einer bey
der Reichsstadt Friedberg in der Wetterau gelegenen Burg ihren Namen hat, besteht aus einer
unbestimmten Anzahl adelicher Burgmänner von
beiden Religionen, von welchen der Landcomman-
deur des Teutschen Ordens zu Marburg immer der
erste, der Commandeur zu Frankfurt am Main
der zweyte ist. Außerdem kann ein jeder, der auch
nur mütterlicher Seite von einem Burgmanne ab-
stammt, und die Ahnenprobe berichtiget, begehren als Burgmann aufgenommen zu werden.
Dann sind aber zwölf so genannte Regimentsburg-
männer in gleicher Anzahl beider Religionen, aus
welchen immer auf drey Jahre zwey Baumeister
erwehlet werden. Und endlich wird der Burggraf
als das Haupt der ganzen Burg jedesmal auf
Zeitlebens erwehlt und vom Kaiser bestätiget. Die
Einkünfte der Burg werden auf 20. tausend Gulden geschätzt, wovon der Burggraf 6000. Fl. nebst
der Jagd und anderen Vortheilen zu genießen hat.
Seit 1769. ist die Burg mit einem eignen kaiserlichen Josephsorden begnadiget, wovon das Or-
denszeichen an einem blauen schwarz geränderten
Bande getragen wird, mit der Umschrift virtutis
auitae aemuli, und imperatoris auspiciis lege imperii conseruamur. Die Burg an sich gehört zu
den unmittelbaren Gliedern des Reichs.

P. Entw. d. Staatsverf. Th. III. T

es eine jährlich abwechselnde Regierung zweyer gräflich Leiningischen Linien zu Grünstadt. Eine andere Art von Abwechselung ist in der Regierung zu Osnabrück, wie sie vermöge des Westphälischen Friedens daselbst in Uebung ist (v).

VIII. Noch eine ganz eigne Art von Landesverfassung entsteht aus dem besondern Verhältnisse, worin einige nachgebohrne Herren von fürstlichen oder gräflichen Häusern mit dem zu ihrem Sitz und Unterhalte ihnen angewiesenen Gebiete zum erstgebohrnen regierenden Herrn stehen; wie z. B. Hessen-Rothenburg zu Hessencassel, Homburg an der Höhe zu Hessendarmstadt, Anhaltzoym zu Anhaltbernburg, Isenburg-Philippseich zu Isenburg-Birstein, der Graf von Waldeck zum Fürsten von Waldeck u. s. w. In allen diesen Fällen ist vermöge des Rechts der Erstgeburt in jedem Hause nur ein regierender Herr, dessen Landeshoheit auch über das Gebiet, so eine jüngere Linie des Hauses in Besitz hat, sich erstrecket. Nichts desto weniger hat ein solches Gebiet an dem Herrn von der jüngern Linie seinen eignen Herrn, der, nur die dem erstgebohrnen regierenden Herrn vorbehaltenen Hoheitsrechte ausgenommen, übrigens die völlige Botmäßigkeit auszuüben hat, und für seine Person und Familie ein unmittelbares Mitglied des Teutschen Reichs bleibt, ob er gleich an Sitz und Stimme auf dem Reichstage und im Kreise keinen Antheil hat. Das ist also eine besondere Gattung einer abhängigen Landesverfassung, deren genauere Bestimmung auf den besonderen Verträgen je-

des

(v) Oben Th. 2. S. 57.

des Hauses beruhet, aber gemeiniglich Stoff zu häufigen Mißhelligkeiten gibt (w).

Wenn sich überdies noch gedenken läßt, daß mehrere Staaten in eine beständige Verbindung treten können, und gewissen Repräsentanten auftragen, ihre gemeinschaftliche Angelegenheiten zu besorgen; so kann auch davon die Reichsritterschaft ein Beyspiel abgeben, deren einzelne Mitglieder jede für sich als Regenten ihrer kleinen Gebiete angesehen werden können, deren Gesammtangelegenheiten von Ritterhauptmann und Räthen eines jeden Cantons, und mehrerer Cantons wieder von einem der drey Ritterkreise, worin die ganze Ritterschaft vertheilt ist, besorget werden. — Gewisser maßen kann auch die Verfassung der vier reichsgräflichen Collegien, wie auch der beiden Reichsprälatenbänke damit verglichen werden. — Und noch eine besondere Gattung von der Art macht in den Kreisen, welche von Zeit zu Zeit Kreisversammlungen zu halten pflegen, als vorzüglich in Schwaben, Franken und Oberrhein, die gesetzmäßige Kreisverfassung aus.

In diesen letzteren Verhältnissen gibt es nicht selten streitige Fragen, wie weit z. B. ein Kreisschluß einzelnen Ständen des Kreises, oder ein gräflicher oder prälatischer Collegialschluß einzelnen Reichsgrafen oder Reichsprälaten, oder endlich ein Rittercanton oder Ritterkreis einzelnen Mitgliedern der

(w) Ein Beyspiel solcher Irrungen zwischen Isenburg-Birstein und Philippseich findet sich in meinen Rechtsfällen B. 2. Th. 2. S. 488-509.

der Reichsritterschaft in ihren besonderen Gebieten Ziel und Maß setzen könne; — beynahe auf ähnliche Art, wie es zwischen den Generalstaaten der vereinigten Niederlande und einzelnen Provinzen Collisionen geben kann. — Namentlich hat z. B. der Chausseebau zu solchen Fragen Anlaß gegeben, ob derselbe jedem Besitzer in seinem Gebiete zu überlaßen, oder durch allgemeine Collegialschlüsse zu bestimmen sey? Desgleichen ist die Frage entstanden, ob das Recht des Fiscus und der Confiscationen auch einem gesammten Rittercanton oder Ritterkreise zuzugestehen sey? u. s. w.

XI. Aber auch selbst über den ganzen Zustand der Unmittelbarkeit und Reichsfreyheit hat es häufige Streitigkeiten gegeben, die zum Theil noch fortwähren; da oft der Besitzer eines Rittergutes reichsunmittelbar zu seyn behauptet, den ein Reichsstand als seinen Unterthanen in Anspruch nimmt, oder auch eine Stadt, eine Grafschaft, ein Fürstenthum, eine Prälatur, eine Commende, zu Zeiten selbst ein Dorf in dem Fall ist, sich für ein unmittelbares Mitglied des Reichs zu halten, da ein benachbarter Reichsstand behauptet, daß es einen Theil seines Landes ausmache. Nicht wenige Städte und Gebiete haben sich ehedem würklich im Besitze der Reichsunmittelbarkeit oder doch einer beynahe ähnlichen Freyheit und Unabhängigkeit befunden, aber das Schicksal gehabt, sich unter eines dritten Reichsstandes Landeshoheit bequemen zu müßen. So ist es z. B. den Städten Mainz, Trier, Münster, Paderborn, Donauwerth, Erfurt, gegangen; oder auch ganzen Gebieten, als der Herrschaft Asch, deren Besitzer,

die

die Herren von Zedtwiz, sie ehedem mit der Reichsfreyheit besessen, aber seit einigen Jahren die Hoheit der Krone Böhmen darüber anerkennen müssen (x).

Solche Verwandelungen eines unmittelbaren Reichsmitgliedes in ein mittelbares werden in der Sprache unserer Reichsgesetze Exemtionen genannt. Man sagt z. B. das Haus Baiern habe die Stadt Donawerth eximirt, oder aus ihrem unmittelbaren Verhältnisse zum Teutschen Reiche ausgezogen; und zwar mit oder ohne Uebernehmung ihrer Beschwerden (cum vel sine onere), nachdem der eximirende Stand die Beyträge, die sonst der eximirte zum Reiche gegeben, an dessen Stelle zu entrichten fortgefahren oder nicht. Eigenmächtig können natürlicher Weise solche Exemtionen mit Recht nicht geschehen. Nicht selten wird aber von beiden Seiten, oder auch mit dem Reichsfiscale, oder mit einem Reichskreise darüber gestritten, ob eine Exemtion gegründet sey, oder nicht; oder, welches einerley ist, ob der eximirte Theil mit Recht auf die Reichsunmittelbarkeit Anspruch machen könne, oder nicht. So ist z. B. erst im Jahre 1580. der Stadt Trier die Reichsunmittelbarkeit durch ein kaiserliches Urtheil mit Zuziehung der Churfürsten aberkannt worden (y).

XII.

Einigen solchen Exemtionsirrungen hat man durch Vergleiche ein Ende gemacht; bisweilen mit

XIII.

(x) Oben S. 210. Meine Rechtsfälle B. 1. Th. 4. S. 829-964.

(y) Oben Th. 2. S. 110.

mit völliger Zugestehung der Reichsunmittelbarkeit, wie z. B. Hamburg im Jahre 1768. von der Krone Dänemark von wegen des Herzogthums Holstein als eine völlig freye Reichsstadt (z), und der Abt zu Neresheim 1763. vom Hause Oettingen-Wallerstein als ein unmittelbarer Reichsprälat anerkannt worden. Hin und wieder sind aber auch durch solche Vergleiche ganz besondere Verhältnisse eingeschränkter Freyheiten oder Unterwürfigkeiten entstanden. So sind z. B. die Fürsten von Schwarzburg und die Grafen von Stolberg zwar Reichsfürsten und Reichsgrafen; aber jene doch den Sächsischen Häusern, letztere den Häusern Sachsen, Brandenburg, Braunschweig in verschiedenen Dingen, unter andern in Ansehung der Appellationen und der höhern gesetzgebenden Gewalt, unterworfen. Auf der andern Seite hat z. B. die Prälatur Ebrach in Franken die Landeshoheit des Hochstifts Würzburg zwar über sich anerkannt; jedoch nur in ausdrücklich bestimmten Fällen, außer welchen die Ausübung jener bedungenen Landeshoheit nicht statt findet (a). Die Fürsten von Hohenlohe als Besitzer der Herrschaft Gleichen sind der Landeshoheit des Herzogs von Gotha unterworfen; doch genießen sie viele Vorzüge, z. B. eine eigne Canzley, ein eignes Consistorium zu haben u. s. w., die anderen Gothaischen Vasallen und Landständen nicht zugestanden werden. Die Stadt Hildesheim steht unter der Landeshoheit ihres Bischofs; ist aber fast von allen landesherrlichen Hoheitsrechten befreyet. Die Stadt

(z) Büsch Welthändel neuerer Zeit (II. Aufl. 1783.) S. 371.

(a) Meine Rechtsfälle B. 1. Th. 2. S. 317-347.

Stadt Essen ist vermöge eines Cammergerichtsurtheils vom Jahre 1670. der Hoheit der dortigen Abtissinn unterworfen, jedoch von Huldigung und Steuern frey, und mit ihrer eignen Oberbotmäßigkeit begabt; Kraft dieser übt sie selbst die peinliche Gerichtbarkeit aus, doch muß sie die Vollziehung der Todesstrafen dem fürstlichen Scharfrichter mit einem auf dem Rathhause entblößt hangenden Schwerdte überlaßen; Auch wird von der Stadt noch jetzt an die Reichsgerichte appellirt. In geistlichen Ländern sind die Domcapitel, wenn keine Sedisvacanz ist, an sich mittelbar; sie besitzen aber oft ganze Gebiete mit solcher Befreyung, daß kaum die Ausübung landesherrlicher Rechte von Seiten der Landesregierung darin zu merken ist (b).

So groß nun die aus allem dem entspringende XIV. Mannigfaltigkeit der vielerley besonderen Teutschen Staaten und Gebiete ist, so natürlich läßt sich bey der großen Freyheit, die sie genießen, auch von selbsten ermeßen, daß sie nicht alle einer gleichen Stuffe der Vollkommenheit sich zu erfreuen haben. Auch hierin zeigt sich vielmehr ein solcher Unterschied, daß kaum eine größere Mannigfaltigkeit von glücklichen und minder glücklichen Staa-

---

(b) So besitzt z. B. das Domcapitel zu Mainz die Stadt Bingen nebst einigen Dörfern, ingleichen die Marktflecken Hochheim und Flörsheim, und die Dörfer Mombach und Astheim, ohne verschiedene noch der Domprobstey gehörige Dörfer. Das Domcapitel zu Hildesheim besitzt die Aemter Steinbrück und Wiedeloh; und die Neustadt Hildesheim huldiget dem Domprobste als ihrem Oberherrn.

Staaten erdacht werden kann, wie man die Beyspiele davon in Teutschland beysammen findet. Noch immer gibt es Beyspiele, daß Herren, die Land und Leute zu regieren haben, ihrer wahren Bestimmung gemäß das Wohl ihrer Unterthanen und des ganzen Landes zum Hauptziele ihrer Wünsche und Bemühungen machen. Und wie glücklich sind dann die Länder, wenn solche Herren nur auch in der Wahl ihrer Räthe und Diener glücklich sind; und wenn dann Herr und Diener sich mit gleichem Eifer angelegen seyn laßen, einem jeden Recht und Gerechtigkeit zu haudhaben, Kirchen und Schulen mit tüchtigen Männern zu besetzen, Wege zu bessern und in gutem Stande zu erhalten, auf gute Münze und Polizey ein wachsames Auge zu haben, den Nahrungsstand der Unterthanen befördern zu helfen, Verdienste zu belohnen und aufzumuntern, und was sonst noch für Gegenstände einer preiswürdigen Regierung seyn mögen! Freylich können wegen nicht überall gleicher Fruchtbarkeit des Bodens, oder in Rücksicht auf andere Vortheile der Natur und der Lage eines Landes, oder auch wegen einmal tief gewurzelter Fehler in der Landesverfassung, besonders in unverhältnißmäßiger Vertheilung der Abgaben, oder endlich wegen geerbter oder von Kriegszeiten übrig gebliebener Schuldenlast u. s. w. auch unter dem besten Herrn Hindernisse eintreten, die auf die größere oder mindere Wohlfahrt ganzer Länder unleugbaren und schwer zu hebenden Einfluß haben. Doch dann mag allenfalls der Trost eintreten, daß in dieser Welt eben nichts ganz ohne alle Ausnahme vollkommenes zu erwarten ist.

Desto

Desto trauriger ist es aber, wenn es nur an xv. der Gesinnung der Regenten liegt, wenn sie glauben, daß das Land nur ihrentwegen da sey, daß sie als Landesherren mit ihren Ländern und Unterthanen eben so, wie ein Gutsherr mit seinem Gute und dazu gehörigen Leibeignen schalten und walten könnten; — wenn sie nur ihre persönliche Neigungen und Leidenschaften zu befriedigen suchen, ohne darnach zu fragen, ob Land und Unterthanen darunter leiden oder nicht; — wenn sie gerne Leute um sich haben, die ihnen darin behülflich sind, und also nur darnach die Wahl ihrer Räthe und Lieblinge einrichten; — wenn sie von Pflichten, die Regierung zur Landeswohlfahrt zu führen, nichts wissen wollen, oder höchstens nur den Schein davon annehmen; — wenn sie statt dessen vielmehr Jagd, Soldaten, oder irgend eine andere Lieblingsneigung zu ihrem Hauptgeschäffte machen; — wenn sie dann in ihren Ausgaben sich nie nach ihren Einnahmen zu richten wissen, und in dem Verhältnisse, worin sie gegen ihre Länder und Unterthanen stehen, nur darauf ihr ganzes Augenmerk richten, wie sie nur mehr Geld vom Lande bekommen möchten. Dann ist es freylich nicht zu bewundern, wenn es Länder gibt, wo der Unterthan mit Abgaben und Diensten bis zum Unerträglichen beschwert ist; — wo von Herrn und Dienern fast alles für Geld, ohne Geld nichts zu haben ist; — wo selbst Dienste und Gnadenbriefe verkauft werden, und jene deswegen selten gut besetzt sind; — wo an Kirchen- und Schulwesen, an Anlegung und Erhaltung guter Wege, an Beförderung des Nahrungsstandes der Unterthanen

kaum

kaum gedacht wird; — wo Gerichtswesen, Münze, Polizey in der größten Unordnung sind u. s. w.

XVI. Bis auf jedes einzelne Mitglied der Reichsritterschaft findet diese Bemerkung statt, wie ein jeder Reichsritter sein kleines Gebiet glücklich oder unglücklich machen kann. Die Herren von der Reichsritterschaft selbst haben in so weit große Vorzüge vor anderen landsäßigen Adelichen, da sie wegen keines Mißbrauches einer höhern landesherrlichen Gewalt über sich besorgt seyn dürfen; aber ob ihre eigne Unterthanen mehr oder weniger glücklich sind, hängt meist von ihrer persönlichen Gesinnung und zum Theil auch von ihren Beamten ab. Die Gesammtverfassung der Reichsritterschaft, wie sie in Cantons und Kreise vertheilt ist, kann allenfalls auch noch ihre besondere Einflüsse haben.

XVII. So zeigt sich endlich auch unter unseren Reichsstädten eine solche Mannigfaltigkeit von Beyspielen glücklicher oder unglücklicher Verfassungen, daß, wenn man hier einen blühenden Staat findet, wo Obrigkeit und Bürgerschaft in glücklicher Harmonie leben, dort nichts als Armuth und Verfall, Mißhelligkeiten und Beschwerden wahrzunehmen sind; — hier zunehmende Bevölkerung, dort in Menge leer stehende Häuser oder wüste Plätze; — hier Handlung und Gewerbe; dort Unthätigkeit, und nur dorfmäßiger Unterhalt von Ackerbau und Viehzucht u. s. w. — Also kein Wunder, wenn auch hier oft allerley Gattungen von Irrungen und Klagen zum Ausbruche kommen, die am Ende nicht selten Uebel noch ärger machen.

5) **Manchfaltigk. d. bef. T. Staaten.**

Im Ganzen muß man doch immer der Ver-XVIII. faſſung des Teutſchen Reichs die Gerechtigkeit widerfahren laßen, daß ſie in Vergleichung mit anderen Mächten doch nicht die unvollkommenſte iſt, ſondern noch allezeit gewiſſe Vorzüge hat. Wenigſtens liegt es nicht an der Staatsverfaſſung im Ganzen, wenn Teutſchland nicht in allen Theilen ſich einer gleichen Wohlfahrt zu erfreuen hat. Wo auch noch kleine Flecken und Anſtände übrig ſind, muß man hoffen, daß die Vorſehung Rath ſchaffen könne, wie ſie bisher doch ſichtbar über unſere Nation gewachet hat. Warum ſollte man nicht für die Zukunft frohe Ausſichten haben, da dem bevorſtehenden Zeitalter ſo erhabene Muſter von Thätigkeit, Gerechtigkeit und Menſchenliebe vorleuchten, wie **Joſeph, Georg** und **Friedrich Wilhelm!**

Regi=

Register.

A.

Aachen, Religionsunruhen daselbst b 19.

Aachner Friede c 39. deſſen Folgen im Verhältniſſe zwiſchen Frankreich und Oeſterreich c 68.

Abendmahl unter beiderley Geſtalt a 291. zu Luthers Zeiten wieder eingeführt a 369.

Abforderung der Protocolle und Stimmen vom Cammergerichte c 168.

Abgeordnete der Grafen an ſtatt Geſandten genannt c 62.

Ablaß, Verordnung darüber von Martin dem V. a 289. deſſen eigentliche Beſchaffenheit und dadurch veranlaßte Kirchenreformation a 343. deſſen Mißbräuche, durch Jeſuiten von neuem unterhalten b 5.

Ablöſung der verſchiedenen Viſitationsclaſſen c 135.

Abſetzung eines Kaiſers, Beyſpiel von Adolf von Naſſau a 217. von Wenzel a 285.

Abwechſelnde Landesregierungen c 289.

Abzug der Unterthanen verſchiedener Religion b 71.

Accise b 277.

Achtserklärungen, reichsſtändiſche oder kaiſerliche a 184. Henrichs des Stolzen a 185. und Henrichs des Löwen a 186. des Herzogs von Würtenberg und Biſchofs von Hildesheim unter Carl dem V. a 352. der Städte Coſtnitz und Magdeburg a 404. des Herzogs Johann Friedrichs von Gotha b 7. der Stadt Donawerth b 22. des Churfürſten Friedrichs des V. von der Pfalz b 35. Verordnung darüber im Weſtphäliſchen Frieden, und Vergleich 1711. b 113. Fernere Achtserklärung der Churfürſten von Cölln und Baiern, und des Herzogs von Mantua b 372. desgleichen vorgehabte wider den König in Preuſſen c 109. aber abgewandt c 110.

Actenverſchickung b 223.

Adel, deſſen ehemalige Abneigung von Studien a 334. und Hang zum Fauſtrechte a 336. deſſen Vorzüge in Teutſchen Stiftern b 176. deſſen Steuerfreyheit und andere Vorzüge b 201. Ob die Ehe eines Fürſten mit einer Adelichen eine Mißheirath ſey? c 28.

Adolf

Register.

Adolf von Nassau a 217.

Aemter, Eintheilung reichsständischer Länder in Aemter a 328.

Affiliationsbriefe von Mönchsorden a 198.

Ahnenprobe, deren Ursprung und Folgen a 157.

Albrecht der I. Kaiser a 217.

Albrecht der II. Kaiser a 295.

Alfons von Castillen a 216.

Allemannier von Franken überwunden a 27.

Altenkirchen kömmt an Anspach, und künftig an Hannover c 33.

Altfürstliche Häuser, ihre Zusammenkünfte c 248.

Ambassadeurs, auch von Churfürsten b 188. auf dem Reichstage b 262. auf dem Friedenscongreß zu Nimwegen b 287.

Amnestie, im Westphälischen Frieden b 60.

Anfallsgelder von Reichslehnen c 224.

Anhalt-Zerbst bekömmt Jever b 321.

Annaten von Martin dem V. erhalten a 289. und von Friedrich dem III. nachgegeben a 298. wie sie noch in Teutschland üblich sind b 179. und in Frankreich b 181.

Anspach und Baireuth, dessen künftige Wiedervereinigung mit Churbrandenburg c 196.

Anton Ulrich Herzog von Sachsen-Meiningen, dessen Mißheirath c 27. Gleichische Sache c 55.

Appellation von churfürstlichen Urtheilen in der goldenen Bulle verboten a 255.

Appellations-Privilegien, unbeschränkte oder auf gewisse Summen b 222.

Appellationsprivilegium, unbeschränktes für die Churfürsten a 255. b 223. für die Schwedisch-Teutschen Länder b 56. für die Oesterreichischen Länder b 222. für Würtenberg b 222. für Hessencassel c 36. für Mecklenburg c 194.

Appellationssumme, in Ansehung des Cammergerichts b 221.

Archiv des kaiserlichen Hofes c 43.

Arduin von Jvrea a 131.

Arelatisches Reich a 96.

Arianer, Westgothen von Franken mit Krieg überzogen a 29.

Aristocratische Regierungen geistlicher Länder in Sedisvacanzen b 174.

Arnulf a 99.

Asch, Herrschaft, der Krone Böhmen unterwürfig gemacht c 210.

Assessoren am Cammergericht, ihre Besoldung und deren Erhöhung b 413. ihre Anzahl b 416. deren Vermehrung bis auf 25. c 155.

Assignationen in Kriegszeiten auf Reichsstände nicht zu geben c 103.

Asse-

Register.

Association der vorderen Kreise, deren erster Anfang b 296. Erneuerung im Spanischen Successionskriege b 366. Schluß darüber unter Franz c 41.

Audienz, können Stände beym Kaiser begehren c 218.

Aufwand, dessen Vergrößerung an Teutschen Höfen b 186.

Augsburg, eine der Religion nach vermischte Reichsstadt b 73.

Augsburg, Hochstift, Ansprüche gegen Baiern c 198.

Augsburgische Confession a 390.

Augustiner-Mönche a 198.

Austräge, deren Veranlaßung und Ursprung a 213. deren Beybehaltung und nähere Bestimmung in der Cammergerichtsordnung a 320. sollen von den Reichsgerichten nicht übergangen werden b 104. Beschwerden wegen ihrer Vernachläßigung c 164.

Austrasien von Neustrien unterschieden a 32.

Autonomie, deren uralte Schätzung a 127. deren Fortwährung für die Teutschen Stände b 168.

Avignon, päbstlicher Aufenthalt daselbst, und dessen Folgen a 280.

Avocatorien in Reichsexecutionskriegen c 91.

B.

Baden, Ursprung des Hauses a 171. Religionsveränderungen in diesem Hause b 18.

Badischer Friede b 379. dessen Folgen b 384.

Baiern, dessen ursprüngliches Verhältniß zum Teutschen Reiche a 32. unter Carl dem Großen a 56. unter Ludewig dem Frommen a 77. unter Henrich dem I. a 104. unter Otto dem Großen a 124. kömmt an das Haus Wittelsbach a 190. des Welfischen Hauses bedingte Verzichtsleistung darauf a 191. ursprüngliches Verhältniß zur Churwürde a 229. widriger Inhalt der goldenen Bulle in Ansehung der Bairischen Churwürde a 240. es erhält die Pfälzische Chur b 35. Hausunionstractat mit Pfalz c 3. Abgang des Hauses c 186. Successionsstreit darüber c 186. neuer Versuch es gegen die Niederlante auszutauschen c 211.

Bairischer Kreis, wird für catholisch gerechnet, obgleich evangelische Stände darin sind b 91. dessen Contingent zur Reichsarmee b 295.

Bamberg, Bisthum, dessen Errichtung a 131.

Baruch, Jude, dessen Klage gegen Paderborn c 105.

Basel, Bischof, Bündniß um die evangelischen Unterthanen zur catholischen Religion zu zwingen c 251.

Basel

Register.

Baseler Concilium a 293. Concilienschlüsse, deren Acceptation erst 1763. wieder an Tag gebracht c 178.

Befehdungen a 102. nach dreytägiger Ankündigung für erlaubt erklärt, unter Friedrich dem I. a 184. in der goldenen Bulle beybehalten a 256. im Landfrieden abgeschafft a 309. Schwierigkeit den Adel davon abzugewöhnen a 335. 336.

Weinbruchssteuer b 276.

Belehnung, kaiserliche über Reichslehne c 219.

Bellisle, Französischer Gesandter c 15.

Benedict der XII. Pabst a 233.

Benedictiner-Orden, dessen Ursprung und Ausbreitung in Teutschland a 46.

Bengelhaft, eines Herzogs Sohn von seinem Vater genannt b 185.

Bergschlösser, ihre erste Veranlaßung a 83.

Bergwerke, den Churfürsten in der goldenen Bulle verliehen a 255.

Bescheidtisch am Cammergerichte c 160.

Beschwerden der Reichsstände in den Westphälischen Friedenshandlungen, geistliche b 64., politische b 82.

Bettelmönche a 198.

Bibel, deren Uebersetzung von D. Luther a 359.

Birkenfeldische Linie, deren Einschließung in die Pfalzbairischen Hausverträge c 193.

Bisanz gegen Frankenthal an Spanien abgetreten b 154. 289.

Bisanz, Erzbischof, unter Französischer Hoheit, aber noch Reichsfürst b 289.

Bischöfe, Ursprung ihrer Vorzüge a 19. in der Fränkischen Monarchie a 35. ihre eidliche Verbindung mit Rom a 44. ihr Verhältniß zum Staate, unter den Merovingern a 47. unter Carl dem Großen a 72. nach Abgang der Carolinger a 102. in Wendischen Ländern a 120. ihre Vorzüge unter den Ottonen a 121. ihre Bestellung vom Kaiser a 139. ihre Belehnung mit Ring und Stab a 123. 139. von Gregor dem VII. angegriffen a 143. unter Henrich dem V. verlohren a 152. evangelische Bischöfe a 426.

Bischofswahlen, deren Bestimmung unter Henrich dem V. a 152.

Bisthümer am Rheine und an der Donau a 18., im inneren Teutschlande, insonderheit in Baiern a 43. in Sachsen a 68. evangelische b 69. mehr als eines in einer Person vereiniget c 285.

Bitte, kaiserliches Recht der ersten Bitte b 368.

Bö-

Register.

Böhmen, von Carl dem Großen zum Tribut genöthiget a 69. wie es zur Churwürde gekommen a 229. kömmt an das Haus Luxenburg a 232. aber aus dem Besitz der Churwürde a 234. Bestimmung der Böhmischen Churwürde in der goldenen Bulle a 239. wie es an das Haus Oesterreich gekommen a 341. ist nicht mit zur Reichsarmee angeschlagen b 296. Readmission der Chur b 330. 332. ob es wegen der königlichen Würde ganz unabhängig sey? b 362. ob eine Dame diese Churstimme führen könne? c 14. 38.

Bonifaz, Urheber der Teutschen Kirchenverfassung a 43.

Bonifaz der VIII. Pabst a 231.

Borie, Oesterreichischer Directorialgesandter c 154.

Botenwesen, reichsstädtisches b 134.

Botschafter vom ersten Range, auch von Churfürsten b 188.

Brabant, vom Hause Hessen abgesondert a 220.

Brandenburg, allgemeinere Erstgeburth dieses Hauses, doch mit Ausnahme von Anspach und Bayreuth a 246. Churf. Friedrich Wilhelm b 46. Compensationsforderungen im Westphälischen Frieden b 56. Bisthum und Domcapitel unter Churbrandenburgischer Hoheit b 69. Anfang der stehenden Kriegsmacht dieses Hauses b 280.

Braunschweig-Lüneburg, Ursprung dieses herzoglichen Namens a 192. Compensationsforderungen dieses Hauses im Westphälischen Frieden b 57. Anfang der stehenden Kriegsmacht b 281.

Braunschweig, Stadt, zur Huldigung genöthiget b 278.

Bremen und Verden, secularisirt für Schweden b 55. Stimme im Fürstenrathe b 249. kömmt an Hannover b 440.

Bremen, Stadt, behält ihre Unmittelbarkeit b 278.

Breslauer Friede c 32.

Brüderschaften der Mönchsorden a 199.

Buchdruckerey, deren Erfindung a 302. und Folgen a 304.

Bücherprivilegien, kaiserliche oder landesherrliche c 272.

Bücherwesen, Aufsicht darüb. a 304.

Bündnisse, Recht der Reichsstände solche zu schließen b 83.

Bürgerlicher Stand, dessen Ursprung a 103.

Bulle, goldene a 237.

Bund zu Berlin c 212. zu Cambray a 340. zu Dessau a 383. zu Nürnberg a 400. zu Schmalkalden a 400. zu Torgau a 384.

Burgau, Marggrafschaft, Ausdehnung deren Hoheit c 210.

p. Entw. d. Staatsverf. Th. III.   u   Bur-

Register.

Burgund, herzogliches Haus, dessen Aufnahme a 275. die Länder dieses Hauses kommen an Oesterreich a 301.

Burgund, Grafschaft, kömmt an Frankreich b 288.

Burgundisches Königreich a 95. 100. mit Teutschland vereiniget a 134.

Burgundischer Kreis, Vertrag darüber unter Carl dem V. a 460. dessen Verlust an den vereinigten Niederlanden b 51.

C.

Cabanischer Friede a 397.

Calender, Gregorischer, Streit darüber b 20. gehoben b 356.

Calixtiner a 293.

Camin, secularisirt für Brandenburg b 57.

Cammer-Collegien a 327.

Cammergericht, errichtet unter Max dem I. a 310. dessen Unterhalt a 312. Visitation a 313. Verhältniß zum ehemaligen Hofgerichte a 211. Streit über des Reichshofraths concurrirende Gerichtbarkeit b 22. Religionsgleichheit vermöge Westphälischen Friedens b 90. 93. Zustand seit dem Westph. Fr. b 218. nachherige Schicksale b 410. Verlegenheit bey dem Streite über das Rheinische Reichsvicariat e 5. Reichsschluß 1775. c 138. dessen Vollziehung c 155. ob Stimmen und Protocolle nach Wien abgefordert werden können? c 168. jetzige Lage c 232.

Cammergerichts-Beysitzer a 310. ihre Präsentation a 311. bis auf 25. vermehrt c 155.

Cammergerichts-Canzley, deren Religionsverhältniß b 94.

Cammergerichts-Directorium, dessen Bestimmung im neuesten Reichsschlusse c 161.

Cammergerichtsordnung, deren erster Entwurf a 302. vollzogen unter Max dem I. a 310., neue von Carl dem V. a 448. Concept einer neuen b 28. dessen Revision c 138. sie soll auch am Reichshofrathe beobachtet werden b 215.

Cammergerichts-Präsentationen, durch neue Vergleiche berichtiget c 156.

Cammergerichts-Präsidenten b 92. ihr Vorsitz in Senaten c 162.

Cammergerichts-Senate, deren Einrichtung c 156.

Cammergerichts-Unterhalt auf die Stände vertheilt a 454.

Cammergerichts-Visitation a 450. jährliche, wann sie zuerst ins Stecken gerathen? b 26. neueste unter Joseph dem II. c 125. ihre Trennung c 147. zu wünschende Herstellung c 162.

Cam-

Register.

Cammergüter, kaiserliche, deren Zersplitterung a 263.

Cammerherren an churfürstlichen und fürstlichen Höfen b 192.

Cammerrichter, dessen nöthige Eigenschaft a 310. sollte nach dem Prager Frieden abwechselnd evangelisch seyn b 93. wird aber vom Kaiser seit dem Westphälischen Frieden nur catholisch ernannt b 94. ob ihm eine entscheidende Stimme gebühre? b 106. dessen Directorialrechte im neuesten Reichsschlusse näher bestimmt c 161.

Cammerzieler b 219. deren Erhöhung 1719. b 412. nochmalige Erhöhung um $\frac{1}{4}$ c 155.

Canonenschüsse bey Ankunft der Churfürsten und kaiserlicher Commissarien c 116.

Canzlersstelle unter den Merovingern a 36.

Canzleypersonen am Cammergerichte, deren vergebliche begehrte Religionsgleichheit b 94.

Capitularien der Fränkischen Könige a 70.

Cardinäle, deren Ursprung a 142. ihrer sollten nur 24. seyn a 289.

Carl der Dicke a 97.

Carl der Einfältige a 96.

Carl der Große a 53.

Carl der IV. Kaiser a 236.

Carl der V. Kaiser a 350.

Carl der VI. Kaiser b 376.

Carl der VII. Kaiser c 16.

Carl Martell a 40.

Carlstadt, Andr. a 370.

Carmeliter a 198.

Cartheuser a 160.

Catechismus, Heidelberger, dessen vorgehabte Unterbrückung b 387.

Catholische, ihre Streitigkeiten mit den Evangelischen im Westphälischen Frieden beygelegt b 67. ihre Beschwerden über die Römischen Curialisten c 172. churfürstliches Collegialschreiben darüber c 173.

Ceremoniel der Churfürsten b 190. Streit wegen der Vorzüge, welche königliche Gesandten vor anderen am Reichstage begehren b 361. Streitigkeiten der churfürstlichen Comitialgesandten mit den fürstlichen b 262. 266. neuere Ceremonielstreitigkeiten am Reichstage c 59.

Charitativ-Subsidien der Reichsritterschaft a 457.

Chemnitz, Bogisl. Phil., Verfasser des Hippol. a Lapide b 43.

Childerich der III. vom Throne gestürzt a 49.

Chlodowig, Stifter der Fränkischen Monarchie a 25. seine Religionsveränderung a 28.

Christliche Religion, deren erste Ausbreitung in Teutschland a 16.

Register.

16. ferner unter Chlodowig a 28. unter Carl Martell a 42. ihre Gestalt zur Zeit ihrer Einführung im innern Teutschlande a 44. und wie sie in Sachsen eingeführt worden a 67.

Chur, die achte, für Churpfalz errichtet b 62. die neunte b 329.

Churbraunschweig eingeführt b 332.

Churfürsten, erste Keime zur Veranlaßung ihrer Entstehung a 114. Ungrund der Fabel, daß Gregor der V. sie errichtet habe a 130. 133. erstes Beyspiel, wo das Wort Churfürst vorkömmt a 180. wahrer Ursprung ihrer Vorrechte a 179. ihre Siebenzahl a 228. ihr Ursprung unter Friederich dem I. a 180. Geschäffte, worin ihre Einwilligung erforderlich ist a 227. ihre Anzahl a 228. ihre nähere Bestimmung in der goldenen Bulle a 238. ihr Rang a 248. ihre Vorrechte a 255. ihr Anspruch auf königliche Ehrenbezeugungen b 188. Vorsorge wegen ihres künftigen Religionsverhältnisses b 332. ihre besondere Einwilligung, wo sie ohne Zuthun der übrigen Stände hinlänglich c 20. vollzehlig neune bey der Wahl Josephs des II. c 119. geistliche, ihre 1769. zu Coblenz entworfene Beschwerden gegen den Römischen Stuhl, c 280.

Churfürstenthümer, ihre Successionsordnung b 317. nicht zwey unter einem Herrn c 186.

Churfürstliches Collegium, dessen Religionsgleichheit zur Zeit des Religionsfriedens a 431. nachherige gegentheilige Verfügung b 332. wie es sich bey Kaiserwahlen und Römischen Königswahlen versammlet c 246.

Churverein, deren erste Errichtung a 234. unter Ferdinand dem I. erneuert b 2. von neuem beschworen bey der Wahl Josephs des II. c 119. besondere Rheinische a 235.

Cistercienser a 160.

Clemens der V. Pabst a 231.

Clemens der VI. Pabst a 236.

Clemens der XI. Pabst, Streit mit Joseph dem I. b 370.

Clugny, neue Mönchszucht daselbst a 159.

Coblenz, daselbst 1769. entworfene Beschwerden gegen den Römischen Stuhl, c 180.

Coblenzer Vertrag a 87.

Coburg, eine eigne Linie der Herzoge von Sachsen b 327.

Coelibat der Geistlichen a 144.

Cölln, vorgewesene Reformation dieses Erzstifts unter dem Churfürsten Hermann a 400. Churfürst Gebhard Truchseß, dessen Re=

Register.

Religionsveränderung b 19. Abwechselung mit Trier c 119.

Cölln, Stadt, rettet sich gegen den Churfürsten b 278. ihre Moderationssache b 393.

Collegialische Berathschlagungen einzelner reichsständischer Collegien c 248.

Collegialschreiben der Churfürsten bey der Wahl Carls des VII. c 19. bey der Wahl Josephs des II. c 115.

Comitialgesandten b 261. Kosten dazu b 272. Verminderung ihrer Anzahl b 273.

Comitiv, kaiserliche, größere und kleinere c 263.

Commando der Reichsarmee c 107.

Commissarien, kaiserliche, bey reichsständischen Versammlungen b 264. mehr als einer c 116.

Commissionsdecrete, kaiserliche, b 266.

Compensationen gegen Reichssteuern nicht zu gestatten c 104.

Compensationshandlungen i. Westphälischen Frieden b 56.

Concept der Cammergerichtsordnung b 28. Anstalt zu dessen Revision c 138.

Concessionen, kaiserliche, deren eigentliche Bestimmung c 272.

Concommissarius, kaiserlicher, auf dem Reichstage b 265.

Concordat über die Bischofswahlen von Henrich dem V. und Calixt dem II. a 151.

Concordate Martins des V. a 289.

Concordate zu Frankfurt a 297. zu Aschaffenburg a 298. ihre Vollständigkeit erst an Tag gebracht c 179.

Concordaten = Sachen, ob sie bloß vor den Reichshofrath gehören? c 168.

Concordienbuch b 15.

Concurrenz der kaiserlichen Gerichtbarkeit mit der reichsständischen aufgehoben a 330.

Concurrenz noch jetzt zwischen kaiserlichen und landesherrlichen Rechten c 271.

Confecttisch am Reichstage c 94.

Confiscationen im dreyßigjährigen Kriege, Vergleich darüber im Westphälischen Frieden b 61.

Congreß zu Augsburg, so nicht zu Stande gekommen c 111.

Conrad der I. a 102.

Conrad der II. a 133.

Conradin, enthauptet a 221.

Consistorien, evangelische a 418. b 433.

Constantin der Große, Folgen seiner Religionsveränderung a 17.

Contingente zu Reichskriegen, in einigen Kreisen auch in Friedenszeiten b 367.

Register.

Contingente bey Reichsarmeen, damit verbundenes Ungemach c 99. deren Uebernehmung für nicht armirte Stände c 105.
Convention, der beiden Religionstheile von 1720. b 388.
Conventionsmünze c 71.
Corpus der evangelischen Stände b 240. und der catholischen b 243.
Costnitz, Stadt, in die Acht erklärt a 404.
Costnitzer Friede mit den Lombardischen Städten a 195.
Costnitzer Kirchenversammlung a 287.
Creditive an den Reichstag b 269.
Criminalverfügungen gegen regierende Reichsstände c 236.
Curialien an Churfürsten b 190.
Curiatstimmen auf dem Reichstage a 269. wie sie jetzt sind b 253. ihr Religionsverhältniß b 351. ihre Religionseigenschaft c 141.

D.

Debitcommissionen, kaiserliche, über verschuldete Reichsstände c 239. 287.
Decret, kaiserliches von 1714. an den Reichshofrath b 216.
Denkmäler von der Römer Zeiten her a 11.
Deputation des evangelischen Religionstheils, zu Abthuung der Religionsbeschwerden c 172.
Deputationen, von Seiten des Reichs b 124. 126.
Deputationstag über die Grumbachischen Händel b 7.
Despotisch, soll keine landesherrliche Gewalt in Teutschland seyn b 167.
Dessauer Bund gegen die Protestanten a 383.
Dictatur am Reichstage, Streit über deren Versagung c 92.
Dierdorf, Klosterbau daselbst c 85.
Dioecesanrecht über die Evangelischen aufgehoben b 70.
Directorien reichsständischer Versammlungen b 129.
Directorium des evangelischen Religionstheils b 241. Verhandlungen darüber nach der Chursächsischen Religionsveränderung b 354.
Dörfer, Reichsunmittelbare b 85.
Domcapitel, deren Ursprung und Rechte a 155. ihr Antheil an der Regierung in geistlichen Ländern b 172. sie besitzen oft Güter mit außerordentlichen Befreyungen c 295. evangelische Domcapitel b 69.
Domherren, deren Ursprung und Geschichte a 155.
Dominicalsteuer, Oesterreichische c 210.
Dominicaner a 197.

Donau,

Register.

Donau, Versuche, sie mit dem Rheine zu vereinigen a 59.

Donawerth, Stadt, Streit über ihre Achtserklärung b 22. ihre Herstellung im Westphälischen Frieden auf den nächsten Reichstag verschoben b 63. Vergleich über ihr Schicksal c 197.

Dresdner Friede c 39. dessen Garantie vom Reiche c 40.

Dreyßigjähriger Krieg, dessen Anfang b 34.

E

Eck, Doctor zu Ingolstadt a 355.

Edict, kaiserliches, zur Vollziehung des Westphälischen Friedens b 148.

Ehelosigkeit des geistlichen Standes a 144.

Ehesachen, darin unstatthafte Gerichtbarkeit der Reichsgerichte b 424.

Eider, die Gränze des Teutschen Reichs unter Carl dem Großen a 70. überschritten unter Henrich dem I. a III., hergestellt unter Conrad dem II. a 137.

Eidgenossen in der Schweiz a 225. Begründung ihrer Unabhängigkeit a 339. befestiget im Westphälischen Frieden b 52.

Einheit des Teutschen Reichs, noch nach dem Westphälischen Frieden b 157. noch jetzt c 215.

Einwilligung der Reichsstände, wie weit sie der Kaiser nöthig habe? b 164. kaiserliche und väterliche, zur Römischen Königswahl c 117.

Eisenach kömmt an Weimar c 32.

Eisenberg, eine ehemalige Linie der Herzoge von Sachsen b 327.

Electio fori, der Krone Schweden ausbedungen b 56., und dem Hause Braunschweig-Lüneburg b 58.

Elsaß, Herzogthum, dessen Ende a 221. kömmt an Frankreich im Westphälischen Frieden b 59.

Entscheidungsjahr, in Ansehung der Religionsübung b 230.

Entscheidungsziel im Westphälischen Frieden verglichen b 67. angeblich neues vom Jahre 1714. b 389.

Erbeinigungen a 274.

Erbfolgsrechte in reichsständischen Häusern durch Geschlechtsverträge befestiget a 182.

Erbgerichtbarkeit des Adels a 329.

Erbhofämter des Bisthums Bamberg a 132.

Erblande, kaiserliche, deren Nothwendigkeit a 264. ihr Religionszustand vermöge Westphälischen Friedens b 72. ihr Verhältniß gegen die Reichssachen c 217.

Erfurt, von Mainz unterjocht b 278.

Ernst der Fromme von Sachsengotha,

Register.

gotha, deſſen Söhne und Nachfolger b 326.

Erſken, Joh. Abgeordneter von der Schwediſchen Armee b 141.

Eſtgebuhrt in der Thronfolge a 112.

Erſtgebnhrt, von der goldenen Bulle für die weltlichen Churfürſtenthümer feſtgeſetzt a 242. richtige Beſtimmung der Erbfolgsordnung nach dem Rechte der Erſtgeburt a 243. eingeſchränkte Art dieſer Erbfolge mit Vorbehalt einer Secundogenitur a 247. beſonderes Verhältniß nachgebohrner Linien, die eigne Stücke Landes beſitzen c 290.

Erſtgeburtsrecht in reichsſtändiſchen Häuſern, beym Anfange ihrer Erblichkeit nicht im Gange a 174. im Hauſe Oeſterreich b 9. in mehr anderen fürſtlichen und gräflichen Häuſern b 11. Es diente zur Vergrößerung der fürſtlichen Häuſer b 193. Beſonderes Verhältniß einiger Nebenlinien b 193.

Erwehlter Biſchof, beſonderer Sinn dieſes Ausdrucks a 153.

Erwehlter Römiſcher Kaiſer, Urſprung dieſes Titels a 340.

Erzämter, deren erſte Spuhren a 114. ferner unter Friedrich dem I. a 179. Ihre Verrichtungen nach Vorſchrift der goldenen Bulle a 249.

Erzbiſthümer, ihr Urſprung a 20. 68.

Erzcanzlerſtellen, deren Urſprung a 122.

Erzherzoglicher Titel des Hauſes Oeſterreich a 301.

Erzpanneramt, Würtenbergiſcher Widerſpruch dagegen b 330.

Erzſchatzmeiſteramt, deſſen Errichtung b 152.

Erzſtallmeiſteramt, Bewegungen darüber b 393.

Europäiſche Mächte, wie Teutſche Reichsſtände ſich zu denſelben verhalten c 276.

Evangeliſche, ihre Streitigkeiten mit den Catholiſchen im Weſtphäliſchen Frieden beygelegt b 67.

Evangeliſches Corpus b 240. deſſen Directorium b 241. deſſen Schlüſſe, was ſie in Anſehung des Cammergerichts für Wirkung haben? b 436. ob der Kaiſer deſſen Schlüſſe für nichtig erklären könne? c 110. verhindert die Preuſſiſche Achtserklärung c 110. deſſen vorzügliche Urſache zuſammenzuhalten c 250.

Evangeliſches Directorium, Verhandlungen darüber nach der Churſächſiſchen Religionsveränderung b 354.

Evocation aus churfürſtlichen Ländern in der goldenen Bulle verboten a 255.

Evo-

Register.

Evocations-Privilegien a 329.
Exarchat von Ravenna a 40. dem Pabste geschenkt a 52.
Excellenztitel b 187.
Excommunication Kaiser Henrichs des IV. a 145. Bedrohung damit noch an Joseph dem I. b 370.
Execution der Cammergerichtsurtheile, deren erste Einrichtung a 313.
Execution durch einen kaiserlichen Gesandten, von den Kreisen bestritten b 319.
Executionshandlungen über den Westphälischen Frieden b 140.
Executionsordnung des Reichs a 453. im jüngsten R. A. b 224.
Executionsrecesse über den Westphälischen Frieden b 150.
Exemtionsstreitigkeiten c .
Exjesuiten, ihre Beschäfftigung c 182.

F.

Faustrecht, dessen Ursprung a 84. Ueberhandnehmung a 102. unter den Sächsischen Kaisern a 126. durch die goldene Bulle nicht gehoben a 256. vielmehr dessen Mißbräuche aufs äusserste getrieben a 257. dessen höchster Gipfel unter Friedrich dem III. a 300. dessen Abschaffung unter Max dem I. a 307. Schwierigkeiten in der Vollziehung a 335.

Febronius, Justinus, c 179.
Fehdebriefe unter Friedrich dem III. a 300.
Ferdinand der I. Römischer König a 396. Kaiser b 1.
Ferdinand der II. Kaiser b 34.
Ferdinand der III. Kaiser b 41.
Ferdinand der IV. b 213.
Festungen, nöthige, dazu erforderliche Steuern b 224. Verhandlungen darüber unter Leopold b 273.
Fränkische Grafen, ihr Religionsverhältniß b 351.
Fränkische Monarchie, deren Stiftung a 25. Ausbreitung auf Teutschem Boden a 26. Theilungen a 31. 76. 78.
Fränleinsteuer b 275.
Franchecomte' kömmt an Frankreich b 283.
Franciscaner a 197.
Franken a 4. Ost- und Westfranken a 27.
Franken, Herzogthum, dessen Ende a 221. Würzburgischer Titel davon a 221.
Frankenthal gegen Bisanz geräumt b 153. verfällt im dreyßigjährigen Kriege b 197.
Frankfurt am Main, Reichssteuer an den Kaiser b 211.
Frankreich und Teutschland, zwey von einander unabhängige Reiche a 78. 101.

Register.

Frankreich, dessen ursprüngliche Gränzen a 79. vermeynte Ansprüche dieser Krone auf Teutschland a 97. erhaltene Gnugthuung im Westphälischen Frieden b 59. ehemalige ähnliche Verfassung mit der Teutschen b 157. verändertes Verhältniß gegen Oesterreich seit dem Aachner Frieden c 68. Gränzverträge mit Teutschen Ständen c 276.

Franz, Kaiser c 38.

Französische Sprache, in neueren Friedensschlüssen c 199.

Frauenzimmer, ob es eine Chur besitzen könne? c 14. 38. können als Vormünderinnen oder Erbtöchter zu Landesregierungen kommen c 287.

Freystellung der Religion, was darüber beym Religionsfrieden verhandelt worden a 427.

Friedberg, Burg c 289.

Friede zu Aachen c 39. zu Baden b 379. zu Breslau c 32. zu Crespy a 401. zu Dresden c 39. 40. zu Füeßen c 37. zu Hubertsburg c 113. zu Lübeck, zwischen Ferd. dem II. und Dänemark b 38. zu Münster zwischen Spanien und den vereinigten Niederlanden b 49. zwischen dem Kaiser und Frankreich b 53. zu Nimwegen b 286. Olivischer b 258. zu Osnabrück b 53. zu Paris c 112. zu Prag b 39. Pyrenäischer b 258. zu Rastadt b 378. zu Ryßwick b 299. zu Teschen c 190. zu Uetrecht b 377. zu Wien b 445.

Friedenscongresse zu Münster und Osnabrück, deren Ende b 149.

Friedensexecutionsrecesse v. Westphäl. Fr. b 150.

Friedenshandlungen unter Ferdinand dem III. b 46. zu Endigung des siebenjährigen Krieges c 111.

Friedrich von Oesterreich, dessen streitige Kaiserwahl mit Ludwig von Baiern a 233.

Friedrich der III. Kaiser a 295.

Friedrich Wilhelm der Große, Churfürst von Brandenburg b 46.

Friedrich der II. König in Preussen, dessen Regierungsantritt b 454. seine Thätigkeit in Landessachen nach dem Dreßdner Frieden c 69. Er widersetzt sich den Oesterreichischen Ansprüchen auf Baiern c 189. Ende seiner Laufbahn c 213.

Füeßner Friede c 37.

Fürst, ursprünglicher Sinn dieses Worts a 8.

Fürsten, ihre Nacheiferung der Churfürsten b 191. dagegen verbinden sich Baiern und Pfalz c 4.

Register.

Fürsten, neue, deren Stimmen im Fürstenrathe b 250. vermehrt unter Leopold b 270. 327. bey deren Vermehrung begehren auch die alten Fürsten mehr Stimmen b 373. gegen ihre Vermehrung vereinigen sich Baiern und Pfalz c 4. Streit über die dazu erforderliche Mehrheit der Stimmen c 79. neue unter Carl dem VII. c 36.

Fürstenberg, Stimme im Fürstenrathe b 270.

Fürstenbund 1785. c 212.

Fürstenconcordate mit dem Pabste a 298.

Fürstenmäßige a 268.

Fürstenrath, dessen Stimmen, seit wann sie auf den heutigen Fuß gekommen? b 11.

Fürstenrecht in Achtserklärungen a 184. dessen Bestimmung, wie es ehedem üblich war a 211. noch nach errichtetem Cammergerichte a 319. dessen Gebrauch noch unter Rudolf dem II. b 110., dessen Grab im Westphälischen Frieden b 111.

Fürstenstand a 267.

Fürstentage c 248.

Fürstentag zu Offenbach c 18.

Fürstenthümer, weltliche, ihre Erblichkeit a 170. Erkenntniß darüber dem Reichshofrathe vorbehalten b 111.

Fürstenverein b 260.

Fürstliches Collegium, ob es schuldig sey, auf die Churfürsten zu warten c 58.

Fulda, Errichtung der dortigen Abtey a 49.

G.

Ganerbschaften, über unmittelbare Gebiete c 288.

Garantie des Westphälischen Friedens b 146. davon gemachter Gebrauch beym Anfange des siebenjährigen Krieges c 95.

Gau, Bedeutung dieses Worts a 8.

Gaue, Ende dieser Eintheilung, und meist erfolgte Verwandelung in Grafschaften a 164.

Gebhard Truchseß, Churfürst von Cölln b 19.

Gefürstete Prälaten und Grafen a 267.

Gegenreformation der Catholischen gegen die Protestanten b 17. unter Tilly b 36. im Stifte Basel c 251.

Geistliche, ob sie in weltlichen Fürstenthümern und Churfürstenthümern der Erbfolge fähig sind? a 244.

Geistliche Fürsten, ihr Rangstreit mit den weltlichen c 59.

Geistliche Gerichtbarkeit ist nach der Teutschen Verfassung nicht in der Landeshoheit begriffen b 431.

Geistliche Länder, deren besondere Ver-

Register.

Verfassungen b 172. mehrere unter einem Herrn c 284.

Geistlicher Stand, Ursprung dessen Uebergewichts über den weltlichen a 19. dessen Immunität a 73. weitere Vorzüge a 102.

Geistlicher Vorbehalt a 429. Streit darüber zu Cölln und Straßburg b 19.

Geistliche Sachen der Protestanten, darin unstatthafte Gerichtbarkeit der höchsten Reichsgerichte b 421.

Gelehrsamkeit in mittleren Zeiten von Mönchen verdunkelt a 201. deren Zustand im XIV. Jahrhundert a 278. deren Ausbreitung nach Erfindung der Buchdruckerey a 304. deren Zustand im XV. Jahrh. a 333.

Gelübde, deren Unverbindlichkeit von Protestanten behauptet a 380.

Gemeine Rechte, deren eigentliche Beschaffenheit a 331.

Gemeinschaft der Stammgüter zur Begründung gegenseitiger Erbfolgsrechte a 168.

Gemeinschaftliche Landesregierungen c 288.

Genehmigung, kaiserliche, ob und wie weit sie bey Reichsdeputationen nöthig sey? c 137.

Generalmajors zu Pferde oder zu Fuß, catholische itio in partes darüber b 285.

Georg, Herzog von Sachsen, ein Widersacher der Reformation a 386.

Gerichtbarkeit, geistliche; davon im Religionsfrieden enthaltene Verordnungen a 413. 419. geistliche, deren Bestimmung im Westphälischen Frieden b 69.

Gerichtbarkeit, concurrirende der beiden Reichsgerichte, im Westphäl. Fr. entschieden b 96.

Gerichtbarkeit der Reichsgerichte in evangelischen geistlichen Sachen b 421.

Gerichtsverfassung im mittlern Zeitalter a 184.

Gerichtswesen, dessen vorgewesene Einrichtung unter Albrecht dem II. und Friedrich dem III. a 300. in der Reichsstände Ländern a 324.

Gesandten der Reichsstände auf dem Reichstage b 261. auswärtiger Mächte an den Reichstag b 269. kaiserliche, im Reiche c 218.

Gesandtschaftsrecht bey Friedenscongressen b 287.

Geschlechtsnamen, deren Ursprung a 169.

Geschlechtsverträge a 183.

Gesetzbuch, Römisches und päbstliches a 181. Justinianisches, dessen völlige Aufnahme a 330.

Gesetze, Teutscher Völker vom V. Jahrhundert her a 13. ältere,

ob

Register.

ob sie ohne Unterschied noch jetzt in Anwendung zu bringen? c 206.

Gesetzgebung, auf Zweykampf gestellt a 127.

Gesundheittrinken, Streit darüber am Reichstage b 267.

Gläsener, Pastor zu Hildesheim, dessen Absetzungssache b 435.

Glaubensbekenntniß der Evangelischen zu Augsburg a 390.

Gleichische Sache am Cammergerichte und am Reichstage c 55.

Gnugthuung für die Kronen Frankreich und Schweden im Westphälischen Frieden b 54.

Göttingen verfällt im dreyßigjährigen Kriege b 198. Zustand vor und nach dem Westph. Fr. b 204. Universität c 265.

Goldene Bulle a 237.

Gotha, Herzog Johann Friedrichs Achtserklärung b 7. Vertheilung dieses Hauses in mehr Linien b 327. Recht der Erstgeburt in der Gothaischen Linie b 327.

Gottesdienst, catholischer oder evangelischer, im Westphälischen Frieden bestimmt b 71. dessen Bestimmung zwischen Lutherischen und Reformirten b 227. zwischen Catholischen und Protestanten b 229.

Gräfliche Stimmen auf dem Reichstage a 269.

Gränzen des Teutschen Reichs, gegen Schleswig a 70. 111. 137. gegen Frankreich a 78. 135., gegen Ungarn a 138.

Gränzverträge der Krone Frankreich mit Teutschen Reichsständen c 276.

Graf, ursprüngliche Bedeutung dieses Worts a 8., und unter der Fränkischen Monarchie a 34.

Grafen, ihre Erblichkeit und Geschlechtsnamen a 165. ihre Curiatstimme b 253. ihr Recht Gesandten zu schicken c 62. ihre Theilnehmung an Reichsdeputationen c 140.

Grafencollegium, Fränkisches, dessen Religionseigenschaft c 142. Westphälisches, dessen Religionseigenschaft c 142.

Grafentage c 248.

Grafschaften, ihre Erblichkeit a 164.

Gratians Kirchenrechts-Sammlung a 181.

Graumann, Urheber eines neuen Münzfußes c 70.

Gregor der Große, Bischof zu Rom a 43.

Gregor der VII. Pabst a 142.

Grumbachische Händel mit Würzburg und Gotha b 7.

Grundherrschaft, so die Domcapitel in geistlichen Ländern behaupten b 175.

Günther von Schwarzburg, Kaiser a 236.

Gustav

Register.

Gustav Adolf, König in Schweden b 38.

H.

Habrian der VI. Pabst a 371.

Halberstadt, secularisirt für Brandenburg b 57.

Hamburg, dessen erste Erbauung a 56. Erzbisthum daselbst a 69. 121.

Hanau, Religionsveränderungen zum Vortheile der Lutherischen b 67. kömmt an Hessencassel c 35.

Handwerksmißbräuche, Reichsschluß darüber b 449. Abschaffung des blauen Montags c 260.

Hannover, Anfang des Kriegsstaats dieses Hauses b 281. es bekömmt Lauenburg b 323. wird Churfürst b 329. wird Altenkirchen bekommen c 33.

Hanse, deren Ursprung a 222. deren Verfall b 195., wiewohl noch im Westph. Fr. ihrer gedacht wird b 196.

Hansestädte in den Münsterischen Frieden mit Spanien eingeschlossen b 50.

Hansinner Sache c 167.

Harzbergwerke dem Hause Braunschweig-Lüneburg überlaßen a 194.

Hauptproposition, kaiserliche, am Reichstage b 266.

Hausandacht b 72.

Hausverträge a 274.

Havelberg, Bisthum und Domcapitel unter Brandenburgischer Hoheit b 69.

Heidelberg, Churpfälzisches Verfahren gegen die Reformirten daselbst b 387.

Hellmund, Prediger zu Wetzlar, dessen Absetzungs-Angelegenheit b 421.

Henrich der I. a 102. der II. a 130. der III. a 138. der IV. a 141. der V. a 151. der VI. a 178. der VII. a 231. 232.

Henrich der Löwe, dessen Achtserklärung a 186.

Henrich der Stolze, dessen Achtserklärung a 185.

Henrich Raspo a 216.

Henrich der Jüngere von Braunschweig-Wolfenbüttel a 400.

Heringen, Rud. Ant. von, dessen Antheil am Fürstentage zu Offenbach c 19. Schriften über den Recurs c 53. und über das Reichstagsceremoniel c 61.

Herstall, im Lüttichischen, Streit darüber mit Preussen b 454.

Herzog, älteste Bedeutung dieses Worts a 8. zur Zeit der Fränkischen Monarchie a 34.

Herzoge, ihr Abgang unter Carl dem Grossen und Herstellung unter Ludewig dem Teutschen a 81. Ihr Verhältniß unter Otto dem Grossen a 122.

Herzogthümer, zwey in einer Person

Register.

son vereiniget a 128. Bemühungen gegen ihre Erblichkeit a 139. wie sie dennoch erblich geworden a 170.

Hessen, Ursprung des Hauses a 172. wird eine eigne Landgrafschaft a 220. Streit zwischen Cassel und Darmstadt über die Marburgische Succession b 23. Hausstreitigkeiten im Westph. Fr. beygelegt b 63.

Hessencassel, dessen durchgesetzte Forderungen im Westph. Frieb. b 58. Absonderung vom Oberrheinischen Kreise b 353. Religionsveränderung des Erbprinzen, nachherigen Landgrafen Friedrichs des II. c 80. Es bekömmt Hanau c 35.

Hierarchie, erste Keime derselben a 19. Gegenanstalten Henrichs des III. a 138. ihre Vollendung a 147. noch höhere Stuffe unter Innocenz dem III. a 195. unter Bonifaz dem VIII. a 231. und nach überwundenen Concilien a 298.

Hildburghausen, eine eigne Linie der Herzoge von Sachsen b 327.

Hildebrand, nachher Gregor der VII. a 142.

Hildesheim, Bischofs Johannes Achtserklärung und deren Folgen a 353. daselbst vorgewesenes, aber im Westph. Fr. nicht gebilligtes Simultaneum b 234.

Hinüber, Rötger, dessen Versuch im Braunschweigischen Posten anzulegen b 136.

Hippolithus a Lapide b 43.

Hirschau, neue Mönchszucht daselbst a 159.

Hirschfeld, secularisirt für Hessen b 59.

Hochmeisterthum des Teutschen Ordens secularisirt a 382.

Hörter, Streit über das Simultaneum b 237.

Hofämter, kaiserliche, deren Accidenzien bey Thronbelehnungen c 225.

Hofdienste, unter den Merovinger Königen a 36.

Hofgericht, kaiserliches, von Friedrich dem II. errichtet a 210.

Hofgerichte in der Reichsstände Ländern a 326.

Hofhaltung der Fränkischen Könige a 36.

Hofhaltungen der Churfürsten b 190. und Fürsten b 191.

Hofpfalzgrafen, kaiserliche c 263.

Hofrichter, kaiserliche, in mittleren Zeiten a 210.

Hohenlohe, Religionsbeschwerden c 72.

Hohenlohe-Schillingsfürst, Quelle des Streits über das Fränkische Grafencollegium c 154.

Holländer, ihre Unabhängigkeit b 50.

Holstein-Gottorp, Streit mit Hol-

Register.

Holstein-Plön b 321. und mit Dänemark b 321. Russische und Schwedische Thronfolge dieses Hauses c 34.
Holstein-Plön, Anspruch auf Oldenburg b 321.
Hontheim, unter dem Namen Febronius c 179.
Hubertsburger Friede c 113.
Huldigung der Reichsstädte b 211.
Huß, Joh. a 290.
Hussitenkrieg a 292.
Hutten, Ulrich von a 357.

J.

Jahrmärkte, werden aus landesherrlicher Macht gestattet c 266.
Jesuiten, deren Ursprung und Verfassung a 432. sie unterhalten Ablaßmißbräuche und Mönchsbrüderschaften b 5. ihr Einfluß unter Rudolf dem II. b 14. ihre Anfechtung des Religionsfriedens b 16. ihre Schriften zur Zeit des Restitutionsedicts b 37. und nach dem Badischen Frieden b 385. ihre ehemalige Einflüsse in Erörterung der Reichshofrathsgutachten b 116. ihre Aufhebung c 180. doch noch nicht ganz verlohrne Existenz c 181.
Jever kömmt an Zerbst b 321.
Incorporationen ganzer Länder in anderen c 283.
Indulte, päbstliche, an Erzbischöfe zu Vergebung der Pfründen a 299. zu Ausübung des kaiserlichen Rechts der ersten Bitte b 370.
Innocenz der III. Pabst a 195.
Inquisitionsgerichte gegen Ketzereyen a 201.
Interdict, dessen fürchterliche Folgen a 202.
Interim a 403.
Intoleranz der Römischen Kirche c 250.
Investitur der Bischöfe mit Ring und Stab a 123. 139. Streit darüber a 143. Verlust derselben a 152.
Jobst von Mähren, zum Kaiser gewehlt a 286.
Johann der XXII. Pabst a 233.
Johann der Standhafte, Churfürst von Sachsen a 372.
Johanniter-Ritter a 162.
Joseph der I. Kaiser b 368.
Joseph der II. Römischer König c 114. Kaiser c 122. regieren der Herr in seinen Erbstaaten nach seiner Frau Mutter Tode c 203.
Isidorische Sammlung a 38. päbstliche Benutzung der darin enthaltenen Grundsätze a 230.
Italien, Untergang des Römischen Kaiserthums a 24. Ostgothisches Königreich a 24. dessen Eroberung von den Griechischen Kaisern a 39. Anfang des Longobardischen Königreichs a 40. dessen

Register.

dessen Eroberung von Carl dem Großen a 54. von Otto dem I. a 115. beständige Verbindung mit Teutschland a 130. 134. 137. auf schwachen Füßen unter Carl dem VII. c 36.

Judenschutz, in der goldenen Bulle den Churfürsten gestattet a 255.

Jülich, warum es keine Stimme im Fürstenrathe ausübt b 279.

Jülichische Successionssache b 31. 32. im Westphälischen Frieden nicht verglichen b 63. Vergleich darüber 1666. b 279.

Jurisdictions-Conflict der beiden höchsten Reichsgerichte c 166.

Jus eundi in partes, Verordnung davon im Westph. Fr. b 78. Anfang von catholischer Seite b 285. Streitigkeiten darüber unter Carl dem VI. b 392.

Justizcollegien in der Reichsstände Ländern a 327.

K.

Kärnthen, wie es an das Haus Oesterreich gekommen a 218.

Kaiserliche Gesandten im Reiche c 218.

Kaiserthum, Römisches, dessen Ende in Italien a 24. beständige Verbindung mit dem Teutschen Reiche a 130. 134.

Kaiser-Titel ohne Römische Krönung eingeführt a 340.

Kaiserwahl, deren ursprüngliche Einrichtung a 179. wie es das P. Entw. d. Staatsverf. Th. III.

mit nach Vorschrift der goldenen Bulle zu halten? a 251. Gelegenheit für das churfürstliche Collegium sich außer dem Reichstage zu versammlen c 246.

Kaiserwürde, deren Erneuerung unter Carl dem Großen a 60. und unter Otto dem Großen a 116. Schwierigkeit sie vom Hause Oesterreich abzubringen c 43.

Kaunitz, Oesterreichischer Staatscanzler c 68.

Kehl, Reichsfestung b 300.

Kelch im Abendmahl a 196. 291.

Kempten, Ansprüche wider Baiern c 198.

Kirche, Grundsätze von deren Einheit a 21. c 250.

Kirchenbann a 145. dessen Drohung von Clemens dem XI. an K. Joseph den I. b 370.

Kirchengebet für den Kaiser zu Rendsburg a 137.

Kirchenstaat, päbstlicher, erste Grundlage dazu a 52. Oesterreichischer, dessen neueste Veränderungen c 182. 204.

Kirchenverfassung, evangelische, a 373. 416.

Kirchenversammlungen, deren erster Ursprung a 18. unter den Merovingern a 37. unter Carl dem Großen a 72. zu Pisa a 285. zu Costnitz a 287. zu Basel a 293. 296. zu Trient. b 3.

Klin-

Register.

Klinkenström, Ermission des kaiserlichen Gesandten zu Güstrow b 320.

Klöster, ihre Ausartung a 159. von Protestanten reformirt a 379. davon im Religionsfrieden enthaltene Verordnungen. a 423.

Klosterleben, dessen Ausbreitung in Teutschland a 46.

Knörzer, Hofrath, dessen Geschichte am Kreistage zu Nürnberg c 155.

Könige, die zugleich Teutsche Reichsstände sind b 359. 362.

Königliche Ehrenbezeigungen an Churfürsten b 188.

Königspfründen b 369.

Kreisausschreibende Fürsten, deren Ursprung und Vorzüge a 452.

Kreise, deren erste Eintheilung a 314. deren Contingente zur Reichsarmee b 295. ihre Association b 296. 366.

Kreisobersten, ihre Wahl auch nach dem jüngsten R. A. meist unterblieben b 225.

Kreisschlüsse, deren Verbindlichkeit für einzelne Kreisstände c 291.

Kreisverfassung unter Carl dem V. a 451. auf Veranlaßung der Grumbachischen Händel von neuem geschärft b 8. wie sie noch jetzt in Regierung einzelner Länder Einfluß haben kann c 260.

Kreisversammlungen unter Carl dem V. in Gang gebracht a 452. ihre jetzige Lage c 249.

Kreuzzüge a 148.

Krieg, dreyssigjähriger, b 34. Oesterreichischer c 7. siebenjähriger c 87.

Kriegsrecht der Reichsstände gegen auswärtige Mächte c 275.

Kriegsstaat, stehenden, dessen Ursprung b 280.

Kriegsverfassung des Reichs vor dem Nimweger Frieden b 283. nach demselben b 293. c 98.

Kriegsvölker, fremde, nicht auf Teutschen Boden zu führen c 96.

Kriegswesen zur Zeit der Carolinger a 71. unter Max dem I. a 339.

Krönung zu Aachen a 113. 252. Streit darüber zwischen Mainz, Trier und Cölln a 113. Vergleich b 258. zu Rom, von Ferd. dem I. außer Gang gebracht b 3.

Krönung der Kaiserinn c 38.

Krummstab, darunter gut zu wohnen b 182.

L.

Länder, mehrere unter einem Herrn vereiniget c 283. die ihren Landesherrn nicht bey sich haben c 284.

Laien, deren Zurücksetzung gegen den geistlichen Stand a 19.

Laien

Register.

Laienbrüder in Klöstern a 161.

Landesherr zu seyn, Mißbrauch dieses Ausdrucks b 184.

Landesherr, dessen Person, ob darnach die Religion des Landes zu beurtheilen sey? b 347.

Landesherren, zum Theil von ihren Ländern entfernt c 284.

Landesherrliche Rechte der Reichsstände, durch kaiserliche Urkunden gesichert a 204. und von den Landschaften selbst befördert a 207.

Landeshoheit, deren eigentlicher Ursprung a 204. deren Befestigung im Westph. Fr. b 82. 159. ihre Beschaffenheit nach dem Westph. Fr. b 183. rechtliche Hülfe gegen ihren Mißbrauch c 235. übrigens in gleichem Verhältnisse mit den Europäischen Mächten c 274.

Landfriede unter Friedrich dem I. a 183. allgemein und beständig gemacht unter Max dem I. a 307. Schwierigkeit in dessen Vollziehung a 335. erneuert von Carl dem V. a 451. Collision mit dem Rechte der Bündnisse der Reichsstände b 83. 365. Ausnahmen von Nothwehr c 90.

Landfriedensbruch, dem Könige von Preussen zur Last gelegt c 90.

Landgerichte, kaiserliche, b 116.

Landschaften, deren Beförderung der Landeshoheit a 207. deren Sicherung in Teutschland b 169.

Landstände, deren Antheil an reichsständischen Regierungen b 168.

Landsteuern waren beym Anfange der Landeshoheit nicht im Gange a 209.

Landtage, wo solche noch üblich oder abgekommen? b 170. ihre Beschaffenheit nach dem Westph. Fr. b 199.

Lateinische Sprache in Friedensschlüssen c 199.

Laudemien von Reichslehnen c 224. 227.

Legationskosten zu reichsständischen Versammlungen b 272.

Legitimation der Gesandten am Reichstage b 268.

Legitimation unehelicher Kinder, aus kaiserlicher oder landesherrlicher Macht c 271.

Legitimirte Kinder können nicht zur Churfolge gelangen a 244.

Legstädte zur Reichsoperationscasse c 103.

Lehnseid über die Reichslehne c 219.

Lehnswesen, dessen erster Ursprung a 35. allgem. Ausbreitung a 85.

Leibnitz vom Supremate b 287.

Leipziger geheimer Vertrag gegen Preussen c 88.

Leipziger Münzfuß b 452.

Leipzig, Stadt, deren Stapelrecht c 278.

X 2   Licent

Register.

Licent oder Accise b 277.
Liegnitz, Brieg und Wohlau, von Brandenburg in Anspruch genommen b 322.
Lige von Cambrai a 340.
Lige, der Catholischen unter Rudolf dem II. b 31.
Linealfolge in Churfürstenthümern b 317.
Longobardisches Königreich a 40. von Carl dem Großen erobert a 53. von Otto dem I. von neuem erobert a 115., unter Otto dem III. beständig mit Teutschland verbunden a 130.
Lothar der I. a 78. der II. a 94.
Lothringen, in zwey Herzogthümer vertheilt a 124. Frühe Erblichkeit des Herzogthums Oberlothringen a 140. Vertrag darüber unter Carl dem V. a 459. vom Westph. Fr. ausgeschlossen b 51.
Lothringische Bisthümer Metz, Tull, Verdun kommen an Frankreich b 59.
Lothringisches Königreich, dessen Entstehung a 78. 94. Vereinigung mit Teutschland a 97. 100. 105. 129.
Louvois, Einäscherung der Pfalz b 307.
Ludewig der Fromme a 76.
Ludewig der Teutsche a 78.
Ludewig der Stammler a 96.
Ludewig das Kind a 101.
Ludewig von Baiern, Kaiser a 233.
Lübeck, Stadt, Ursprung ihrer Freyheit a 189.
Lübeck, Bisthum, in evangelischen Händen b 69. Vergleich darüber mit dem Hause Holstein b 69.
Lübeckischer Friede Ferdinands des II. b 38.
Lüttich, Streit mit Preussen wegen Herstall b 454. Streit wegen Hansinnen c 167.
Luther, dessen Geschichte und Unternehmungen a 346.
Lutherische, ihr Verhältniß zu den Reformirten wird im Westphäl. Fr. bestimmt b 65. anders, als zu den Catholischen b 67.

M.

Magdeburg, Erzbisthum daselbst a 120. secularisirt für Brandenburg b 57. Verhältniß der Reformirten daselbst b 66.
Magdeburg, Stadt, in die Acht erklärt a 404. ihre Zerstöhrung von Tilly b 197. sie kömmt unter Brandenburgische Hoheit b 278.
Mailly, Prätendent von Nassau siegen c 34.
Mainz, Hauptsitz der Teutschen Kirche a 44. 50. Erzcanzlersstelle a 122. Churfürst, dessen Recht den Reichshofrath zu visitiren b 100. ob es in jedem Visitationssenate Sitz und Stim

Register.

Stimme begehren könne? c 132.

Majordomus unter den Merovingern a 36. 40.

Mandate ohne Clausel, wann sie bey Reichsgerichten statt finden? c 163.

Marburgischer Successionsstreit, dessen Ende b 63.

Maria Theresia, Erbinn der Oesterreichischen Staaten c 14.

Marlborough sollte Mindelheim haben b 372.

Matrikel des Reichs a 293., des Cammergerichts a 312.

Matthias, Kaiser b 32.

Max der I. Römischer König a 302. Kaiser a 307.

Max der II. Kaiser b 3.

Max Joseph, Churfürst von Baiern c 37.

Mecklenburg, dessen Compensationsforderungen im Westph. Fr. b 57. Ansprüche auf Leuchtenberg c 189. soll ein unbeschränktes Appellations-Privilegium bekommen c 194.

Mecklenburg-Güstrow, Successionsstreit darüber b 319.

Mecklenburg-Schwerin, bekömmt Güstrow b 320.

Mecklenburg-Strelitz, bekömmt Ratzeburg b 320.

Mecklenburgische Fürsten im XII. Jahrhundert a 176. in Freyheit gesetzt a 189. zu Herzogen erhoben a 190.

Meelführer, dessen Schmähschriften b 385.

Mehrheit der Stimmen, deren Einschränkung im Westph. Fr. b. 77. ob sie unter den drey Reichscollegien statt finde? b 89.

Meinungen, eine eigne Linie der Herzoge von Sachsen b 327.

Meissen, Burg, deren Errichtung a 110.

Meissen, Bisthum und Domcapitel, unter Sächsischer Hoheit b 69.

Melanchthon, Phil. a 355.

Menonisten, ob sie in Teutschland zu dulden? b 82.

Meran, Herzogthum a 190.

Merovinger, ihr Aufkommen a 25. Verfall a 39. Sturz a 50.

Merseburg, Bisthum und Domcapitel, unter Sächsischer Hoheit b 69. eine ehemalige Nebenlinie von Churjachsen b 326.

Messe, deren Abänderung zu Luthers Zeiten a 365.

Messen, müssen kaiserliche Privilegien haben c 266.

Metropolen, geistliche, deren Ursprung a 20. 68.

Metternich, Graf, dessen Vollmacht für das Westphälische Grafencollegium c 145.

Migration, gezwungene oder freywillige b 71.

Mindelheim, als ein Fürstenthum

Register.

für den Herzog v. Marlborough bestimmt b 373.

Minden, secularisirt für Brandenburg b 57.

Minden, Stadt, erlittene Erpressungen im dreyßigjährigen Kriege b 198.

Minderjährigkeit regierender Kaiser und Könige, unter den Merovingern, a 40. Ludewigs des Kindes a 101., Otto des III. a 129., Henrichs des IV. a 141.

Minoriten a 197.

Mirabelli, Graf, zur Stimme von Savoyen am Reichstage bestimmt, b 361.

Mißheirathen machen die Kinder der Churfolge unfähig a 243. deren rechtliche Wirkung c 22.

Mitregentschaft in Böhmen, des Gemahls der Maria Theresia c 14.

Mittelbare Glieder des Teutschen Reichs b 162.

Mobiliarverlassenschaft, deren Begründung von älteren Zeiten her a 15. Ansprüche der Herzoginn von Orleans b 315.

Mönchsleben, dessen ursprüngliche Bestimmung und Ausartung a 159. von Evangelischen abgestellt a 379.

Monopolien, kann der Kaiser nicht ertheilen c 272.

Moratorien vom Kaiser oder von Landesherren c 269.

Morganatische Ehen c 24.

Mühlberger Schlacht a 401.

Münster, Stadt, vom Bischofe unterjocht b 259. Unruhen dortiger Wiedertäufer unter Carl dem V. a 397.

Münze, Verhältniß zwischen Gold und Silber c 69. Conventionsfuß c 71.

Münzer, Thom. a 370.

Münzordnung Carls des V. a 458.

Münzrecht, gilt nur aus kaiserlicher Concession c 265.

Münzwesen, Reichsgesetze darüber b 449.

Mutschierung a 272. c 289.

N.

Nacheiferungssucht der Teutschen Landesherren b 185.

Nachgebohrne Herren, die eigne Länder besitzen c 290.

Nassau, Stimmen dieses Hauses im Fürstenrathe b 251.

Nassau-Siegen, Successionsfall und Prätendent c 33.

Naumburg, Religionsveränderung in diesem Stifte a 399. Bißthum und Domcapitel unter Sächsischer Hoheit b 69.

Neapel kömmt an Don Carlos b 445.

Neustrien von Austrasien abgetheilt a 32.

Nichtigkeitsklagen in evangelischen geistlichen Sachen sowohl als in catho-

Register.

catholischen unstatthaft b 429. 435.

Niederbaiern, Oesterreichische Ansprüche darauf c 186.

Niederländische Unruhen, deren Anfang b 14.

Niederlande, kommen an Oesterreich a 301. Vertrag darüber unter Carl dem V. a 460.

Niederlande, vereinigte, deren anerkannte Unabhängigkeit b 50.

Niedersächsischer Kreis, evangelisch, obgleich nicht ohne catholische Mitglieder b 92.

Nimweger Friede b 286.

Nomeny, fürstliches Votum a 459.

Nonnenklöster, deren häufige Vermehrung a 162.

Nordischer Krieg b 364. dessen Folgen b 440.

Normänner, deren Krieg mit Carl dem Großen a 69. ihre fernere Einbrüche a 81. 103.

Notarien, deren erforderte Immatriculirung c 263.

Nothwehr zwischen Reichsständen c 90.

Nürnbergischer Religionsvertrag a 396.

Nunciaturen, päbstliche, Beschwerden darüber c 176.

Nymphenburg, Bündniß daselbst c 15.

O.

Oberappellationsgerichte b 223.

Oberpfalz kömmt an Baiern b 62.

Oberrheinischer Kreis, Streit über das Directorium wegen der Religion b 352.

Oberfthofämter der Churfürsten b 190.

Oesterreich, wie es an das Haus Habsburg gekommen a 218. dessen erzherzoglicher Titel und Sitz auf der geistlichen Fürstenbank a 301. Successions-Irrungen in diesem Hause zur Zeit Rudolfs des II. b 30. Anfang der beständigen Kriegsmacht dieses Hauses b 280. Successionsstreit nach Carls des VI. Tode c 7. verändertes Verhältniß gegen Frankreich seit dem Aachner Frieden c 68. Veränderungen im Religionswesen c 204. begehrte Pacification mit den Churfürsten c 208.

Offenbach, Fürstentag daselbst c 18.

Oldenburg, Successionsstreit b 321.

Olivischer Friede b 258.

Ordinationen am E. G. c 166.

Orleans, Herzoginn, deren Ansprüche wider Pfalz b 299., berichtiget b 315.

Osnabrück, kömmt abwechselnd an das Haus Braunschweig-Lüneburg b 57.

Ostfriesland, Stimme im Fürstenrath b 270. Anwartschaft des Hauses Brandenburg b 291. kömmt an Preußen c 32.

Register.

Otto der Große a 111.
Otto der II. a 128., der III. a 129.

P.

Pabst, deſſen urſprüngliches Verhältniß zum Kaiſer a 47. Anfang des Anſehens ſeiner Ausſprüche a 48. Erhaltene Schenkung des Exarchats zu Ravenna a 52. unter Carl dem Großen a 72. vergrößerte Gewalt durch die erdichtete Iſidoriſche Sammlung a 88. ausgezeichneter Gebrauch dieſes Namens a 147. deſſen Einkünfte im XIV. Jahrh. a 282. Schisma a 284.

Pabſtwahl ſollte unter kaiſerlicher Aufſicht geſchehen a 118. ward davon befreyet unter Henrich dem II. a 131. derſelben wieder unterworfen unter Henrich dem III. a 138., aber auch von neuem frey gemacht unter Henrich dem IV. a 142.

Pack, Otto a 387.

Paderborn, vom Juden Baruch wegen Verpflegung des Contingents belangt c 105.

Päbſtliche Indulte a 299.

Päbſtliche Monathe a 298.

Pallium, Abgaben dafür an den Pabſt a 282. 298. noch jetzt b 179.

Panisbriefe c 207.

Par, deſſen Poſtweſen im Oeſterreichiſchen b 135.

Parma und Piacenza für einen Spaniſchen Prinzen beſtimmt b 441. hernach für Oeſterreich b 445. kömmt wieder an einen Spaniſchen Prinzen c 39. deſſen Verhältniß zum Teutſchen Reiche c 39.

Paſſau, Hochſtift, Irrungen mit Oeſterreich c 205.

Paſſauer Vertrag a 405.

Patricius der Römer, wird Chlodowig von Anaſtaſius ernannt a 30. ſoll Carl Martell werden a 49.

Patrimonialgerichtbarkeit a 329.

Peinl. Halsgerichtsordnung Carls des V. a 458.

Peutingeriſche Tafeln a 12.

Pfalz am Rhein, deren Urſprung a 126. urſprüngliches Verhältniß zur Churwürde a 229. Entſcheidung für die Pfälziſche Churwürde in der goldenen Bulle a 240. angebliche Gerichtbarkeit über den Kaiſer a 254. die Pfälziſche Chur an Baiern übertragen b 35. Herſtellung im Weſtphäliſchen Frieden b 62. Abgang des Hauſes Simmern b 298. deſſen Folgen im Religionsweſen b 306. Vortheile des Hauſes von der Religionsveränderung b 343., Veränderungen, ſo dadurch im Lande veranlaßt worden b 345. Hausunionstractat mit Baiern c 3.

Nach-

Register.

Nachgiebigkeit gegen die Oesterreichischen Ansprüche auf Baiern c 188.

Pfalzgrafen in den Herzogthümern a 125.

Pfalzsulzbach, wie es das Simultaneum eingeführt b 236.

Pfalzveldenz, Successionsstreit darüber b 318.

Pfandschaften der Reichsstände b 84.

Pflichttheil, Lehre davon übel angebracht in einem churfürstlichen Testamente b 325.

Pfründen, päbstliche Anmaßungen sie zu vergeben a 280. 298.

Philipp der Großmüthige, Landgraf von Hessen a 373.

Philippsburg kömmt an Frankreich b 59. Reichsfestung, deren Geschichte b 290.

Pignerol kömmt an Frankreich b 59.

Pipin von Herstall a 40.

Pipin der Kleine a 49.

Pistorius, Joh., dessen Religionsveränderung b 18.

Pistorins, gräflicher Gesandter c 143. dessen Schriftwechsel über Ceremonielstreitigkeiten c 62. Folgen seines Todes c 153.

Pius der VI., Pabst, reiset zum Kaiser nach Wien c 182.

Polen, Königswahl des Churfürsten von Sachsen b 353. Königswahl Augusts des III. b 445.

Polizeyordnung Carls des V. a 458. deren Erneuerung b 122.

Pommerische Fürsten im XII. Jahrhundert a 176. zu Herzogen erhoben a 189.

Pommern kömmt an Schweden b 54.

Portia, neuer Fürst b 270.

Portugall, vom Westphälischen Frieden ausgeschlossen b 51.

Posttaxen, Tarische, Beschwerden darüber b 137.

Postwesen im Reiche, dessen Geschichte b 134. In Teutschen Ländern b 136.

Prälaten, Rheinische und Schwäbische mit zwey Stimmen versehen b 254.

Präliminarien zum Westphälischen Frieden b 48.

Prämonstratenser a 160.

Präsentationen am Cammergerichte a 311. b 91. vermöge des Westph. Fr. und jüngsten R. A. b 219. vom Westph. Kreise geräth ins Stecken b 279. Veränderungen nach dem Westph. Fr. b 416. durch neue Vergleiche berichtiget c 156.

Präventionsrecht in Kriegen zwischen Reichsständen c 90.

Prag, Bisthum daselbst a 121. Universität daselbst a 276. deren von Huß bewirkte Veränderung a 290.

Prager Friede b 39.

Register.

Pragmatische Sanction von Carl dem VI. b 441. deren Erfolg c 8.
Precisten, kaiserliche b 369.
Preßfreyheit in Teutschen Reichssachen c 149.
Preussen, secularisirt a 382. neue Krone b 357. widersetzt sich den Oesterreichischen Ansprüchen auf Baiern c 189.
Priesterehe, deren Verbot a 144. zu Luthers Zeiten wieder eingeführt a 369.
Principalcommissarius auf dem Reichstage b 264. Ceremonielstreitigkeiten über dessen Tafel c 59.
Privilegien, kaiserliche, deren Gränzen c 272.
Protestanten, Ursprung dieser Benennung a 388.
Provence, von Ostgothen den Franken abgetreten a 31.
Pyrenäischer Friede b 258.
Pyrk, Assessor am C. G., dessen Streitigkeiten b 411.

Q.
Quäker, ob sie in Teutschland zu dulden b 82.
Querbank im Reichsfürstenrathe b 249.

R.
Rang der Churfürsten vermöge der goldenen Bulle a 249.
Rangstreitigkeiten am Reichstage b 267. c 59.

Rastadter Friede b 378.
Ratification, kaiserliche, des Westphälischen Friedens b 149.
Ratzeburg, secularisirt für Mecklenburg b 57. kömmt an Mecklenburg-Strelitz b 320.
Realunionen mehrerer Länder c 283.
Rechtern, Anwartschaft auf Wolfsteinische Lehne c 198.
Rechtsmittel am Reichshofrath b 101.
Reck, Abgesandter des evangelischen Religionstheils an Chnrpfalz b 389.
Recurs an den Reichstag, von Hessencassel wegen Hanau c 36. überhaupt c 47. ob Bericht darin zu fordern? c 51. zu erwartende nähere gesetzliche Bestimmung c 241. Schwierigkeiten, die dabey eintreten c 241.
Recurs vom Cammergericht an dessen Visitation c 139.
Reformation der Kirche, zu Costnitz vorgehabt a 238. unter Max dem I. a 342. deren Fortgang in Hessen, Sachsen a 374. und anderen Ländern a 398.
Reformationsrecht der Landesherren, wenn sie mit den Unterthanen gleicher Religion sind b 229. sonst nach dem Entscheidungsjahre b 230.
Reformirten durch das Concordienbuch von den Lutherischen noch

Register.

noch mehr getrennt b 15. werden unter den A. C. verwandten begriffen, b 65., und ihre Irrungen mit den Lutherischen bestimmt b 65. Bestimmung ihres Gottesdienstes in Lutherischen Ländern und umgekehrt, b 227.

Refugiés, Französische b 315.

Regensburg, wird eine Reichsstadt a 190. Reichstag daselbst c 229.

Regierungscollegien a 327.

Regimenter, Geschichte der Brandenburgischen, Oesterreichischen und Churbraunschweigischen b 280.

Regrebienterbschaft, worauf sie sich gründe? c 8.

Reichsabschied 1530. über die Beschwerden der Teutschen Nation gegen den Römischen Stuhl c 176.

Reichsabschied 1543. c 126. der jüngste b 213.

Reichsapfel, Sinnbild des Römischen Reichs a 131.

Reichsarmee, deren Vertheilung unter die Kreise b 294. ihr Commando c 107. ihre Gebrechen c 98.

Reichscalender b 356.

Reichscollegien, ob unter dreyen die Mehrheit der Stimmen gelte? b 89.

Reichsdeputation, ordentliche, deren Berichtigung b 124. ausserordentliche b 126. Ernennung der Deputirten von Seiten eines jeden Religionstheils b 127. jetzige Lage c 247.

Reichsdeputation 1655. b 254. deren Ende b 259.

Reichsdeputation zu Friedenshandlungen b 299.

Reichsdörfer b 85.

Reichserbämter a 250.

Reichsexecutionskrieg c 91.

Reichsfestung, Philippsburg b 290. Kehl b 300.

Reichsgeneralfeldmarschall, dessen Vorzüge c 107.

Reichsgeneralität b 284. deren Einrichtung c 106. Winterquartiere c 107.

Reichsgerichte, Sachen, so sie an den Reichstag verweisen sollen b 104. ihre Collisionen c 166.

Reichshofarchiv zu Wien c 43.

Reichshofrath, eigentlich nicht vom ehemaligen Hofgerichte herzuleiten a 211. dessen erster Ursprung a 316. Streit über dessen Concurrenz mit dem Cammergerichte b 22. im Westph. Fr. entschieden b 96. dessen Visitation b 99. 215. dessen Vorzug in Erkenntnissen über ganze Fürstenthümer b 111. an die Cammergerichtsordnung verwiesen b 215. dessen Veränderung unter Carl dem VII. und Franz c 44.

Register.

c 44. behauptete privative Gerichtbarkeit c 167. Verordnung Josephs des II. für denselben c 123. jetzige Verfassung c 215.

Reichshofraths-Agenten c 218.

Reichshofraths-Gutachten, deren Ursprung und Beschaffenheit b 115.

Reichshofrathsordnung, deren Geschichte b 97. die von Ferdinand dem III. b 214. Erinnerungen dagegen b 216.

Reichsinsignien, deren Verwahrung zu Nürnberg a 294.

Reichskriegsrath c 108.

Reichskriegs-Verfassung vor dem Nimwegischen Frieden b 283. nach demselben b 293. Mängel, wie sie bey Roßbach sich geäusert c 98.

Reichslehne, deren Belehnung c 219.

Reichsmatrikel a 293. unter Carl dem V. a 454.

Reichsoperationscasse c 102.

Reichspfandschaften, deren Unablöslichkeit b 84.

Reichsprälaten in Franken und Schwaben a 222. ihre Versammlungen c 248.

Reichsreferendarius zu Wien c 45.

Reichs-Regiment unter Max dem I. a 314. unter Carl dem V. a 351.

Reichsritterschaft, deren Ursprung a 222. ihre Charitativ-Subsidien a 457. ihre Ritterordnungen a 458. ihre Rechte vermöge Westphälischen Friedens b 72. ihre Verfassung im Westph. Fr. befestiget b 85. Streitigkeiten mit anderen Reichsständen c 74. Württenbergischer Recurs gegen sie c 77. Verhältniß der Cantons und Kreise zu einzelnen Mitgliedern c 291.

Reichsritterschaftliche Gebiete, nach Beschaffenheit ihrer Besitzer mehr oder minder glücklich c 298.

Reichsschlüsse, Schwierigkeit ihrer Vollziehung in Landessachen c 261.

Reichsschluß, was dazu erforderlich sey? b 166. neuester vom Cammergerichte c 138. dessen Befolgung c 155.

Reichsstädte in Franken und Schwaben, nach Abgang der Hohenstaufischen Familie a 202. ihre Abtheilung in zwey Bänke a 306. ihr Religionsverhältniß nach dem Westphälischen Frieden b 73. ihre Landeshoheit im Westphälischen Frieden gesichert b 85. ihr entscheidendes Stimmrecht auf dem Reichstage, wie es zu verstehen? b 88. ihre Verfassung nach dem Westph. Fr. b 207. aristocratisch oder democratisch b 208. ihre Vogteyen b 210. ihre Landeshoheit b 211. Steuer an den Kaiser b 211.

Register.

b 215. ihnen zugedachte Winterquartiere der Reichsgeneralität c 107. ihre mehr oder minder glückliche Lage c 298.

Reichsstädtisches Collegium, wird nicht gefragt, wo nur der höheren Collegien Einwilligung nöthig ist c 198.

Reichsstände unter den Merovingern a 38. Ihr größeres Ansehen unter Ludewig dem Frommen a 80. ihr freyes Stimmrecht in Reichssachen im Westphälischen Frieden gesichert b 86. ihre Einwilligung wie weit sie der Kaiser brauche? b 164.

Reichsstände, die zugleich Könige sind, b 359. wollen nicht mehr die Abwesenheit bey Thronbelehnungen entschuldigen b 360.

Reichsstände, in Haft und Strafe gezogen c 236. übrigens in gleichem gegenseitigen Verhältnisse mit Europäischen Mächten c 274.

Reichstag, unter den Merovingern a 38. dessen Verfassung unter Friedrich dem III. a 306. dessen Rechte im Westphälischen Frieden bestimmt b 86. Sachen, so von Reichsgerichten dahin zu verweisen b 104. der von 1654. b 213. Anfang des noch fortwährenden b 259. über die Grafensache in Unthätigkeit gerathen c 153. jetzige Gestalt desselben c 229.

Reichstagsberathschlagungen, jetzt seltener in Dingen, die in die innere Verfassung der Länder einschlagen c 260.

Reichsvicariat, Rheinisches, Streit darüber zwischen Baiern und Pfalz b 256. Vergleich darüber 1724. c 2. 4. Abwechselung darin c 41. anerkannt c 120.

Reichsvicariate, Verordnungen der goldenen Bulle, a 253. ihre nachher verglichene Gränzen a 254. c 120.

Reichsvicarien, Verordnungen zu ihrem Vortheile in der Wahlcapitulation Carls des VII. c 21.

Reichsvicecanzler, Beschaffenheit dieser Stelle c 44.

Reichsvogteyen in Städten, nicht mehr einzulösen b 85. in Reichsstädten b 210.

Religion, Christliche, deren erste Ausbreitung in Teutschland a 16. ferner unter Chlodowig a 28.

Religion eines Landes, ob sie nach dem Herrn oder den Unterthanen zu beurtheilen sey? b 347.

Religionen, deren sind zwey, nicht drey in völlige gegenseitige Gleichheit gesetzt b 80. ob und wie weit andere ganz ausgeschlossen seyen b 81.

Religionsbeschwerden in der Pfalz b 307. nach dem Badischen Frieden b 334. Selbsthülfe darin

Register.

darin c 72. Verordnung der Wahlcapitulation darüber c 170. Collegialschreiben der Churfürsten c 171. neue Aussichten und Anstalten unter Joseph dem II. c 172. Quellen derselben c 250.

Religionseigenschaft reichsständischer Stimmen nach erfolgten Religionsveränderungen b 345. der gräflichen Curiatstimmen c 141.

Religionsfriede a 405. dessen Inhalt a 406. von Jesuiten angefochten b 16. im Westphälischen Frieden bestätiget b 65.

Religionsgleichheit der Churfürsten zur Zeit des Religionsfriedens a 431. im Teutschen Reiche überhaupt b 76. am Reichshofrathe b 99.

Religionshaß, schon unter Chlodowig Vorwand zum Kriege gegen die Westgothen a 29.

Religionskrieg, dessen Besorglichkeit b 147.

Religionstheile, deren Trennung an den Reichsgerichten b 108. ihre Trennung über den Congreß zu Augsburg c 112. über die Religionseigenschaft der Fränkischen und Westphälischen Grafen c 146. 153. ihre Versammlungen c 249.

Religions-Trennung, deren Veranlaßung und Geschichte a 342. 354.

Religionsübung, deren Bestimmung im Westphälischen Frieden b 71.

Religionsveränderung des Churhauses Sachsen b 353. des Erbprinzen von Hessencassel c 80. im Hause Baden b 18. im Erzstift Cölln b 19.

Religionsveränderungen, seit dem Anfange des XVII. Jahrhunderts b 335. deren Vortheile auf catholischer Seite b 342.

Religionsverhältniß im Reichshofrathe b 99. der Churfürsten, Vorsorge deshalb für die Zukunft b 332. anderer Reichsstände b 334. der besonderen Teutschen Staaten und des ganzen Teutschen Reichs b 74.

Religionsversicherung in Chursachsen b 354. in Hessen c 80.

Religionsvertrag zu Nürnberg a 396.

Rense am Rhein, churfürstliche Schlüsse daselbst a 234.

Repressalien, gegen das Churpfälzische Verfahren mit den Reformirten zu Heidelberg b 387. von Reichsständen gegen auswärtige Mächte c 276.

Rescripte am Reichshofrathe an statt der Mandate c 165.

Reservatrechte des Kaisers, der Landeshoheit entgegengesetzt b 83. den Comitialrechten entgegengesetzt b 87. ob sie des Reichs-

Register.

Reichshofraths privative Gerichtbarkeit begründen? c 167. worin sie bestehen c 263. ihre Gränzbestimmung c 266.
Residenz, kaiserliche a 264.
Resignation eines Kaisers b 2.
Restitutionsedict Ferdinands des II. b 37.
Re- und Correlation zwischen den verschiedenen Collegien auf dem Reichstage b 89.
Reunionscammern, Französische, b 292.
Revision der Cammergerichtsurtheile, unter Carl dem V. eingeführt a 450. Unterschied vom Recurse an die Visitation c 139. ins Stecken gerathen b 220.
Revision am Reichshofrathe b 101.
Rheinische Churverein a 235.
Rheinischer Bund b 259.
Richard von Cornwall a 216.
Richterliche Hülfe, noch jetzt jedem offen c 234.
Ripuarisches Gesetz a 14.
Ritterorden, geistliche, deren Ursprung a 162.
Ritterschaft in Ländern, ihre Steuerfreyheit und andere Vorzüge b 201.
Römer, deren Herrschaft in einem Theile von Teutschland a 10.
Römermonathe, deren Ursprung a 455. ihre Vervielfältigung in Kriegszeiten c 105.
Römhild, eine ehemalige Linie der Herzoge von Sachsen b 327.
Römische Königswahlen, in der goldenen Bulle nicht berühret a 252. Streit darüber zwischen Churfürsten und anderen Ständen b 120. verglichen b 121.
Römische Königswahl überhaupt, kaiserliche und väterliche Einwilligung dazu c 117. ob auch des Reichstags Einwilligung nöthig sey c 118. Gelegenheiten für das churfürstliche Collegium sich zu versammeln c 246.
Römische Königswahl Max des I. a 302. Ferdinands des I. a 396. Ferdinands des IV. b 212. Josephs des II. c 114.
Römischer König, Anfang des Gebrauchs dieses Titels vor der Römischen Kaiserkrönung a 131.
Römisches Recht, dessen völlig befestigtes Ansehen unter Max dem I. a 330.
Römisches Reich, dessen angebliche Uebertragung von den Griechen a 180.
Rom, dessen Patriciat Carl Martelln angetragen a 49. Kaiserwürde unter Carl dem Großen erneuert a 59. und unter Otto dem Großen a 116.
Roßbacher Schlacht c 97. 98.
Rudolf von Habsburg a 216.
Rudolf der II. Kaiser b 14.

Register.

Ruprecht von der Pfalz, zum Kaiser gewehlt a 285.

Rußland, Erklärung über die Oesterreichischen Ansprüche auf Baiern c 189.

Ryßwicklsche Clausel, Verhandlungen darüber 1709. u. f. b 377. 379. Entkräftung derselben b 383. 446.

Ryßwicklscher Friede b 299. dessen Clausel im 4. Artikel b 301.

S.

Saalfeld, eine eigne Linie der Herzoge von Sachsen b 327.

Sachsen, unter Carls des Großen Botmäßigkeit gebracht a 55. 65.

Sachsen, dessen evangelisches Directorium b 241. weitere Vertheilungen des Hauses nach dem Westphälischen Frieden b 325. der Churfürst Friedrich August wird König in Polen und catholisch b 353. Ansprüche auf die Bairische Mobiliarverlaßenschaft c 188. 193.

Sachsen-Altenburg, kömmt an Gotha b 319.

Sachsen, Churfürstenthum, Streit darüber zwischen Lauenburg und Wittenberg a 232.

Sachsen, Herzoge, verschiedene neue Abtheilungen der Ernstischen Linie b 326.

Sachsen, Herzogthum, dessen Zerstückelung nach der Acht Henrichs des Löwen a 188.

Sachsen-Jena kömmt an Weimar b 319.

Sachsen-Lauenburg, dessen Ursprung a 189. dessen Uebergehung in der goldenen Bulle in Ansehung der Churwürde a 241. Abgang dieses Hauses b 323.

Sachsen-Meinungen, Herzog Anton Ulrichs Mißheirath c 27. Gleichische Sache c 55.

Sachsen-Weissenfels Compaciscent in der Chursächsischen Religionsversicherung b 354.

Sachsen-Wittenberg, dessen Ursprung a 189. von der goldenen Bulle alleine zur Churwürde bestimmt a 241.

Salisches Gesetz a 11.

Salzburg, Ursprung des dortigen Bisthums a 43. Dessen Erhebung zum Erzbisthume a 74. besondere Vorrechte in Vergebung der Pfründen und Ernennung seiner Suffraganbischöfe a 299. Abwechselung mit Oesterreich im Reichsfürstenrathe a 301. Zahlungen von diesem Erzstifte nach Rom b 180. 182. Forderung an Baiern verglichen c 197. nachgegebene Veränderungen in den Oesterreichischen Erblanden c 206.

Sanction, pragmatische von Carl dem VI. b 441. deren Erfolg c 8.

Satisfactionsforderungen der Schweden im Westphälischen Frie-

Register.

Frieden b 54., und der Franzosen b 59.

Savoyen ist mit Burgund an das Teutsche Reich gekommen a 137. warum es keinen Gesandten zu Regensburg hält b 361.

Schelde, durch den Münsterischen Frieden geschlossen b 50. Streit über deren Eröffnung c 204.

Schiffbarmachung der Ströhme nicht zu hindern c 279.

Schisma des päbstlichen Stuhls im XIV. Jahrh. a 284. im XV. a 296.

Schlacht bey Mühlberg a 401.

Schlügler a 260.

Schlampampen eines Herzogs im Weinhause b 185.

Schlesien, den Protestanten im Westphäl. Frieden ausbedungene Kirchen b 72. Preußische Ansprüche auf vier Fürstenthümer, und deren Erfolg c 14. 32. 39. vorbehaltene Reichsrechte c 40.

Schleswig, dessen Gränze gegen Teutschland unter Carl dem Großen a 70. unter Henrich dem I. a 111. unter Conrad dem II. a 137. Errichtung der Marggrafschaft a 110. in dessen Besitz verspricht Schweden Dänemark nicht zu beunruhigen b 440.

Schlösser, wovon Grafen und Herren ihre erbliche Benennungen erhalten a 165.

Schmähschriften, kaiserliche Verordnung dagegen b 385.

Schmalkaldische Artikel a 378.

Schmalkalder Bund a 400.

Schönburg, Grafen, ihre Reichsafterlehneigenschaft c 198.

Schriften, jesuitische, nach dem Badischen Frieden b 385.

Schriftwechsel am Reichstage über Rang und Ceremonielstreitigkeiten c 59. 66.

Schuldenwesen der Reichsstände c 239.

Schulwesen unter Carl dem Großen a 71. dessen Verfall a 87. catholisches, nach Aufhebung der Jesuiten c 181.

Schwaben, Herzogthum, dessen Ende a 221.

Schwäbischer Bund a 302.

Schwarzenau, Comitialgesandter, dessen Schriftwechsel über Ceremonielstreitigkeiten c 61.

Schwarzenberg, Stimme im Fürstenrathe b 270.

Schweden, König Gustav Adolf, dessen Unternehmungen b 38. Gnugthuung im Westphälischen Frieden b 54.

Schwedische Miliz, deren Forderung beym Westphäl. Frieden b 141.

Schweizer a 225. ihre Unabhängigkeit im Westphäl. Frieden befestiget b 52.

Schweizer Krieg unter Max dem

Register.

I. und ihre dadurch erlangte Unabhängigkeit a 339.

Schwerin, secularisirt für Mecklenburg b 57.

Secularisation, deren erstes Beyspiel a 382. fernere durch den Westphälischen Frieden b 56.

Secularisirte Länder, deren Stimmen im Fürstenrathe b 248. 250.

Sedisvacanz in geistlichen Ländern a 158. b 174.

Selbsthülfe, deren häufiger Gebrauch in mittleren Zeiten a 183. in Religionsbeschwerden b 147. gilt sonst nicht unter Mitgliedern des Teutschen Reichs c 234.

Senate, worin die Visitation des C. G. zu vertheilen c 130.

Senate am C. G., deren Einrichtung c 156. gerichtliche und außergerichtliche c 160.

Seniorat, dessen Unterschied von der Linealfolge nach der Erstgeburt a 243.

Servitien, so von geistlichen Ländern nach Rom bezahlt werden b 179.

Servituten des Staatsrechts c 277.

Sicilien kömmt an das Hohenstaufische Haus a 195.

Sickingen, Franz von, a 357.

Sigismund, Kaiser a 286.

Simonie, Gregors des VII. Verordnungen dawider a 143.

Simultaneum, Streit darüber und weitere Geschichte b 226. dessen Begünstigung im Roßwickischen Frieden b 301.

Sitten des mittlern Zeitalters, noch bis ins XVI. Jahrh. a 336.

Soest, wahrscheinlich eine der ältesten Teutschen Städte a 107.

Sollicitatur am Cammergerichte b 415.

Spanischer Successionskrieg b 364. 375. dessen Beendigung b 441.

Speier, von den Franzosen verbrannt b 410.

Speier, Streit zwischen dem Bischofe und dem Domcapitel, wie auch mit dem Domdechanten c 175.

Sporteln von der Revision am Reichshofrathe b 103.

Sprache, Teutsche, unter Carl dem Großen a 72. in Reichsfriedensschlüssen c 199.

Staaten, besondere in Teutschland b 157. deren Verfassung b 167. wie sie jetzt jede für sich regiert werden c 259. mehr oder minder glückliche c 295.

Staatsdienstbarkeiten c 277.

Stadtrecht kann von Landesherren ertheilt werden c 267.

Städte, so die Römer in Teutschland erbauet a 10. unter Henrich dem I. a 105. ihr Verfall im dreyßigjährigen Kriege b

Register.

195. und nach dem Westph. Fr. b 201.

Stände, deren Verschiedenheit a 103.

Standeserhöhungen a 265. wie weit sie die Folgen einer Mißheirath heben können? c 25. noch jetzt dem Kaiser in ganz Teutschland eigen c 263.

Stanislaus Lescinsky, König in Polen b 445.

Stapelrecht c 278.

Stempelpapier b 277.

Stettin kömmt an Preussen b 440.

Steuerfreyheit der Geistlichkeit und des Adels zum Nachtheil der Bürger und Bauern b 200.

Steuern, ob in deren Bewilligung auf dem Reichstage die Mehrheit der Stimmen gelte? b 78.

Steuern der Reichsstädte b 211.

Steuern, den Landschaften im jüngsten R. A. aufgelegt b 224.

Steuerwesen in reichsständischen Ländern a 456. erweitert unter Leopold b 271. aber auch eingeschränkt b 274. im Reiche, Unverbindlichkeit der Mehrheit der Stimmen b 122.

Stiftungen, geistliche, deren frühzeitige Aufnahme a 46. davon im Religionsfrieden enthaltene Verordnungen c 421. nach dem Entscheidungsziele im Westphälischen Frieden bestimmt b 68.

Stimmen, deren Mehrheit in Religionssachen unverbindlich a 388. weitere Ausnahmen davon im Westphäl. Frieden b 77. ob sie unter den drey Reichscollegien gelte? b 89.

Stimmen im Reichsfürstenrath, deren heutiger Anzahl Ursprung b 11.

Stimmen, reichsständische, deren Religionseigenschaft nach veränderter Religion b 345.

Stimmen, neue, werden auch von alten Häusern begehret, wenn es noch mehr neue Fürsten geben solle b 373.

Stimmen am Reichstage, Art sie abzulesen oder zu dictiren c 93.

Stimmen der E. G. Beysitzer, ob solche nach Wien abgefordert werden können? c 168.

Stimmengleichheit bey Reichsgerichten, was darin Rechts sey? b 105.

Stimmrecht der Reichsstände im Westphäl. Frieden gesichert b 86.

Storch, Nic. a 370.

Straßburg, Bisthum, Streit daselbst über den geistlichen Vorbehalt b 19.

Straßburg, Stadt, von Franzosen eingenommen b 293.

Stühle, grüne oder rothe, Streit darüber zu Regensburg b 263. 266.

Subdeputationen in Reichsdeputationen c 134.

Register.

Successionsfälle verschiedener Häuser zu Ende des XVII. Jahrhunderts b 324.

Successionsordnung in Churfürstenthümern b 317.

Successionsstreitigkeiten fürstlicher Häuser unter Leopold b 318.

Succumbenzgelder am Reichshofrathe b 103. in einer Mecklenburgischen Sache c 195.

Supplication am Reichshofrathe b 101.

T.

Taboriten a 293.

Tausch von Baiern, im Werk gewesen c 211.

Taris, Streit über Einführung dieses Hauses in den Reichsfürstenrath c 79.

Tarische Posten b 134.

Tempelherren a 163.

Territorialgerichtswesen a 324.

Territorialrechte im Westph. Frieden befestiget b 82.

Teschner Friede c 190. dessen Garantie und Reichsgenehmigung c 196.

Testament des Churfürsten Johann Georgs des I. von Sachsen b 325.

Tezel, Joh. a 346.

Teutscher Orden, dessen Ursprung a 163. Hochmeisterthum secularisirt a 382.

Teutsche Sprache, unter Carl dem Großen a 72.

Teutschland, ein zusammengesetzter Staatskörper b 159. vom Russischen Hofe als der Mittelpunct der Staatsgeschäffte von Europa beschrieben c 190.

Theilbarkeit der Teutschen Fürstenthümer a 173.

Theilung der Fränkischen Monarchie, unter den Merovingern a 31., unter den Carolingern a 76. zu Verdün a 78.

Theilungen selbst in churfürstlichen Häusern noch für fürstliche Nebenlinien a 246.

Thronbelehnungen, Schwierigkeit wegen Entschuldigung der Abwesenheit b 360.

Thronfolge nach der Fränkischen Staatsverfassung a 38. unter dem Sächsischen Stamm a 112. von Vater auf Sohn versichert a 128. 133.

Thronlehne, deren Belehnung c 220.

Thüringen, unter Fränkische Herrschaft gebracht a 26. Successionsstreit zwischen den Vorfahren der heutigen Häuser Sachsen und Hessen a 219.

Todtheilungen mit Aufhebung der Gemeinschaft in Geschlechtern a 168. 172. ob dergleichen im Hause Baiern geschehen? c 187.

Töchter zur Erbfolge in reichsständischen Häusern zugelaßen a 273.

Register.

Toggenburger Sache b 392.
Toleranz auch unter Catholischen mehr als ehedem c 253.
Torgauer Bund der Protestanten a 384.
Toscana für einen Spanischen Prinzen bestimmt b 441. hernach für das Haus Lothringen b 445. Verhältniß zum Teutschen Reiche c 39.
Tranksteuer b 277.
Transplantation der Unterthanen anderer Religion c 83.
Transsubstantiation zum Glaubensartikel gemacht a 203.
Tribur, Reichstag daselbst a 100.
Trientische Kirchenversammlung b 3.
Trier, Abwechselung mit Cölln c 119.
Truchseß, Gebhard, Churfürst von Cölln b 19.
Turnus im Referiren am Cammergerichte c 161.

U.

Unabhängigkeit des Teutschen Reichs, feierlich gegen Frankreich und den Pabst behauptet a 234.
Uneheliche Gebuhrt von der Churfolge ausgeschlossen a 244.
Ungarn, Gränze an Teutschland a 138.
Union, der Protestanten unter Rudolf dem II. b 31. der Häuser Baiern und Pfalz c 3. Frankfutter, zum Vortheile Carls des VII. c 87.
Universitäten, deren größere Aufnahme a 181. von Mönchen verdorben a 200. müssen noch jetzt ihre Privilegien vom Kaiser haben c 265.
Universität zu Prag a 276. zu Wien, Heidelberg, Leipzig a 277. und andere a 278. ihre vermehrte Anzahl im XVI. Jahrh. a 333.
Unmittelbare Mitglieder des Teutschen Reichs b 162.
Unmittelbarkeit einiger Reichsstände durch vertragsmäßige Bestimmungen bisweilen eingeschränkt c 294.
Unterwürfigkeit, bisweilen auf gewisse vertragsmäßige Bedingungen gesetzt c 294.
Urbede in Städten a 209.
Usleber, dessen Schmähschriften b 385.
Utrechter Friede b 377.

V.

Varel, kömmt an Bentink b 321.
Venedig, Lige von Cambrai a 340. dessen Rangstreit mit den Churfürsten b 187.
Veräusserungen reichsständischer Länder a 273.
Verbindungen, unerlaubte in den mittleren Zeiten a 259.
Verden, Herzogthum, dessen Stimme im Fürstenrathe b 249.

Register.

249. kömmt an Hannover b 440.

Verdünischer Vertrag über die Theilung des Fränkischen Reichs a 78.

Verein der Churfürsten a 234. der Fürsten b 260.

Vereinigung mehrerer Länder unter einem Herrn c 282.

Verfassung des Teutschen Reichs, deren Eigenheiten a 1. erste Keime derselben a 2. Verschiedenheit ursprünglich Teutscher und Wendischer Völker a 7. Besondere Verfassung Teutschlands als eines zusammengesetzten Staatskörpers a 209. Veränderungen durch den Westphälischen Frieden b 156. wie sie jetzt ist c 214. im Ganzen noch immer vorzüglich c 299.

Verfassung der besonderen Teutschen Staaten b 167.

Vergrößerung einzelner reichsständischer Häuser b 193.

Verlaßnehmung in reichsständischen Berathschlagungen b 131.

Vermittelung des Reichs, angetragen im Oesterreichischen Successionskriege c 41. auch vor dem siebenjährigen Kriege in Vorschlag gebracht c 91.

Verpfändete Länder, deren Religionsübung b 228.

Verzichte der Töchter a 183.

Vicariatshofgericht zu Augsburg c 5.

Virilstimmen in Fürstenrathe, wie sie jetzt sind, b 252.

Visitation des Cammergerichts, deren Ursprung a 313. Einrichtung unter Carl dem V. a 450. jährliche, wann sie zuerst ins Stecken gerathen? b 26. wie sie der jüngste R. A. vorgeschrieben b 220. die von 1704-1713. b 412. die unter Joseph dem II. c 125. ihre Trennung c 147. zu wünschende Herstellung c 162.

Visitation des Reichshofraths b 99. 215.

Völker, von je her verschiedene in Teutschland a 2.

Völkerzüge im V. Jahrhundert a 5.

Vogteyen über geistliche Stifter c 279. über Reichsstädte c 280.

Volljährigkeit, deren Ergänzung, aus kaiserlicher oder landesherrlicher Macht c 271.

Vollmachten der Gesandten am Reichstage b 268.

Vormundschaft, mütterliche und großmütterliche über minderjährige Kaiser a 129. 141.

Vormundschaft über minderjährige Churfürsten a 248.

Vormundschaftliche Regierungen c 286.

W.

Wahlcapitulationen der Bischöfe a 158. b 173.

Wahl-

Register.

Wahlcapitulation, kaiserliche, deren Ursprung a 351. Römisch-königliche beym Antritt der kaiserlichen Regierung erneuert b 2. Streit über die von K. Matthias b 32. ihre Beschwörung bey jeder Wahl c 117.

Wahlcapitulation, beständige, was darüber verhandelt worden, b 118. Entwurf derselben b 260. verglichen b 372.

Wahlconvente c 246.

Wahlreich, dazu wird Teutschland nach und nach gemacht a 146. wie Teutschland es völlig geworden a 178.

Waldeck, Stimme im Fürstenrathe b 270.

Waldenser a 196.

Wappen, Anfang ihres erblichen Gebrauchs a 168.

Wariner Gesetz a 14.

Weislinger, dessen Schmähschriften b 386.

Weissenfels, eine ehemalige Nebenlinie von Chursachsen b 326.

Welt, deren Herrschaft dem Kaiser zugeschrieben a 117. Sinnbild derselben a 131. Collision mit der päbstlichen Gewalt a 147.

Wendische Länder, unter Otto dem Großen a 119. deren Beschaffenheit im XII. Jahrhundert a 176.

Wendische Völker, deren Ausbreitung zwischen der Elbe und Ostsee a 6. Unterschied zwischen ihrer und der Teutschen Völker Verfassung a 7. Ihre Einbrüche in Teutschland a 81.

Wertheim, daselbst zur Sprache gekommenes Simultaneum b 237.

Westphälische Friedenshandlungen b 48.

Westphälische Grafen, ihr Religionsverhältniß b 351.

Westphälischer Friede, päbstliche Behauptung von dessen Ungültigkeit c 252.

Wetzlar, Verlegung des Cammergerichts dahin b 411. Cammergericht daselbst c 232.

Wiclef a 283.

Wiedertäufer a 397.

Wien, was da von der Reichsverfassung sichtbar ist, c 215.

Wilhelm von Holland a 216.

Winterquartiere der Reichsgeneralität c 107.

Wismar kömmt an Schweden b 55. Tribunal daselbst b 56. verspricht Schweden an Dänemark nie wieder zu befestigen b 440.

Wochenmärkte, aus landesherrlicher Macht c 266.

Wöltern, Lazarus Caspar von, c 145.

Wormser Edict gegen D. Luther a 358.

Register.

a 358. Handlungen über dessen Vollziehung a 371.

Würtenberg, Herzog Ulrichs Achtserklärung a 352. wird Afterlehn von Oesterreich a 397.

Würtenberg, Land, erlittener Verlust im dreyßigjährigen Kriege b 198.

Würtenberg, Widerspruch gegen das Erzkanneramt b 330. Recurs gegen die Reichsritterschaft c 77. Ansprüche auf die Bairische Allodialverlaßenschaft c 197.

Würzburgischer Titel: Herzog in Franken a 221.

3.

Zähringen, herzoglicher Titel a 171.

Zedtwitz, genöthiget sich der Krone Böhmen zu unterwerfen c 210.

Zehnten, den Sachsen aufgebrungen a 67.

Zeiz, eine ehemalige Nebenlinie von Churſachſen b 326.

Zerbſt, Religionsveränderungen zum Vortheile der Lutherischen b 66.

Zinnischer Fuß b 452.

Zölle, deren übertriebene Menge a 226.

Zoll, noch jetzt ein kaiserliches Reservatrecht c 264.

Zunftrecht wird von Landesherren ertheilet c 268.

Zwang zur catholischen Religion c 251.

Zweybrücken, widerspricht der Pfälzischen Convention mit Oesterreich wegen dessen Anspruchs auf Niederbaiern c 188.

Zweykampf, ſtatt Geſetzgebung a 127.

Zwingenbergiſche Sache b 394.

Zwingli, Ulr. a 355.

Einige kleine Berichtigungen.

Th. 1. S. 271. Z. 3. 4. an ſtatt: die Schale der Grafen, iſt zu leſen: der Grafenſtand.

Th. 1. S. 398. Z. 16. an ſtatt: Calenberg, iſt zu leſen: Grubenhagen.

Th. 2. S. 154. Z. 1. ſind die Worte: der Krone Spanien, auszuſtreichen.

Th. 2. S. 204. von unten herauf Z. 9. iſt an ſtatt: Chriſtian Ludewig, zu leſen: Georg Wilhelm.